C++-Programmierung lernen

Die Lernen-Reihe

In der Lernen-Reihe des Addison-Wesley Verlages sind die folgenden Titel bereits erschienen bzw. in Vorbereitung:

André Willms
C-Programmierung lernen
ca. 430 Seiten, ISBN 3-8273-1405-4

André Willms
C++-Programmierung lernen
400 Seiten, ISBN 3-8273-1342-2

Guido Krüger
Java™ 1.1 lernen
595 Seiten, ISBN 3-8273-1299-X

Dirk Abels
Visual Basic 5.0 lernen
295 Seiten, ISBN 3-8273-1200-0

Guido Lang, Andreas Bohne
Delphi 3.0 lernen
495 Seiten, ISBN 3-8273-1190-X

René Martin
VBA mit Word 97 lernen, 2. Auflage
350 Seiten, ISBN 3-8273-1326-0

René Martin
VBA mit Office 97 lernen
477 Seiten, ISBN 3-8273-1291-4

Alexander Kunert, Patrizia Sabrina Prudenzi
VBA mit Access 97 lernen
442 Seiten, ISBN 3-8273-1300-7

Patrizia Sabrina Prudenzi
VBA mit Excel 97 lernen
279 Seiten, ISBN 3-8273-1228-0

André Willms

C++-Programmierung lernen

Anfangen, anwenden, verstehen

ADDISON-WESLEY

An imprint of Pearson Education Deutschland GmbH

München · Reading, Massachusetts · Menlo Park, California · New York · Harlow, England
Don Mills, Ontario · Sydney · Mexiko City · Madrid · Amsterdam

Die Deutsche Bibliothek – CIP-Einheitsaufnahme

C++-Programmierung lernen / André Willms. - Bonn : Addison-Wesley-Longman
ISBN 3-8273-1342-2

10 9 8 7 6 5

03 02 01 00

Lektorat: Tomas Wehren, Judith Stevens, Bonn

Korrektorat: Johannes Gerritsen, Emmerich-Elten

Produktion: Anne Heiming, Bonn

Satz: mediaService, Siegen. Gesetzt aus der Stone Serif 9,5 pt.

Belichtung, Druck und Bindung: Bercker, Kevelaer

Umschlaggestaltung: Barbara Thoben, Köln

Illustrationen: Elisabeth Herzel, Hamburg

I Inhaltsverzeichnis

E Erläuterungen zu den verwendeten Icons

Um Ihnen die Orientierung in diesem Buch zu erleichtern, haben wir den Text in bestimmte Funktionsabschnitte gegliedert und diese durch entsprechende Symbole oder Icons gekennzeichnet. Folgende Icons finden Verwendung:

Beispiele helfen Ihnen, sich schneller und sicher im Feld der C++-Programmierung zu orientieren. Sie werden darum mit diesem Icon gekennzeichnet.

Manches ist von besonderer Bedeutung und verdient darum auch, besonders hervorgehoben zu werden. Solche **Hinweise** sind sehr nützlich, sie bringen einen geschwinder ans Ziel.

Manches geht ganz leicht. Wenn man nur weiß, wie. **Tips** und **Tricks** finden Sie in den Abschnitten, wo dieses Icon steht.

Achtung, mit diesem Icon wird eine **Warnung** angezeigt. An der markierten Stelle sollten Sie besonders aufmerksam sein.

Schneller ans Ziel kommt man mit **Übungen**. Darum sollten Sie die Übungen nutzen. Sie gewinnen praktische Erfahrungen und sehen genau, ob Sie schon alles verstanden haben.

1 Grundelemente eines Programms

Wir wollen uns in diesem ersten Kapitel grundlegende Gedanken über Programme machen. In diesem Zusammenhang werden wir folgende Fragen und Themen behandeln:

- Was ist ein Algorithmus?
- Worin liegt der Zusammenhang zwischen Algorithmus und Programm?
- Wie können Algorithmen variabel gestaltet werden?
- Wie sieht das kleinste C++-Programm aus?
- Wie wird Text in C++ ausgegeben?
- Was ist eine *#include*-Direktive?
- Was sind Namensbereiche bzw. Namespaces?
- Wie können Kommentare ins Programm eingefügt werden?
- Wie stelle ich einen Programmablauf grafisch dar?

1.1 Am Anfang war der Algorithmus

Jedem Programm liegt zwangsläufig ein Algorithmus zugrunde. Der Begriff *Algorithmus* kann folgendermaßen definiert werden:

Ein Algorithmus ist eine Menge von Regeln, durch deren Befolgung in festgelegter Reihenfolge ein bestimmtes Problem gelöst wird.

Algorithmen im Alltag

Wir werden im täglichen Leben dauernd mit Algorithmen konfrontiert. Alle nach Regeln ablaufenden Tätigkeiten sind gewissermaßen Algorithmen. Typische Algorithmen sind zum Beispiel die Handlungsabläufe beim Backen eines Kuchens oder beim Ziehen eines Fahrscheins aus dem Automaten. Selbst das Abschließen der Wohnungstüre ist ein Algorithmus, wenn auch ein recht primitiver.

Wo immer bestimmte Tätigkeiten ein Problem lösen oder eine Aufgabe bewältigen, haben wir es mit Algorithmen zu tun. Dabei werden Algorithmen i.a. in der Weise formuliert, daß jemand mit Hilfe des Algorithmus ein spezielles Problem lösen kann, ohne etwas über die Problemlösung oder das Problem selbst zu wissen.

Dies setzt voraus, daß sich die Formulierung des Algorithmus Begriffen bedient, die so einfach und eindeutig sind, daß sie mit minimalem Vorwissen ausführbar sind.

Kuchenrezept

Nehmen wir als Beispiel ein Kuchenrezept. Selbst wenn man rein gar nichts um die Kunst des Kuchenbackens weiß, ist man in der Lage einen Kuchen nach Rezept zu backen, weil sich die Anweisungen einer Sprache bedienen, die jedem Nichtbäcker verständlich ist (z.B: rühren, kneten, in die Backform füllen, Zucker abwiegen etc).

Es gibt allerdings auch Beispiele für schlechte Formulierungen. Nicht selten sind die Anweisungen an Fahrkartenautomaten so kurz und nichtssagend gehalten, daß sie bestenfalls zweideutig verstanden werden können.

1.2 Vom Algorithmus zum Programm

Es wurde vorhin angesprochen, daß ein Algorithmus so formuliert sein muß, daß der Anwender des Algorithmus die Formulierungen auch versteht. Verwendet man eine Formulierung, die selbst ein Computer versteht, dann handelt es sich um ein Programm.

Einen Algorithmus, der für den Computer verständlich formuliert wurde, nennt man Programm.

Um einen Algorithmus computerverständlich zu formulieren, müssen wir uns zunächst Gedanken über die einzelnen Elemente eines Algorithmus machen.

Kommen wir dazu zum Beispiel des Kuchenrezeptes zurück. Man kann ein Kuchenrezept grob in zwei Bereiche teilen: Zum einen haben wir die Liste der Zutaten und zum anderen die Anweisungen, die beschreiben, was mit diesen Zutaten zu tun ist.

Variablen

Die Zutaten entsprechen den Variablen eines Programms beziehnungsweise den Werten, die in den Variablen gespeichert sind. Der Zucker ist zum Beispiel in Gramm angegeben (200g Zucker). In C++ würde man dafür eine Variable namens *Zucker* definieren, die den Wert 200 bekommt. Die Einheit „Gramm" wird in der Syntax nicht berücksichtigt. Der Programmierer ist dafür verantwortlich, daß bei der Ausgabe der Variablen *Zucker* die Einheit mit angegeben wird. Er muß sich auch darüber im klaren sein, welche Variablen er in seinem Programm benutzt und wie sie mit dem umzusetzenden Algorithmus korrelieren.

Anweisungen

Die Anweisungen des Algorithmus entsprechen den Anweisungen des Programms. Da die Syntax einer Computersprache viel primitiver ist als die einer menschlichen Sprache, ist die Umformulierung der komplexen Anweisungen des Algorithmus in mehrere einfache computerverständliche Anweisungen eines der Hauptprobleme des Programmierers.

Der Algorithmus selbst wird in eine Funktion geschrieben. Ist es ein kleiner Algorithmus, dann wird das Programm nur aus einer Funktion (der Hauptfunktion) bestehen. Ist ein komplexerer Algorithmus umzusetzen, dann wird er meist in mehrere kleine Algorithmen aufgeteilt, die dann jeweils einer Funktion im Programm entsprechen.

Man könnte den Algorithmus des Kuchenrezepts beispielsweise derart verfeinern, daß er in die Subalgorithmen *Zutaten abwiegen*, *Teig kneten* und *Kuchen backfertig machen* aufgeteilt wird.

1.3 Variable Algorithmen

Algorithmen bestehen häufig nicht aus einer starren Abfolge von Anweisungen, sondern sie besitzen Möglichkeiten, das Ergebnis in gewissem Maße variabel zu halten. Man unterscheidet dabei verschiedene Strukturen.

Entscheidungen

Algorithmen besitzen häufig Stellen, an denen eine Entscheidung getroffen werden muß. Je nachdem, wie die Entscheidung aufällt, müssen voneinander unterschiedliche Anweisungen befolgt werden. Bei einem Programm nennt man dies *Verzweigung*. Ein typisches Beispiel einer Entscheidung bzw. einer Verzweigung wäre bei einem Fahrkartenautomat der Punkt: „Wenn sie älter als 16 sind, ziehen Sie bitte Karten aus Bereich B, ansonsten ziehen Sie Karten aus Bereich A."

In unserem Kuchenbeispiel könnten wir dem Bäcker die Wahl lassen, ob er zum Süßen Zucker oder Honig verwendet.

Variable Größen

Oft benötigt ein Algorithmus variable Größen. Wollen wir beispielsweise einen Kuchen backen, der doppelt so groß ist, dann müssen die für die Größe relevanten Zutaten (Variablenwerte) ebenfalls verdoppelt werden. Im Programm wird dies durch Bearbeiten der Variablen mit Hilfe von bestimmten Rechenoperatoren durchgeführt.

Wiederholungen

Zum Schluß gibt es noch Wiederholungen. Wenn wir zwei identische Kuchen backen wollen, dann benutzen wir keine zwei Kuchenrezepte, sondern das eine Kuchenrezept zweimal hintereinander. Genauso programmieren wir das Computerprogramm nicht zweimal, sondern lassen den relevanten Programmteil zweimal durchlaufen. In der Computersprache nennt man diese Wiederholungen *Schleifen*.

Wir werden im folgenden all die Elemente von C++ kennenlernen, die uns in die Lage versetzen, die oben angesprochenen Eigenschaften von Algorithmen als Programm zu formulieren.

1.4 Das erste Programm

Beginnen wir nun unser erstes Programm zu schreiben. Es wurde oben bereits erwähnt, daß die in ein Programm umgesetzten Algorithmen innerhalb von Funktionen stehen. Dies bedeutet bei komplexeren Algorithmen zwangsläufig, daß das entstandene Programm aus mehreren Funktionen besteht.

Es muß daher zwangsläufig möglich sein, innerhalb einer Funktion andere Funktionen aufzurufen, sprich, den Teil des Algorithmus, der in einer anderen Funktion steht, abzuarbeiten.

Wenn man über den Mechanismus der Funktionen, die wiederum andere Funktionen aufrufen, nachdenkt, kommt man an eine Stelle, an der es eine Funktion geben muß, die von keiner anderen Funktion aufgerufen wird, nämlich die Ur-Funktion, die Funktion mit der das Programm beginnt und auch endet.

main

Diese Funktion heißt in C++ *main*.

> Der Start eines Programms ist gleichbedeutend mit dem Aufruf der programmeigenen *main*-Funktion.

Der Start eines Programms ist gleichbedeutend mit dem Aufruf der programmeigenen *main*-Funktion.

Wir werden nun das kleinstmögliche C++-Programm kennenlernen.

Achten Sie beim Tippen auf Groß- und Kleinschreibung, denn der Compiler achtet darauf auch.

```
void main(void)
{
}
```

Dieses Programm ist das kürzeste C++-Programm überhaupt, denn es macht gar nichts. Und doch müssen diese Zeilen so oder in ähnlicher Form in jedem C++-Programm enthalten sein, weil C++-Programme ihre Ausführung immer mit der *main*-Funktion beginnen. „main" heißt auf deutsch soviel wie „Haupt-" und bedeutet hier „Hauptfunktion".

Dieses Programm als Kuchenrezept umgesetzt wäre ein leeres Blatt Papier, auf dem lediglich „Kuchenrezept" stünde und sonst nichts.

void

Aber selbst dieses unnütze Programm gibt uns bereits die Möglichkeit, einige grundsätzliche Regeln der C++-Syntax zu erkennen. Vor dem Funktionsnamen wird deklariert, von welchem Typ der Rückgabewert sein soll. **void** bedeutet, daß die Funktion keinen Rückgabewert liefert[1] und heißt auf Deutsch soviel wie „leer".

Hinter dem Funktionsnamen stehen in Klammern die Werte, die der Funktion übergeben werden. Auch hier steht *void* für keine Wertübergabe.

{ }

Als letztes kommen die geschweiften Klammern, die die Anweisungen der Funktion umschließen und nie fehlen dürfen[2]. In unserem Beispiel steht zwischen den beiden Klammern nichts, und somit geschieht auch nichts.

Geschweifte Klammern haben eine besondere Aufgabe.

Geschweifte Klammern fassen Anweisungen zu einem Block zusammen.

Die Klammern hätten auch nebeneinander geschrieben werden können, aber es gibt gewisse ungeschriebene Gesetze für die optische

1 Es kann sein, daß der Compiler einen Fehler meldet, weil *main* normalerweise einen *int*-Wert zurückliefern sollte. Ist dies der Fall, interpretiert Ihr Compiler die Ansi-Norm sehr strikt. Eine Lösung des Problems finden Sie ein paar Zeilen weiter unten im Buch.

2 Die Anweisungen einer Funktion nennt man auch die Funktionsdefinition.

Struktur eines C-Programms, an die man sich halten sollte, denn ein Programm wird nicht nur für den Computer geschrieben. Es ist immer wichtig, daß auch andere Menschen das Programm ohne große Entzifferungsschwierigkeiten lesen können, deshalb hier auch die erste Regel[3]:

> Zusammengehörige geschweifte Klammern sollten immer in der gleichen Spalte stehen.

Ansi-C++

Der Ansi-Standard von C++ sorgt dafür, daß bestimmte Elemente und Schreibweisen der Sprache auf jedem Compiler, der Ansi-C++ versteht, anwendbar sind. Das heißt, daß nicht in der ANSI-Norm aufgenommene Schreibweisen vermieden werden sollen, weil sie möglicherweise nicht von jedem Compiler übersetzbar sind.

Leider ist die oben verwendete Definition von *main* nicht in den Ansi-Standard übernommen worden, so daß wir uns zunächst mit einer genormten Variante von *main* beschäftigen müssen:

Genormte Definition

```
int main()
{
}
```

Von den genormten Definitionen ist dies die einfachste. Es kann nun aber ein anderes Problem auftreten. In C++ muß eine Funktion, die angibt, einen Rückgabewert zu besitzen, auch einen Rückgabewert liefern.

implizites return

Dies gilt für alle Funktionen, bis auf die *main*-Funktion. Die *main*-Funktion besitzt nach der Ansi-Norm einen impliziten Rückgabewert, weswegen die vorige *main*-Funktion fehlerfrei kompiliert wird.

Unterstützt Ihr Compiler diese Ansi-Norm jedoch noch nicht, dann wird bei der Kompilierung bestenfalls eine Warnung ausgegeben (wenn nicht sogar ein Fehler), die besagt, daß der Rückgabewert fehlt. In diesem Fall ändern Sie die *main*-Funktion bitte folgendermaßen ab:

```
int main()
{
```

3 Es gibt verschiedene Regeln, ein Programm leserlich zu gestalten. Sollten Sie eine andere Schreibweise bevorzugen, dann achten Sie darauf, diese konsequent im ganzen Programm anzuwenden.

```
  return(0);
}
```

Dies gilt dann für all Ihre Programme: Sie müssen die *main*-Funktion mit einem *return(0)* beenden[4], wenn Sie es nicht explizit durch einen anderen Rückgabewert ersetzen. Da dieses *return(0)* in Ansi-C++ unnötig ist, wird es in den Beispielen und Übungen auch nicht aufgeführt.

Gehören Sie zu den Unglücklichen, deren Compiler das implizite *return* nicht kennt, dann denken Sie stets daran, die *main*-Funktion wie oben erklärt zu beenden.

Im übrigen erkennt man hier eine weitere syntaktische Eigenschaft von C++:

> Anweisungen, denen kein Anweisungsblock folgt, werden mit einem Semikolon abgeschlossen.

1.5 Die Ausgabe

Um unser erstes C++-Programm dem Stadium der Sinnlosigkeit zu entheben, werden wir nun einen der wichtigsten Aspekte besprechen: die Ausgabe. (Ein Programm wird klassisch in drei grundlegende Arbeitsschritte eingeteilt: Dateneingabe, Datenverarbeitung, Datenausgabe.)

Schauen wir uns dazu zunächst das erweiterte Programm an[5]:

```
#include <iostream>

using namespace std;

int main()
{
  cout << "Hello World!";
}
```

Ansi-C++

Was tun ohne Namespaces

Wenn Ihr Compiler das erweiterte Programm nicht fehlerfrei kompiliert, dann unterstützt er die neue Ansi-Norm nicht und damit auch

4 Dies gilt natürlich nur für die Compiler, die die *main*-Funktion ohne explizites *return* nicht fehler- und warnungsfrei kompilieren können.

5 Denken Sie gegebenenfalls an das die *main*-Funktion abschließende *return(0);*.

keine Namespaces. Was Namespaces genau sind, erfahren Sie etwas später in diesem Kapitel.

Damit Sie die Programme auch mit einem Compiler, der keine Namespaces unterstützt kompilieren können, merken Sie sich bitte folgende Richtlinien, mit denen Sie die Beispiele in die alte Norm umsetzen können:

- Lassen Sie die Zeile *using namespace std;* grundsätzlich weg.
- Ergänzen Sie *include*-Anweisungen grundsätzlich mit einem „.h". Aus *#include <iostream>* wird dann *#include <iostream.h>*.

Im oberen Beispiel sähe das Programm nach der alten Norm so aus:

```
#include <iostream.h>

int main()
{
  cout << "Hello World!";
}
```

Dieses Programm wird nun von den alten Compilern anstandslos kompiliert. Natürlich wird es wegen der Abwärtskompatibilität auch von den neuen Compilern unterstützt. Wenn Ihr Compiler aber die neue Norm unterstützt, dann sollten Sie sich auch die neue Schreibweise angewöhnen.

cout

Schauen wir uns nun die *cout*-Anweisung an. *cout* ist der sogenannte Standard-Ausgabe-Stream, beziehungsweise das Objekt, welches der Abstraktion wegen für den Standard-Ausgabe-Strom steht. Dadurch wird der Programmierer nicht mehr mit den plattformspezifischen Eigenarten der Ausgabe belastet. Er gibt die auszugebenden Daten einfach an das *cout*-Objekt und dieses sorgt dann für eine ordnungsgemäße Ausgabe. Als Standard-Ausgabe wird im allgemeinen der Bildschirm verwendet.

<< Der <<-Operator schiebt bildlich gesprochen die Daten in den Ausgabestrom. In diesem Fall handelt es sich bei den auszugebenden Daten um eine Stringkonstante.

> Stringkonstanten stehen immer innerhalb doppelter Anführungszeichen.

Der Begriff *Stringkonstante* bezeichnet eine konstante Folge Folge von Zeichen, die als Text aufgefaßt werden.

Gehen wir den Ablauf des Programms einmal schrittweise durch.

Wenn Sie das Programm kompilieren und starten, wird zuerst die Funktion *main* aufgerufen. Die erste Anweisung ist die Anweisung, die die auszugebenden Daten an das *cout*-Objekt schickt, also in den Standard-Ausgabe-Stream schiebt. *cout* wird uns von C++ zur Verfügung gestellt und gehört zur Standardbibliothek.

Nachdem die auszugebenden Daten zu *cout* geschickt wurden, fährt das Programm hinter dem Semikolon der Anweisung fort. Dort ist aber nur das Ende der Funktion *main*, was dem Ende des gesamten Programms gleichkommt.

Einrücken von Quelltext

Sie werden sich vielleicht gewundert haben, daß im Programmtext die *cout*-Anweisung (und vorher auch schon die *return*-Anweisung) nach rechts eingerückt ist. Dies ist nicht notwendig, dient aber der Übersichtlichkeit. Üblicherweise werden diese Einrückungen mit Tabulatoren vorgenommen. In Ihrem Editor sollten Sie die Abstände der Tabulatoren auf zwei oder drei Zeichen einstellen, damit Sie den gewohnten Anblick erhalten.

1.6 Die #include-Direktive

Aber abgesehen von der *cout*-Anweisung sind noch einige andere Dinge zum Programm hinzugekommen, zum Beispiel der *#include*-Befehl. *include* ist kein direkter Bestandteil der Sprache C++, sondern ein Befehl des Präprozessors.

Präprozessor

Der Präprozessor ist ein Teil des Compilers, der nicht das Programm übersetzt, sondern kontrolliert „Änderungen" im Programmtext vornimmt, die aber nicht bleibend sind, sondern nur temporär für die Kompilation benötigt werden.

> Präprozessorbefehle erkennt man am # in der ersten Spalte. Präprozessorbefehle dürfen nicht nach rechts eingerückt werden, sondern müssen in der ersten Spalte beginnen.

Versuchen Sie einmal, das Programm ohne die *#include*-Direktive zu kompilieren. Es wird ein Fehler auftreten, weil in *iostream* die Definition des *cout*-Streams steht, und diese ist durch das Entfernen der *#include*-Direktive nicht mehr Bestandteil des Programms. Dadurch ist dem Compiler *cout* unbekannt und dessen Benutzung unmöglich.

Früher standen hinter den *#include*-Direktiven Namen von konkret existierenden Dateien. Dies ist nach der neuen Norm nicht mehr zwingend. Die Deklarationen können in einer beliebigen, dem Benutzer nicht näher bekannten Datei stehen. Theoretisch müssen sie nicht einmal mehr in einer Datei stehen, sondern könnten Bestandteil des Compilers sein.

1.7 Namensbereiche

Die einzige uns noch unbekannte Zeile im Beispielprogramm ist die folgende:

```
using namespace std;
```

Um ihre Bedeutung besser verstehen zu können, führen wir ein kleines Experiment durch. Entfernen Sie einmal die obere Zeile aus dem Beispielprogramm, so daß Sie folgendes Programm erhalten:

```
#include <iostream>

int main()
{
  cout << "Hello World!";
  return(0);
}
```

Wenn Sie dieses Programm nun kompilieren, wird der Compiler sagen, daß er *cout* nicht kennt. Aber warum? *cout* ist doch in *iostream* definiert, also müßte es dem Compiler auch bekannt sein.

Um diese Frage zu beantworten, wollen wir das Programm lauffähig machen, ohne die *namespace*-Anweisung wieder hinzuzufügen. Dazu ändern Sie bitte die Zeile

```
cout << "Hello World!";
```

in

```
std::cout << "Hello World!";
```

Das Programm läßt sich nun wieder fehlerfrei kompilieren und ausführen.

std Sie haben vielleicht bemerkt, daß der Zusatz *std* bei *cout* auch schon in der *namespace*-Anweisung Verwendung fand. Eine erste Erklärung erhalten wir, wenn wir die Anweisung *using namespace std* ins Deutsche übersetzen. Es bedeutet „Benutze Namensbereich std". Bei *std* handelt es sich also um einen Namensbereich. Doch was muß man sich unter einem Namensbereich vorstellen?

Nehmen wir dazu als Beispiel die Telefonnummern. Wenn Sie aus dem Ausland einen Anschluß in Köln erreichen wollen, dann müssen Sie zuerst das Land anwählen (z.B. 0049), dann die Stadt (221) und zum Schluß den Anschluß selbst (Beispielsweise 1234567). Befinden Sie selbst sich aber auch in Köln, dann brauchen Sie nur noch 1234567 wählen.

Und genau das ist das Prinzip der Namensbereiche. In C++ kann eine Gruppe von Namen (das können Namen von Konstanten, Funktionen, Klassen etc. sein) zu einem Namensbereich zusammengefaßt werden. Ganz konkret gehört die Definition von *cout* zum Namensbereich *std*[6].

Die Namensbereiche wurden eingeführt, um eine mögliche Doppelbenennung verhindern zu können. Man ist dadurch in der Lage, sein eigenes *cout* zu definieren, wenn man es einem anderen Namensbereich zuordnet.

using namespace std sagt dem Compiler, daß wir uns nun im Namensbereich *std* aufhalten. Wir brauchen dann bei Namen, die im Namensbereich *std* definiert sind, nicht mehr explizit angeben, daß wir die Definition aus *std* verwenden wollen (analog zu den Telefonnummern entspricht dies dem Wegfall der Vorwahl, wenn man einen Teilnehmer in derselben Stadt anruft). ***using***

Wollen Sie dann aber eine Definition aus einem anderen Namensbereich als *std* verwenden, dann müssen Sie den entsprechenden Namensbereich wieder explizit angeben (Wollen Sie einen Teilnehmer aus einer anderen Stadt anrufen, muß dessen Vorwahl auch mitgewählt werden).

Jetzt müßte Ihnen auch klar sein, warum bei einem Compiler, der die neue Ansi-Norm nicht unterstützt, die in Kapitel 1.5 aufgeführten Programmänderungen vorgenommen werden müssen:

Die *#include*-Direktive muß geändert werden, um eine Definition von *cout* zu verwenden, die in keinem Namensbereich steht. Und die *namespace*-Anweisung wird weggelassen, eben weil es keine Namensbereiche gibt.

1.8 Kommentare

Nachdem uns nun das erste Programm komplett verständlich ist, wollen wir in diesem Abschnitt die Möglichkeit besprechen, Kommentare in das eigentliche Programm einfügen zu können.

6 "*std*" ist übrigens die Abkürzung von "standard".

Kommentare dienen dazu, Informationen im Programm unterzubringen, die nicht Bestandteil des tatsächlichen Programms sind und deshalb auch vom Compiler nicht verstanden werden könnten.

So können Sie zum Beispiel hinter bestimmten Programmzeilen Bemerkungen schreiben, damit Sie auch später noch wissen, welche Funktion sie haben. Oder Sie können vor jedem größeren Abschnitt ein paar Zeilen über seine Funktion schreiben[7]. Obwohl manche Freaks immer noch behaupten, ein Programmtext[8] sei selbsterklärend, und nur unfähige Leute bräuchten Kommentare, sollten Sie sich diesbezüglich nicht einschüchtern lassen und nie mit Kommentaren geizen. Sie tun sich und anderen, die Ihr Programm einmal in die Hände bekommen, einen großen Gefallen.

/ */*

Kommentare beginnen mit den Zeichen /* und werden mit */ beendet. Alles, was zwischen diesen Zeichen steht, „übersieht" der Compiler.

Kommentare dürfen nicht verschachtelt werden.

Deshalb ist das folgende Konstrukt ungültig:

Falsch!

```
/* Innerhalb dieses Kommentares ist /* ein Kommentar */ ein-
gebettet */
```

//

Benötigen Sie für Ihren Kommentare nur maximal eine Zeile (z.B. um eine kurze Bemerkung hinter eine Anweisung zu schreiben), dann verwenden Sie //.

Wenn Sie die beiden Formen der Kommentare mischen, dann sind auch Verschachtelungen möglich:

```
//  /* Kommentar */
/* // Kommentar */
```

Schauen wir uns als Beispiel unser Programm mit Kommentaren versehen an:

```
/*
Programm          : Einfuehrendes Beispielprogramm
```

7 Im allgemeinen sollte vor jeder Funktion ein Kopf von Bemerkungen stehen, der als Informationen das Datum der letzten Änderung, Erklärung aller Funktionsparameter und die Beschreibung der Funktionalität enthält. Damit fällt ein späteres Benutzen der Funktion in anderen Programmen leichter. Sind mehrere Programmierer an der Erstellung des Programms beteiligt, sollte jeder Funktion der Name des Autors beigefügt werden.

8 Beim Programmtext handelt es sich um die Anweisungen, die Sie in Ihrem Editor schreiben. Er wird auch als Quelltext, Quellprogramm, Quellcode oder *source code* bezeichnet.

```
Autor            : Andre Willms
Letzte Aenderung : 28.10.1997
*/

#include <iostream> /* Einbinden von iostream */

using namespace std; // std als Standard-Namensbereich

// Hauptfunktion

int main()
{
  cout << "Hello World!";  // Textausgabe
  return(0);               // Implizites return
}
```

Wenn Sie sich die Kommentare einmal genau ansehen, müßten Sie sich an einer Stelle fragen, warum dort ausgerechnet diese Form des Kommentars gewählt wurde.

Benutzen Sie hinter Präprozessor-Direktiven nur /* ... */ Kommentare.

Dafür gibt es eine einfache Erklärung. Die /* ... */-Kommentare gab es auch schon in C, wohingegen die //-Kommentare eine Neuerung von C++ sind. Auch den Präprozessor gab es bereits in der Programmiersprache C, weswegen er bei vielen C++-Compilern nicht neu programmiert sondern einfach von einem C-Compiler übernommen wurde.

Dadurch gibt es in vielen C++-Compilern Präprozessoren, die den neuen C++-Kommentar nicht verstehen und deswegen einen Fehler melden.

Der Portabilität wegen sollten Sie hinter Präprozessor-Direktiven auch dann die /* ... */-Kommentare verwenden, wenn Ihr Präprozessor den //-Kommentar versteht.

1.9 Formatierte Ausgabe

Wir wollen in diesem Kapitel noch einige grundlegende Möglichkeiten kennenlernen, auf die Optik der Ausgabe einzuwirken.

Dazu erweitern wir unser Beipielprogramm noch um eine Zeile:

```
#include <iostream>
using namespace std;
int main()
{
  cout << "Hello World!";
  cout << "Hallo Welt!";
}
```

Man könnte nun denken, daß die beiden ausgegebenen Zeilen untereinander stehen, aber das Programm gibt folgendes aus:

```
Hello World!Hallo Welt!
```

Darin ist C++ etwas eigen. Wenn Sie dem Compiler nicht sagen, daß er eine neue Zeile beginnen soll, macht er es auch nicht. Na gut, sagen wir es ihm. Ändern Sie die beiden *cout*-Anweisungen folgendermaßen um:

```
cout << "Hello World!” << endl;
cout << "Hallo Welt!” << endl;
```

Und siehe da, daß Programm schreibt auf den Bildschirm:

```
Hello World!
Hallo Welt!
```

endl *endl* ist ein sogenannter Manipulator. Wenn Sie *endl* in den Ausgabstrom schicken, dann wird eine Funktion namens *endl* aufgerufen, die das Steuerzeichen **\n** ausgibt und anschließend einen *flush* durchführt.

\n Das \n-Steuerzeichen wird auch als *CR* bezeichnet, was eine Abkürzung für „Carriage Return"[9] ist. CR sorgt dafür, daß die Ausgabeposition an den Anfang der nächsten Zeile verlegt wird. Der Name rührt noch aus den Zeiten, in denen reger Gebrauch von Schreibmachinen gemacht wurde.

flush Im allgemeinen ist die Ausgabe gepuffert. Das bedeutet, daß erst eine gewisse Menge von Zeichen gesammelt wird, bis sie tatsächlich auf dem Bildschirm ausgegeben werden. Will man aber, daß der Ausgabepuffer ausgegeben wird, obwohl er noch nicht voll ist, dann führt man ein sogenanntes *flush* aus.

Zusammengefaßt sorgt der Manipulator dafür, daß die Ausgabe am Anfang der nächsten Zeile fortgeführt und der Inhalt des Ausgabepuffers ausgegeben wird.

---

9 Das bedeutet auf deutsch soviel wie "Wagenrücklauf".

Möchten Sie die Ausgabe des Pufferinhalts erzwingen, ohne gleichzeitig ein CR ausführen zu wollen, dann benutzen Sie den Manipulator *flush*.

Man kann die Steuerzeichen auch direkt im Text unterbringen. Die *cout*-Anweisungen können daher auch so geschrieben werden:

```
cout << "Hello World!\n";
cout << "Hallo Welt!" << endl;
```

Hinter der Ausgabe des ersten Satzes wird lediglich ein Wagenrücklauf ausgegeben, wodurch die zweite Ausgabe in einer neuen Zeile beginnt. Hinter dem zweiten Satz wird durch den *endl*-Manipulator sowohl ein Wagenrücklauf als auch ein *flush* ausgeführt.

Abgesehen von dem fehlenden *flush* hinter der ersten *cout*-Anweisung verhalten sich die beiden Zeilen identisch mit ihren Vorgängerinnen. Da die beiden Zeilen aber zusammen ausgegeben werden sollen, reicht ein *flush* hinter der letzten Zeile völlig aus.

Steuerzeichen

Es gibt in C++ noch mehr solcher Steuerzeichen wie *\n*, die auch alle mit einem \ beginnen.

Wenn Sie jetzt mitgedacht haben, werden Sie sich fragen, wie man den Backslash (so heißt das \-Zeichen) selbst ausgeben kann. Eine Antwort darauf gibt folgende Tabelle, die alle Steuerzeichen – oder Escape-Sequenzen, wie sie auch genannt werden – beinhaltet.

Esc.Seq.	Zeichen
\a	**BEL** (bell), gibt ein akustisches Warnsignal.
\b	**BS** (backspace), der Cursor geht eine Position nach links.
\f	**FF** (formfeed), ein Seitenvorschub wird ausgelöst.
\n	**NL** (new line), der Cursor geht zum Anfang der nächsten Zeile.
\r	**CR** (carriage return), der Cursor geht zum Anfang der aktuellen Zeile.
\t	**HT** (horizontal tab), der Cursor geht zur nächsten horizontalen Tabulatorposition.
\v	**VT** (vertical tab), der Cursor geht zur nächsten vertikalen Tabulatorposition.
\"	" wird ausgegeben.
\'	' wird ausgegeben.
\?	**?** wird ausgegeben.
\\	\ wird ausgegeben.

Tabelle 1.1: Die Steuerzeichen der Ein- und Ausgabe

1.10 Graphische Darstellung von Algorithmen

Um den Ablauf eines Algorithmus, und damit auch den eines Programms, besser darstellen und dokumentieren zu können, hat man sich dafür eine genormte grafische Darstellung ausgedacht.

Diese grafische Darstellung ist losgelöst von der Programmiersprache und beschreibt Ablauf und Funktion eines Algorithmus daher universell. Mit einer solchen Darstellung läßt sich ein Algorithmus meist problemlos in einer Programmiersprache verwirklichen, vorausgesetzt, die in der Darstellung verwendeten Strukturen sind in der entsprechenden Sprache realisierbar.

Da dieses Buch bemüht ist, die strukturierte Programmierung zu vermitteln und das Entwickeln strukturierter Programme zu fördern, würde sich als grafische Darstellung das Strukturdiagramm oder Struktogramm anbieten. Nun ist diese Darstellung gewöhnungsbedürftig, und sie eignet sich für den Einsteiger nicht besonders.

PAP

Wir werden uns daher dem intuitiveren Zugang des Programmablaufplans oder PAPs bedienen. Der PAP, der auch Flußdiagramm genannt wird, zeigt auf vorbildliche Weise den Programmfluß an und trägt nicht unbeträchtlich zum Verständnis von Algorithmen bei. Wenden wir uns deshalb den ersten Symbolen des PAPs zu[10].

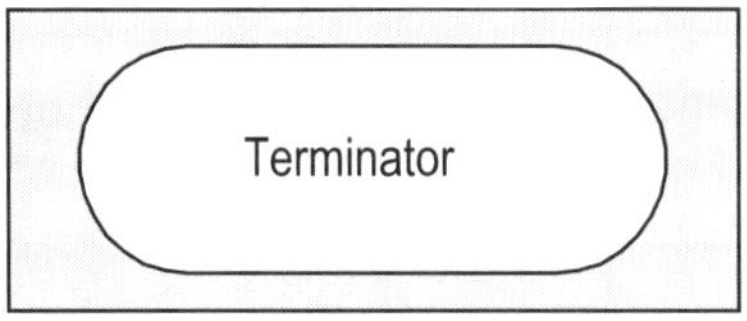

Bild 1.1: Das Terminator-Symbol

Abbildung 1.1 zeigt das Terminator-Symbol des PAPs. Es steht am Anfang und am Ende eines Programmablaufs. Bezeichnenderweise schreibt man am Programmanfang „Start" und am Programmende „Ende" in den Terminator hinein.

Mit dem Terminator-Symbol markiert man den Start und das Ende eines Programmablaufs.

---

10 In einigen Kreisen ist es verpönt, strukturierte Programme mit einem PAP darzustellen oder mit dem PAP ein strukturiertes Programm zu entwerfen. In einem bestimmten Rahmen mag diese Einstellung gerechtfertigt sein, jedoch eignet sich für Lehrzwecke der PAP zu Anfang eindeutig besser.

Besteht der PAP auch aus Unterroutinen, dann fügt man in den Terminator zusätzlich noch den Namen der betreffenden Routine ein.

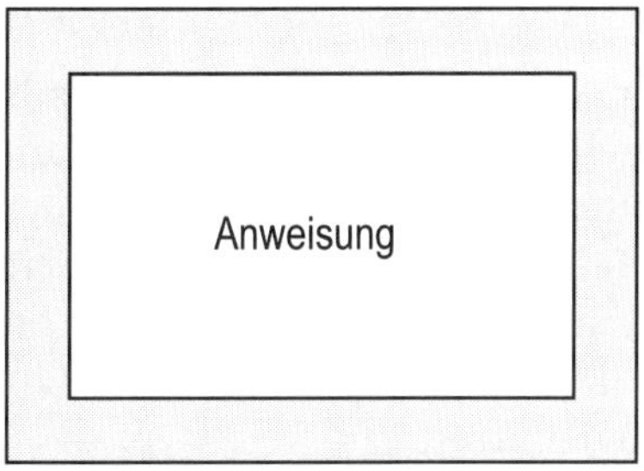

Bild 1.2: Das Anweisungs-Symbol

Das Anweisungs-Symbol des PAPs ist in Abbildung 1.2 dargestellt. Dieses Symbol wird dazu benutzt, bestimmte Anweisungen wie Rechnungen, Zuweisungen, Variablendefinitionen etc. darzustellen. In das Symbol hinein schreibt man die konkrete Bedeutung der Anweisung. Entweder benutzen Sie pro Anweisung einen Block oder Sie fassen logisch zusammenpassende Anweisungen in einem Block zusammen. Packen Sie einen einzelnen Block aber nicht zu voll mit verschiedenen Anweisungen, weil sich dies stark zu Ungunsten der Übersichtlichkeit auswirkt.

Rechnungen, Zuweisungen, Variablendefinitionen etc. werden mit Hilfe eines Anweisungs-Symbols dargestellt.

Für die Eingabe durch den Benutzer oder die Ausgabe auf den Bildschirm durch das Programm gibt es ein spezielles Symbol, welches in Abbildung 1.3 gezeigt wird. Man schreibt den entsprechenden Vorgang (Ein- oder Ausgabe) sowie die ein- oder auszugebenden Daten in das Symbol hinein.

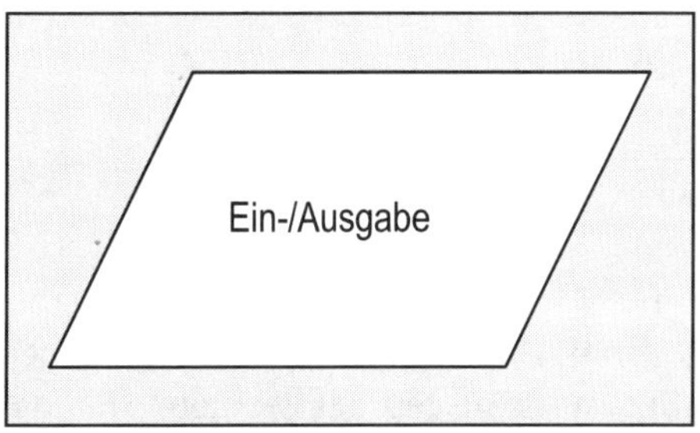

Bild 1.3: Das Ein-/Ausgabe-Symbol

Ein- und Ausgabe, egal welcher Form, wird durch das Ein-/Ausgabe-Symbol visualisiert.

Mit diesen Symbolen sind wir in der Lage, unser erstes Programm in einem Programmablaufplan darzustellen. Dies wurde in Abbildung 1.4 getan. Die einzelnen Komponenten des PAPs werden mit Linien verbunden. Die Linien werden mit Pfeilen versehen, um die Flußrichtung zu bestimmen. Flußrichtungen nach unten und nach rechts benötigen der Norm nach keine Pfeile. Es ist jedoch zugunsten der Eindeutigkeit besser, durchweg Pfeile zu benutzen.

Die Flußlinien eines PAP sollten grundsätzlich mit Pfeilen versehen werden, um Zweideutigkeiten zu vermeiden.

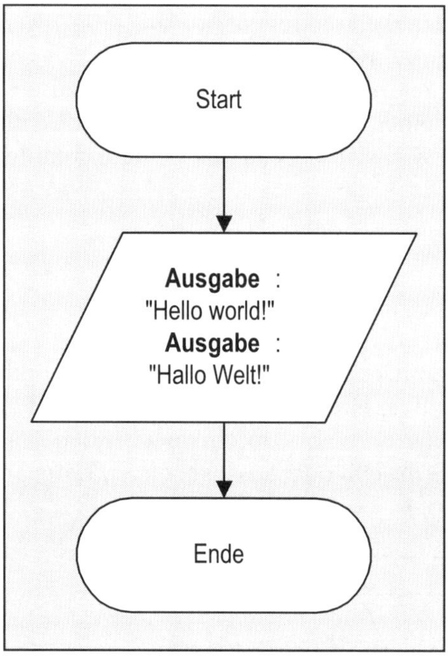

Bild 1.4: Das Beispielprogramm als PAP

Die beiden Ausgaben hätten auch jeweils in ein eigenes Ausgabe-Symbol geschrieben werden können. Da der Zusammenhang der beiden Ausgaben hier aber besonders stark ausgeprägt ist, bietet sich das Verwenden eines einzelnen Symbols an.

In den folgenden Kapiteln werden noch andere Symbole und Variationen vorgestellt, um unseren wachsenden Anforderungen an den PAP gerecht zu werden.

1.11 Kontrollfragen

Am Ende der einzelnen Kapitel finden sie Kontrollfragen und häufig auch Übungen, die Ihnen die Möglichkeit der Kontrolle über Ihre Lernerfolge geben. Die Antworten finden Sie im Anhang.

1. Definieren Sie den Begriff „Algorithmus" knapp in einem Satz.
2. In welchem Zusammenhang stehen die Begriffe „Algorithmus" und „Programm"?
3. Nennen Sie grundlegende Methoden, mit denen der Ablauf des Algorithmus gesteuert werden kann.
4. Was ist das besondere an der Funktion *main*, und wie sieht eine ihrer genormten Definitionen aus?
5. An welchen Merkmalen erkennt man einen Präprozessorbefehl?
6. Wozu wird in C++ das Semikolon verwendet?
7. Woran erkennt man Stringkonstanten?

2 Die Variablentypen int und bool

In diesem Kapitel werden wir uns mit den folgenden Punkten befassen:

- Was sind Variablen?
- Welche Typen von ganzzahligen Variablen gibt es?
- Wie werden Variablen definiert und initalisiert?
- Wie werden Variablen ein- und ausgegeben?
- Was passiert bei ungültigen Eingaben?
- Was sind boolesche Variablen?
- Wie kann man Einfluß auf die Ausgabe von Zahlen nehmen?

2.1 Einführende Gedanken

Wozu braucht man eigentlich Variablen? In einer Programmiersprache sind Variablen denen der Mathematik sehr ähnlich: Sie bestehen aus einem Buchstaben oder einem Wort, die einen Wert repräsentieren. Der einzige Unterschied ist der, daß in der Mathematik Variablen meistens für unbekannte Zahlen stehen, während in C++ jede Variable für einen Wert steht, der ab dem Zeitpunkt der Initialisierung jederzeit fest definiert ist und den man beliebig benutzen oder verändern kann.

Sie können sich Variablen und den Computerspeicher wie Schubladen in einem riesigen Schrank vorstellen. In dem Moment, wo Sie eine Variable einführen, bekommt eine Schublade im Schrank den Namen ihrer Variablen. Diese „benannte" Schublade enthält dann den Wert der Variablen, und Sie können über den Namen auf die Schublade und damit auf den in ihr enthaltenen Wert zugreifen.

Im vorigen Kapitel haben wir über die Möglichkeiten gesprochen, einen Algorithmus variabel zu gestalten. Unter anderem wurde dort die

Verwendung von variablen Größen im Algorithmus vorgestellt. Mit den Variablen einer Programmiersprache läßt sich genau diese Eigenschaft eines algorithmus computerverständlich formulieren.

int Der erste Variablentyp, den wir uns anschauen wollen, heißt **int** und ist die Abkürzung von *integer*, was soviel heißt wie „ganzzahlig". Variablen diesen Typs können nur ganze Zahlen aufnehmen, also 5, 23, -8 etc., nicht aber Zahlen wie -2,8766 oder 3,1415926.

2.2 Varianten der ganzzahligen Variablen

An eine ganzzahlige Variable können verschiedene Anforderungen gestellt werden. Der eine Algorithmus braucht vielleicht nur kleine, durchweg positive Zahlen, ein anderer Algorithmus wiederum braucht einen großen Zahlenbereich, der sich sowohl über den positiven als auch über den negativen Bereich erstrecken muß.

Da größere Variablen auch mehr Speicherplatz benötigen, gibt es in C++ verschiedene Typen von ganzzahligen Variablen, die sich nur darin unterscheiden, in welchem Bereich die in ihnen enthaltenen Zahlen liegen dürfen. Die Bereiche können von Compiler zu Compiler unterschiedlich sein, aber die durch die Ansi-Norm festgesetzten Mindestanforderungen sind in folgender Tabelle augeführt:

Typ	Größe[a]	Zahlenbereich
int	2 Bytes	-32768 bis +32767
unsigned int	2 Bytes	0 bis +65535
long	4 Bytes	-2147483648 bis +2147483647
unsigned long	4 Bytes	0 bis +4294967295
short	1 Byte	-128 bis +127
unsigned short	1 Byte	0 bis 255

a. Die Größe gibt an, wieviel Bytes von einer Variable des entsprechenden Typs belegt werden, wenn sie den unter "Zahlenbereich" angegebenen Zahlenbereich abdeckt. Manche Compiler benutzen von vorneherein größere Zahlenbereiche, wodurch sich auch der Speicherbedarf der Variablen erhöht.

Tabelle 2.1: Die Varianten der ganzzahligen Variablen

Die in der Tabelle angegebenen Bytegrößen sind Mindestgrößen. Das bedeutet, daß ein ANSI-Compiler auf jeden Fall die hier angegebene Größe zur Verfügung stellen muß. Er kann jedoch auch mehr Bytes verwenden.

2.3 Das Arbeiten mit Variablen

Wir werden uns nun die notwendige Syntax zum Arbeiten mit Variablen aneignen.

Genau wie bei unserem Kuchenrezept-Beispiel muß z.B. zuerst angegeben werden, wieviel Zucker benötigt wird, um dann nachher zu beschreiben, was mit dem Zucker geschehen soll.

Definition

Dieses Definieren einer Variablen mit entsprechender Bedeutung bezeichnet man sinnigerweise als Variablendefinition. In C++ ist die Variablendefinition eine Anweisung, sie wird daher mit einem Semikolon abgeschlossen.

> Variablendefinitionen werden mit einem Semikolon abgeschlossen.

Variablendefinitionen werden mit einem Semikolon abgeschlossen.

Die Variablendefinition an sich ist denkbar einfach. Zuerst wird angegeben, von welchem Typ die Variable sein soll. Dem folgt dann der Name der Variablen. Wollen wir beispielsweise eine Variable namens *a* vom Typ *int* definieren, dann schreiben wir dies so:

Syntax

```
int a;
```

Ausgabe

Variablen werden in C++ genauso ausgegeben wie Stringkonstanten: Sie werden in den Ausgabestrom *cout* geschickt. Die sieht dann so aus:

Syntax

```
cout << a;
```

Schauen wir uns dazu ein komplettes Beispiel an:

```
#include <iostream>

using namespace std;

int main()
{

  int a;

  cout << "Der Wert von a ist " << a << endl;
}
```

Den Quellcode dieses Beispiels finden Sie auf der Diskette unter \KAP02\BSP01.CPP.

Dieses Programm läuft fehlerlos, nur müßte sich Ihnen eine Frage aufdrängen: Welchen Wert wird das Programm für *a* ausgeben? Analog dazu kann man fragen, was ist in einer Schublade, die noch nicht ausgeräumt, aber von Ihnen auch nicht eingeräumt wurde? Sie können es nicht wissen.

Zuweisung und Initialisierung

Bevor eine Variable verwendet wird, muß ihr auf jeden Fall erst einmal ein Wert zugewiesen werden. Das erste Zuweisen eines Wertes an eine Variable bezeichnet man als *Initialisierung*.

Eine nicht initialisierte Variable hat einen nicht vorhersagbaren Wert.

Das Zuweisen eines Wertes geschieht mit dem sogenannten Zuweisungsoperator. Der Zuweisungsoperator ist in C++ das Gleichheitszeichen „=". Wenn Sie der Variablen den Wert 12 zuweisen wollen, dann formulieren Sie dies wie folgt:

Syntax

```
a=12;
```

Eine Zuweisung ist in C++ eine Anweisung und wird mit einem Semikolon abgeschlossen.

Schauen wir uns dazu ein längeres Beispiel an:

```
#include <iostream>

using namespace std;

int main()
{
  int a;
  int b;
  int c;

  a=13;
  b=-88;
  c=64;

  cout << "a = " << a << ", b = " << b << ", c = "<< c << endl;
}
```

Den Quellcode dieses Beispiels finden Sie auf der Diskette unter \KAP02\BSP02.CPP.

2.4 Vereinfachungen in der Schreibweise

Man hat in C++ die Möglichkeit, Variablendefinitionen des gleichen Typs in einer Anweisung zusammenzufassen. Die einzelnen Variablen werden dabei durch Kommata getrennt:

Zusammenfassung

```
int a,b,c;
```

Des weiteren kann man die Variablen gleich bei ihrer Definition initialisieren:

Gleichzeitige Initialisierung

```
int a=13,b=-88,c=64;
```

Das Programm vereinfacht sich dadurch wie folgt:

```
#include <iostream>

using namespace std;

int main()
{

  int a=13,b=-88,c=64;

  cout << "a = " << a << ", b = " << b << ", c = "<< c << endl;
}
```

Den Quellcode dieses Beispiels finden Sie auf der Diskette unter \KAP02\BSP03.CPP.

2.5 Die Eingabe

Es ist nun der Zeitpunkt gekommen, an dem wir uns mit der Eingabe von Werten beschäftigen können. Wir haben bereits eine Variablenart kennengelernt und sind damit in der Lage, die vom Benutzer eingegebenen Werte auch zu speichern.

cin

Die Eingabe erfolgt genau wie die Ausgabe über einen sogenannten Stream bzw. Strom. Analog zum Ausgabestrom, der ja mit *cout* bezeichnet wird, heißt der Eingabestrom *cin*.

>>

Wir haben uns den Ausgabeoperator << gut merken können, indem wir uns einfach vorstellen, daß die auszugebenden Daten nach *cout* geschoben werden. Der Eingabe-Operator läßt sich ebenfalls einfach merken, denn er sieht so aus: >>. Wollen wir beispielsweise einen

Wert eingeben und diesen dann einer Variablen *a* zuweisen, dann sieht das so aus:

Syntax

```
cin >> a;
```

Auch hier kann man sich den Operator gut merken, wenn man sich vorstellt, die Daten werden von *cin* in die Variable geschoben. Schauen wir uns dazu ein Beispiel an:

```
#include <iostream>

using namespace std;

int main()
{

  int a;

  cout << "Bitte einen Wert eingeben:";
  cin >> a;
  cout << "Sie haben " << a << " eingegeben.” << endl;
}
```

Den Quellcode dieses Beispiels finden Sie auf der Diskette unter \KAP02\BSP04.CPP.

In diesem Fall muß die Variable *a* nicht explizit initialisiert werden, weil die Zuweisung des vom Benutzer eingegebenen Wertes als Initialisierung betrachtet werden kann.

Mit *cin* sind Sie auch in der Lage, mehrere Werte mit einer Anweisung einzulesen:

```
#include <iostream>

using namespace std;

int main()
{

  int a,b;

  cout << "Bitte zwei Werte eingeben:";
  cin >> a >> b;
  cout << "Sie haben " << a << " und ";
  cout << b << " eingegeben.” << endl;
}
```

Den Quellcode dieses Beispiels finden Sie auf der Diskette unter \KAP02\BSP05.CPP.

Hier wird zuerst ein Wert vom Typ *unsigned int* und dann einer vom Typ *int* eingelesen. Sie haben zwei Möglichkeiten, die Werte einzugeben:

1. Sie geben den ersten Wert ein und drücken die Return-Taste. Danach geben Sie den zweiten Wert ein und drücken wieder die Return-Taste. Daß kein Text erscheint, nachdem Sie den ersten Wert eingegeben haben, ist verständlich.
2. Sie geben den ersten Wert und den zweiten Wert hintereinander durch ein Leerzeichen getrennt ein, und Sie drücken die Return-Taste.

Es bleibt Ihrem Geschmack überlassen, auf welche Weise Sie die Werte eingeben. Sie sollten aber *cin* nur in Ausnahmefällen auf diese Weise benutzen. Für die Personen, die später mit Ihrem Programm arbeiten, ist die folgende Variante benutzerfreundlicher:

```
#include <iostream>

using namespace std;

int main()
{

  int a,b;

  cout << "Bitte einen Wert eingeben:";
  cin >> a;

  cout << "Bitte noch einen Wert eingeben:";
  cin >> b;

  cout << "Sie haben " << a << " und ";
  cout << b << " eingegeben.” << endl;
}
```

Den Quellcode dieses Beispiels finden Sie auf der Diskette unter \KAP02\BSP06.CPP.

2.6 Eingaben außerhalb des Bereichs

Ein Problem, dem man als Programmierer häufig gegenübersteht, ist das einer ungültigen Eingabe seitens des Benutzers. Nehmen wir dazu einmal folgendes Programm:

```
#include <iostream>

using namespace std;

int main()
{

  unsigned int wert;

  cout << "Bitte einen Wert eingeben:";
  cin >> wert;

  cout << "Sie haben " << wert << " eingegeben." << endl;
}
```

Den Quellcode dieses Beispiels finden Sie auf der Diskette unter \KAP02\BSP07.CPP.

Bereichsüberschreitung

Das vorige Beispiel benutzt eine Variable vom Typ *unsigned int*, damit Zahlen von 0 bis 65535 eingegeben werden können. Starten Sie das Programm einmal, und geben Sie die Zahl 65536 ein, die ja nicht mehr im Bereich des Typs *unsigned int* liegt. Das Programm meldet keinen Fehler, aber bei der Ausgabe steht der Wert 0.

Das liegt daran, daß C++ den jeweiligen Wertebereich wie einen Ring behandelt; was auf der einen Seite den Bereich verläßt, kommt auf der anderen Seite wieder herein. Geben Sie zum Beispiel 65538 ein, gibt das Programm 2 aus und geben Sie -1 ein, gibt es 65535 aus.

Falsche Eingaben haben im allgemeinen keinen Laufzeitfehler zur Folge.

Dieses Phänomen tritt auch bei den anderen *int*-Varianten wie *long, short, unsigned long* und *unsigned short* auf, nur daß sich eben die Bereiche verändern. Würden sie bei *int* den Wert 32769 eingeben, gäbe das Programm -32767 aus. Wenn Sie bei einer Variablen vom Typ *unsigned short* den Wert -2 eingeben, gibt es 254 aus[1].

Sie als Programmierer haben in C++ dafür Sorge zu tragen, daß die Eingaben in den von Ihnen gesteckten Grenzen liegen. Werden diese Grenzen überschritten, so müssen Sie entsprechende Schritte im Programm einleiten. Wie das geht, erfahren Sie, wenn Sie später die ersten Kontrollstrukturen kennenlernen.

---

1 Die Beispiele gehen davon aus, daß die Variablen eine der Größen haben, wie sie in der Tabelle weiter oben angegeben wurden. Sollte Ihr Compiler andere Größen für die Variablen benutzen, müssen die Beispiele dementsprechend umgeändert werden.

2.7 Boolesche Werte

Boolesche Algebra

George Boole[2] hat im 19. Jahrhundert eine Algebra entwickelt, die sich für die Computertechnologie als elementar herausstellen sollte. Der Grundgedanke der nach ihm benannten Booleschen Algebra ist der, daß es nur zwei Werte gibt: 1 und 0 (bzw. „wahr" und „falsch"). Eine solche Variable, die also nur diese beiden Werte annehmen kann, nennt man boolesche Variable.

Noch zu C-Zeiten wurden boolesche Variablen dadurch realisiert, daß man eine *int*-Variable nahm, und dieser dann nur die Werte 0 oder 1 zuwies.

bool

Aufgrund einer besonderen Fähigkeit der Sprache C++[3] wurde es aber notwendig, schon am Variablentyp unterscheiden zu können, ob es eine echte *int*-Variable oder ein echter boolescher Wert ist. Deswegen wurde der Variablentyp *bool* eingeführt:

Syntax

```
bool x2;
```

true, false

Zusätzlich wurden jeweils für die beiden möglichen Werte von *bool* ein Schlüsselwort angelegt, nämlich *true* und *false*. Wenn Sie herausfinden möchten, welchen tatsächlichen Wert *true* und *false* haben, dann können Sie einmal folgendes Programm ausprobieren:

```
#include <iostream>

using namespace std;

int main()
{

  cout << "Wahr   = " << true << endl;
  cout << "Falsch = " << false << endl;
}
```

Den Quellcode dieses Beispiels finden Sie auf der Diskette unter \KAP02\BSP08.CPP.

2.8 Formatierte Ausgabe

Im letzten Kapitel haben wir schon Bekanntschaft mit Manipulatoren gemacht. Sie erinnern sich: Mit den Manipulatoren konnten wir Einfluß auf die Art und Weise der Ausgabe nehmen. Da man auch

2 George Boole, englischer Mathematiker (*2.11.1815 in Lincoln, †8.12.1864 in Cork).

3 Die Rede ist vom sogenannten Überladen von Funktionen. Diese Technik wird in einem späteren Kapitel noch besprochen.

Zahlen auf unterschiedlichste Weise darstellen kann, bietet C++ auch Manipulatoren an, mit denen das Format der Zahlenausgabe festgelegt werden kann.

Ganzzahlen

Schauen wir uns zunächst die Manipulatoren der Ganzzahlen an. Zum einen hat man die Möglichkeit, eine feste Feldbreite für eine Zahl zu definieren.

setw

Dadurch, daß jede Zahl in einer festen Breite ausgegeben wird, und zwar ungeachtet ihrer tatsächlichen Breite, kann mit einfachen Mitteln eine Tabelle ausgegeben werden. Der dafür notwendige Manipulator heißt *setw* und ist die Abkürzung von „setwidth", was auf deutsch soviel wie „Setze Breite" bedeutet.

Doch schauen wir uns zunächst die Ausgabe an, wie wir sie bisher realisiert hätten:

```
cout << 3 << 5 << -8 << 17 << endl;
cout << 155 << -23 << 18 << 1 << endl;
cout << -333 << -89 << 7 << 8 << endl;
```

Diese Ausgabe produziert folgendes Ergebnis:

```
35-817
155-23181
-333-8978
```

Man erkennt auf den ersten Blick, daß dies nicht das Wahre sein kann. Wir könnten das Übel ein wenig lindern, indem wir zwischen den einzelnen Zahlen noch Leerzeichen ausgäben.

Aber wir sprächen hier nicht über Manipulatoren, wenn es nicht einen gäbe, der uns aus der Bredouille hilft:

```
#include <iostream>
#include <iomanip>

using namespace std;

int main()
{
  cout << setw(5) << 3 << setw(5) << 5;
  cout << setw(5) << -8 << setw(5) << 17 << endl;
  cout << setw(5) << 155 << setw(5) << -23;
  cout << setw(5) << 18 << setw(5) << 1 << endl;
  cout << setw(5) << -333 << setw(5) << -89;
  cout << setw(5) << 7 << setw(5) << 8 << endl;
}
```

Den Quellcode dieses Beispiels finden Sie auf der Diskette unter \KAP02\BSP09.CPP.

Wie Sie sehen, benötigen sie zusätzlich noch die Definitionen aus *io-manip*. Und eine wichtige Eigenschaft von *setw* läßt sich an diesem Beispiel erkennen:

setw wirkt sich nur auf die unmittelbar folgende Ausgabe aus.

```
   3    5   -8   17
 155  -23   18    1
-333  -89    7    8
```

setfill

Um den freien Platz individuell ausfüllen zu können, gibt es einen Manipulator, mit dem man ein Füllzeichen definieren kann. Dieser Manipulator heißt *setfill*. Setzen Sie folgende Zeile bitte vor die *cout*-Anweisungen des vorherigen Programms:

Syntax

```
cout << setfill('*');
```

Die Ausgabe sieht nun folgendermaßen aus:

```
****3****5***-8***17
**155**-23***18****1
*-333**-89****7****8
```

left

Sie werden festgestellt haben, daß die Zahlen alle rechtsbündig ausgegeben werden. Auch hier gibt es Manipulatoren, die darauf Einfluß nehmen. Als erstes wäre da *left*, der dafür sorgt, daß alle Zahlen linksbündig ausgegeben werden. Ersetzen Sie einfach die *setfill*-Ausgabe durch folgende Zeile:

Syntax

```
cout << left;
```

Die dadurch erzeugte Ausgabe ist die folgende:

```
3    5    -8   17
155  -23  18   1
-333 -89  7    8
```

internal

Ein weiterer Manipulator, der Auswirkungen auf die Ausrichtung hat, ist *internal*. Er sorgt dafür, daß die Vorzeichen linksbündig und die Zahlen selbst rechtsbündig ausgegeben werden. Ersetzen Sie einmal den *left*-Manipulator durch *internal*. Er erzeugt folgende Ausgabe:

```
   3    5-   8   17
 155-  23   18    1
- 333-  89    7    8
```

Weil wir zwischen den einzelnen Zahlen keine Leerzeichen eingefügt haben, sieht die Ausgabe etwas merkwürdig aus. Man erkennt aber, daß die Vorzeichen linksbündig und die Zahlen rechtsbündig ausgegeben werden.

right Wollen Sie wieder zu einer rechtsbündigen Ausgabe wechseln, dann verwenden Sie den Manipulator *right*.

showpos Bezüglich der Vorzeichen existiert ein Manipulator, mit dem sich das positive Vorzeichen explizit darstellen läßt. dieser Manipulator heißt *showpos*. Tauschen Sie bitte den internal-Manipulator gegen showpos aus:

Syntax

```
cout << showpos;
```

Die so entstandene Ausgabe sehen sie im Anschluß:

```
  +3   +5   -8  +17
+155  -23  +18   +1
-333  -89   +7   +8
```

Um den *showpos*-Manipulator wieder aufzuheben, verwenden Sie den *noshowpos*-Manipulator.

oct, dec, hex Bei der Ausgabe von Zahlen haben Sie die Wahl zwischen drei Zahlensystemen: dem Oktalsystem, dem Dezimalsystem und dem Sedezimalsystem. Welches Zahlensystem benutzt werden soll, wird durch die Manipulatoren *oct*, *dec* und *hex* definiert.

Benutzen Sie bitte als Beispiel die folgenden, abgeänderten *cout*-Anweisungen:

```
cout << hex;
cout << setw(12) << 3 << setw(12) << 5;
cout << setw(12) << -8 << setw(12) << 17 << endl;
cout << setw(12) << 155 << setw(12) << -23;
cout << setw(12) << 18 << setw(12) << 1 << endl;
cout << setw(12) << -333 << setw(12) << -89;
cout << setw(12) << 7 << setw(12) << 8 << endl;
```

Als Ergebnis erhalten wir:

```
           3           5    fffffff8          11
          9b    ffffffe9          12           1
    fffffeb3    ffffffa7           7           8
```

In der sedezimalen Darstellung gibt es in dem Sinne keine negativen Zahlen, deswegen finden Sie auch keine Vorzeichen.

showbase Ein Verständnisproblem kann auftreten, wenn nicht explizit erwähnt wird, daß es sich bei der Darstellung um die sedezimale Schreibweise handelt. Dazu gibt es den Manipulator *showbase*, der das Zahlensystem in der C++-typischen Weise kennzeichnet. Wir ändern die erste *cout*-Anweisung folgendermaßen um:

```
cout << hex << showbase;
```

Auf dem Bildschirm sehen wir:

```
        0x3          0x5  0xfffffff8         0x11
       0x9b   0xffffffe9         0x12          0x1
 0xffffffeb3   0xffffffa7          0x7          0x8
```

Um den *showbase*-Manipulator aufzuheben, verwendet man den *noshowbase*-Manipulator

noshowbase

Zum Schluß gibt es noch über den *uppercase*-Manipulator die Möglichkeit, daß alle bei der Zahlenausgabe verwendeten Buchstaben groß geschrieben werden. Wir ergänzen dazu die erste *cout*-Anweisung wie folgt:

uppercase

```
cout << hex << showbase << uppercase;
```

Das Ergebnis sieht so aus:

```
        0X3          0X5  0XFFFFFFF8         0X11
       0X9B   0XFFFFFFE9         0X12          0X1
 0XFFFFFFEB3   0XFFFFFFA7          0X7          0X8
```

Um wieder auf Kleinbuchstaben zu wechseln, verwendet man den *nouppercase*-Manipulator.

nouppercase

Zum Abschluß sind nocheinmal alle Manipulatoren tabellarisch aufgeführt:

Manipulator	Bedeutung
dec	Die weitere Zahlenausgabe erfolgt im Dezimalsystem.
fill()	Er definiert das Zeichen, das zum Füllen des freien Bereiches im Feld verwendet wird.
hex	Die weitere Zahlenausgabe erfolgt im Sedezimalsystem.
internal	Bei der weiteren Ausgabe ist das Vorzeichen linksbündig und die Zahl selbst rechtsbündig angegeben.
left	Die weitere Ausgabe ist linksbündig.
noshowbase	Bei der weiteren Ausgabe wird das verwendete Zahlensystem nicht mit ausgegeben.
noshowpos	Bei der weiteren Ausgabe wird das positive Vorzeichen nicht ausgegeben.
nouppercase	Bei der weiteren Ausgabe werden alle bei der Zahlenausgabe verwendeten Buchstaben klein geschrieben.
oct	Die weitere Zahlenausgabe erfolgt im Oktalsystem.
right	Die weitere Ausgabe ist rechtsbündig.
showbase	Bei der weiteren Ausgabe wird das verwendete Zahlensystem explizit ausgegeben.
showpos	Bei der weiteren Ausgabe wird das positive Vorzeichen explizit ausgegeben.
uppercase	Bei der weiteren Ausgabe werden alle bei der Zahlenausgabe verwendeten Buchstaben groß geschrieben.
width()	Er definiert die Feldbreite der unmittelbar folgenden Ein- bzw. Ausgabe.

Tabelle 2.2: Die Ganzzahl-Manipulatoren im Überblick

bool-Variablen

boolalpha, noboolalpha

Speziell für diesen Variablentyp gibt es zwei Manipulatoren, die entscheiden, ob ein boolescher Wert als Wort oder als Zahl ausgegeben wird. Der Manipulator *boolalpha* gibt, an, das die Ausgabe als Wort erfolgt, wohingegen *noboolalpha* eine Ausgabe als Wert zur Folge hat.

Dazu ein kleines Beispiel:

```
#include <iostream>

using namespace std;

int main()
{

  cout << boolalpha << "Wahr   = " << true << endl;
  cout << "Falsch = " << false << endl;
  cout << noboolalpha << "Wahr   = " << true << endl;
  cout << "Falsch = " << false << endl;
}
```

Den Quellcode dieses Beispiels finden Sie auf der Diskette unter \KAP02\BSP10.CPP.

Die vom Programm erzeugte Ausgabe ist nachfolgend aufgeführt:

```
Wahr   = true
Falsch = false
Wahr   = 1
Falsch = 0
```

2.9 Kontrollfragen

1. Was verstehen Sie unter einer Variablen?
2. Welche Zahlenart können *int*-Variablen darstellen?
3. Was genau bedeutet das Schlüsselwort *unsigned*?
4. Worin liegt der Unterschied zwischen einer Initialisierung und einer Zuweisung?
5. Wie heißt der Standard-Eingabestrom, und welchen Operator verwenden Sie in diesem Zusammenhang?
6. Welches Problem tritt bei nicht initialisierten Variablen auf?
7. Wie verhält sich ein Programm bei einer ungültigen Eingabe?
8. Worin liegen die Unterschiede zwischen den Variablentypen *bool* und *int*?

3 Die Grundrechenarten

In diesem Kapitel wollen wir uns unter anderem mit folgenden Themen beschäftigen:

- Operatoren für die Addition, Subtraktion, Multiplikation und Division
- Modulo-Operator, auch Rest-Operator genannt
- besondere Zuweisungsoperatoren
- Berechnung von Audrücken bei der Ausgabe
- Inkrement- und Dekrement-Operatoren
- Prä- und Post-Operatoren

3.1 Die Operatoren +, –, *, /, (,)

Im vorigen Kapitel haben wir gelernt, wie man Variablen definiert, sie initialisiert und ihnen Werte zuweist. Wir werden uns nun die Operatoren ansehen, mit denen wir die hinlänglich bekannten Grundrechenarten auf die Inhalte unserer Variablen anwenden können.

In der folgenden Tabelle sehen Sie die C++-Operatoren für die vier Grundrechenarten:

Operator	Bedeutung
+	addiert zwei Werte
-	subtrahiert den rechten Wert vom linken
*	multipliziert zwei Werte miteinander
/	dividiert den linken Wert durch den rechten

Tabelle 3.1: Die C++-Operatoren für die vier Grundrechenarten

Sie können nun mit diesen Operatoren verschiedene Variablen verknüpfen und das Ergebnis einer anderen Variablen mit Hilfe des Zuweisungsoperators = zuweisen:

Syntax

```
x=a+b;
```

Die obige Anweisung bildet die Summe der Inhalte von *a* und *b* und weist das Ergebnis der Variablen *x* zu. Folgende Anweisung zeigt auch, daß das Gleichheitszeichen hier nicht wie in der Mathematik üblich betrachtet werden darf:

```
c=c*d;
```

Mathematisch betrachtet ist obige Anweisung schlichtweg falsch. In C++ bedeutet sie lediglich, daß die Inhalte von *c* und *d* multipliziert werden, und das Ergebnis dann *c* zugewiesen wird. Dabei gilt grundsätzlich folgende Regel:

> Zuerst wird der Ausdruck rechts vom Zuweisungsoperator komplett berechnet und dann das Ergebnis der Variablen links vom Zuweisungsoperator zugewiesen.

Bindungsstärke

Sie können die Rechenoperatoren in allen möglichen Kombinationen verwenden. Die Operatoren * und / binden stärker als + und -. Das heißt, 3+4*5 ergibt 23 und nicht 35[1].

Möchten Sie jedoch, daß zuerst 3+4 gerechnet und dann die Multiplikation mit 5 vorgenommen wird, müssen Sie den Ausdruck klammern. (3+4)*5 würde dann tatsächlich 35 ergeben, weil die Klammern stärker binden als die übrigen Rechenzeichen.

Runden

Da *int* Variablen nur ganzzahlige Werte aufnehmen können, läßt C++ eventuell entstehende Ziffern hinter dem Komma einfach wegfallen. 3/2 ergibt dann 1 und -3/2 ergibt -1.

> Fließkommazahlen werden an integer-Variablen durch Wegfall der Nachkommastellen angepaßt. Es findet KEIN Auf- oder Abrunden statt.

Nachfolgend ein Beispiel, welches die Rechenoperatoren benutzt:

```
#include <iostream>

using namespace std;
```

1 Diese Regel entspricht der „Punkt-vor-Strich"-Regel in der Mathematik.

```
int main()
{
int zahl1,zahl2,zahl3,zahl4;

  zahl1=3*2;                  //1
  zahl2=zahl3=zahl1*2;        //2
  zahl3=zahl3*2;              //3
  zahl4=zahl3/4;              //4
  zahl1=zahl2*zahl4+zahl3;    //5
  cout << "Das Ergebnis lautet : " << zahl1 << endl;
}
```

Den Quellcode dieses Beispiels finden Sie auf der Diskette unter \KAP03\BSP01.CPP.

Sie können ja mal ausprobieren, ob Sie herausbekommen, welchen Wert das Programm ausgibt. Die Erklärung richtet sich nach der Numerierung, die hinter den Zeilen als Kommentar angegeben ist.

1. *zahl1* bekommt den Wert 6 zugewiesen (Initialisierung von *zahl1*).
2. *zahl2* bekommt den Wert von *zahl3*, und *zahl3* bekommt den Wert von *zahl1**2, also 12 zugewiesen. *zahl2* und *zahl3* haben daher den Wert 12 (Initialisierung von *zahl2* und *zahl3*).
3. *zahl3* bekommt den Wert *zahl3**2, also 24.
4. *zahl4* bekommt den Wert *zahl3* durch 4, also 6 (Initialisierung von *zahl4*).
5. *zahl1* bekommt den Wert *zahl2*zahl4+zahl3*, das ist 12*6+36, also 96.

Das Programm muß daher den Wert 96 ausgeben. Sie können das Programm selbst kompilieren und starten, dann erhalten Sie den Wert ebenfalls.

3.2 Der %-Operator

Der %-Operator, der auch *Modulo*-Operator genannt wird, findet seine Verwendung bei Ganzzahlen, und ermittelt dort den Rest einer Division.

Der Modulo-Operator % bestimmt den Rest einer Division von Ganzzahlen.

13%4 ergibt 1, weil bei Ganzzahlen 13/4 3 ergibt, und somit 13-12=1 der Wert des Restes ist.

Mit diesem Operator lassen sich bestimmte Probleme ziemlich einfach lösen. Ein simples Beispiel ist folgendes: Stellen Sie sich vor, Sie haben acht Schubladen, die von null bis sieben durchnumeriert sind. In diese Schubladen sollen Sie Zahlen einsortieren. Die Zahl 0 kommt in Schublade 0, die Zahl 7 kommt in Schublade 7 und die Zahl 8 kommt wieder in Schublade 0. Demnach kommt die 12 in Schublade 4 und die 33 in Schublade 1. Ich denke, Sie erkennen die Regelmäßigkeit.

Wie löst man dieses Problem rechnerisch? In C++ kein Problem. Sie nehmen eine Variable namens *schublade*, die die Schubladennummer enthalten soll, und eine Variable *zahl*, die die einzusortierende Zahl enthalten soll. Sie berechnen in einem C++-Programm die Schublade wie folgt:

Syntax

```
schublade = zahl % 8;
```

Acht deshalb, weil es ja auch acht Schubladen sind. Die 8 Schubladen werden numeriert von 0 bis 7. Die Leerzeichen zwischen den Operatoren und den Variablennamen dienen im übrigen nur der Übersichtlichkeit und können auch weggelassen werden:

```
schublade=zahl%8;
```

Auch hier wieder die altbekannte Regel, daß Programme nicht nur für Computer geschrieben werden, deshalb ist die Schreibweise mit Leerzeichen derjenigen ohne vorzuziehen.

3.3 Die Operatoren +=, -=, *=, /=, %=

Sie haben bisher die Operatoren für die Grundrechenarten kennengelernt. Ihnen ist vielleicht aufgefallen, daß solche Berechnungen fast immer mit einer Zuweisung einhergehen.

Deswegen wurden aus dem Zuweisungsoperator und den Rechenoperatoren neue Operatoren entworfen, die beide Funktionen übernehmen.

Diese Operatoren, auch Zuweisungsoperatoren genannt, dienen der Verkürzung von Zuweisungen. Sie können zum Beispiel folgende Verkürzungen vornehmen:

Ausdruck	Äquivalent
zahl=zahl+5;	zahl+=5;
wert=wert*23;	wert*=23;
x=x-wert;	x-=wert;
value=value/2;	value/=2;

Ausdruck	Äquivalent
x=x%8;	x%=8;
value=value+3*wert;	value+=3*wert;
zahl=wert/value+zahl;	zahl+=wert/value;

Tabelle 3.2: Äquivalenz von Ausdrücken

Es ist jedoch wichtig, sich das über Zuweisungen Gesagte in Erinnerung zu rufen: Das Gleichheitszeichen ordnet der links von ihm stehenden Variablen den Wert zu, den der Ausdruck auf der rechten Seite ergibt. Falls der Ausdruck auf der rechten Seite eine Berechnung erfordert (z.B. a=b+c), wird er zuerst berechnet, und das Ergebnis dieser Berechnung dann der Variablen auf der linken Seite übergeben.

Bei den vier Zuweisungsoperatoren bedeutet dies ein Berechnen des Ausdrucks auf der rechten Seite mit anschließendem Verknüpfen des Ergebnisses mit der linken Seite. Die Art der Verknüpfung hängt dabei vom Zuweisungsoperator ab.

Das letzte Beispiel in der Tabelle ist nur deswegen äquivalent, weil die Division eine stärkere Bindung hat als die Addition.

```
wert=wert*3+value;
```

ist nicht gleich mit

```
wert*=3+value;
```

Bevor Sie weiterlesen, überlegen Sie einmal, warum die beiden Ausdrücke nicht gleich sind.

Betrachten wir zuerst die erste Zuweisung. Wie wir wissen, wird zuerst der Ausdruck auf der rechten Seite berechnet, der danach der Variablen auf der linken Seite zugewiesen wird. Da der Ausdruck nicht geklammert ist, wird zuerst die Multiplikation ausgeführt, weil sie Vorrang vor der Addition hat. Danach wird die Addition vorgenommen.

Die zweite Zuweisung analysieren wir genauso. Zuerst wird der Ausdruck auf der rechten Seite berechnet. Dort steht nur eine Addition und kann somit ausgeführt werden. Danach wird der rechte Ausdruck dem Zuweisungsoperator entsprechend mit dem linken verknüpft, und in der linken Variablen gespeichert. Die Verknüpfung ist eine Multiplikation, also wird der berechnete Wert mit der Variablen *wert* multipliziert und dann in derselben gespeichert.

Wie wir sehen, wurde bei der ersten Zuweisung zuerst die Multiplikation und dann die Addition, bei der zweiten Zuweisung hingegen zuerst die Addition und dann die Multiplikation ausgeführt. Die beiden Zuweisungen können also nicht zu gleichen Ergebnissen führen.

Achten Sie bei der Benutzung der Zuweisungsoperatoren auf die Bindungstärke der verwendeten Rechenoperatoren.

Wenn Sie bei der Berechnung eines Ausdrucks nicht sicher sind, welche Operatoren denn nun Vorrang haben, dann klammern Sie einfach so, daß das Ergebnis Ihrem Wunsch entspricht. Klammern haben nämlich die höchste Priorität, und es ist grundsätzlich besser, zu viele Klammernpaare zu setzen, als zu wenige.

3.4 Ausgabe von Ausdrücken

Des weiteren ist es interessant, folgendes zu wissen:

An jeder Stelle im Programm (außer links vom Zuweisungsoperator), an der eine Variable stehen kann, kann auch ein berechenbarer Ausdruck stehen.

Sehen Sie sich einmal folgendes Fragment an:

```
zahl3=zahl1+zahl2;
cout << zahl1 << " plus " << zahl2;
cout << " ist gleich " << zahl3 << endl;
```

Vorausgesetzt, daß die Variable *zahl3* nur für die Ausgabe der Summe gebraucht wird und in keinen weiteren Berechnungen auftritt, lassen sich die beiden Zeilen auf folgende Weise vereinfachen:

```
cout << zahl1 << " plus " << zahl2;
cout << " ist gleich " << (zahl1+zahl2) << endl;
```

Die Übersichtlichkeit erhöht sich, und das Programm hat eine Variable weniger. C++ geht sogar noch weiter und erlaubt es, folgenden Satz aufzustellen:

Steht an einer Stelle im Programm ein berechenbarer Ausdruck, kann er auch an Ort und Stelle zugewiesen werden.

Dadurch entsteht eine Mischung aus den beiden oberen Beispielen:

```
cout << zahl1 << " plus " << zahl2;
cout << " ist gleich " << (zahl3=zahl1+zahl2) << endl;
```

Diese Zeile gibt nun die Summe von *zahl1* und *zahl2* aus und weist das Ergebnis zuzsätzlich noch *zahl3* zu, so daß im weiteren Verlauf *zahl3* tatsächlich die Summe der beiden Variablen enthält.

Weiterhin gilt auch folgender Satz, der eigentlich nicht erwähnt werden müßte:

An jeder Stelle im Programm, an der eine Variable stehen kann, kann auch eine Konstante stehen (außer links von einer Zuweisung).

Dazu einmal ein sinnloses Beispiel:

```
cout << "Die Zahl heißt " << 231 << endl;
```

Sinnlos deshalb, weil in diesem Fall die Konstante direkt mit in den auszugebenden String geschrieben werden könnte:

```
cout << "Die Zahl heißt 231" << endl;
```

Sinnvoll wird das Einsetzen einer Konstanten erst bei Funktionsaufrufen mit Parameterübergabe, die wir später kennenlernen werden.

3.5 Die Operatoren ++ und --

C++ wäre nicht C++, wenn es für spezielle Fälle nicht wieder Abkürzungen parat hätte. Und tatsächlich gibt es noch einen Sonderfall der Addition und der Subtraktion: das *Inkrementieren* und das *Dekrementieren*. Eine Variable wird inkrementiert, wenn man ihren Wert um eins erhöht, und sie wird dekrementiert, wenn man ihn um eins vermindert[2].

Man fragt sich natürlich, warum diese beiden Operationen als Sonderfall aufgefaßt werden, denn wir könnten doch ganz einfach eine Variable mit *+=1* inkrementieren und mit *-=1* dekrementieren. Das stimmt, aber je nachdem, welche der beiden Schreibweisen benutzt wird, kann man auf den Verwendungszweck des Ausdrucks schließen. Des weiteren können die Inkrement-/Dekrement-Operatoren auf zwei verschiedene Weisen verwendet werden, auf die wir gleich zu sprechen kommen.

Zähler

Variablen, hauptsächlich ganzzahlige Variablen, können auf eine bestimmte Weise benutzt werden: nämlich als *Zähler*. Zähler werden im allgemeinen nur um 1 erhöht oder um 1 vermindert. Deswegen sollte man zum Erhöhen und Vermindern, oder in der C++-Sprache, zum Inkrementieren und Dekrementieren die entsprechenden Operato-

2 Eine Ausnahme bilden die Inkrement- und Dekrement-Operatoren bei den Zeigern. Dort erhöhen bzw. vermindern sie nicht notwendigerweise um 1. Doch später dazu mehr.

ren benutzen, wohingegen Sie beim bloßen Addieren oder Subtrahieren die übrigen Operatoren benutzen sollten.

Benutzen Sie zum Inkrementieren/Dekrementieren die Operatoren ++/-- und zum Addieren/Subtrahieren die Operatoren +/- bzw. +=/-=.

Doch nun ein Beispiel:

```
wert=3;
cout << "Der Wert ist " << wert << endl;
wert++;
cout << "Der Wert ist " << wert << endl;
wert--;
cout << "Der Wert ist " << wert << endl;
```

Es wird Sie nicht überraschen, wenn die drei *cout*-Anweisungen 3, 4 und 3 ausgeben.

prä, post

Nun kann sowohl der Inkrement- als auch der Dekrement-Operator in zwei Formen benutzt werden, erstens als **Postinkrement** und **Postdekrement** und zweitens als **Präinkrement** und **Prädekrement**.

Bei den Postoperatoren wird die Variable erst „benutzt" und dann entsprechend inkrementiert oder dekrementiert. Die Präoperatoren inkrementieren bzw. dekrementieren vor der Benutzung.

Das obige Beispiel verwendete Postinkrement und Postdekrement. Um die Unterschiede in der Schreibweise zu erklären, nun das gleiche Beispiel mit Prä-Operatoren:

```
wert=3;
cout << "Der Wert ist " << wert << endl;
++wert;
cout << "Der Wert ist " << wert << endl;
--wert;
cout << "Der Wert ist " << wert << endl;
```

Nun ändert sich am Ablauf des Programms und an seiner Ausgabe durch die Änderung rein gar nichts. Wieso? Weil an der Stelle, an der inkrementiert bzw. dekrementiert wurde, keine Benutzung der Variablen stattfand. Doch wie wir schon gelernt haben, kann an der Stelle, an der ein berechenbarer Ausdruck steht, auch eine Zuweisung stehen. Dies gilt auch für die Inkrement- und Dekrement-Operatoren, so daß wir sie nun in die *cout*-Anweisung einbetten.

```
wert=3;
cout << "Der Wert ist " << wert++ << endl;
cout << "Der Wert ist " << wert-- << endl;
cout << "Der Wert ist " << wert << endl;
```

Schauen wir uns die erste *cout*-Anweisung an. Wir benutzen dort ein Postinkrement, so daß die Variable zuerst benutzt – was in diesem Falle eine Übergabe an die *cout*-Anweisung bedeutet – und dann imkrementiert wird. *cout* gibt also den Wert 3 aus, aber danach hat *wert* den Wert 4.

Das gleiche gilt für die zweite *cout*-Anweisung. Zuerst wird der aktuelle Wert übergeben, nämlich 4, und dann die Variable dekrementiert. Die Werte, die das Programm ausgibt, lauten also 3, 4 und 3. Hier ist das Ergebnis noch identisch mit den vorherigen Versionen, doch benutzen wir nun die Prä-Operatoren:

```
wert=3;
cout << "Der Wert ist " << ++wert << endl;
cout << "Der Wert ist " << --wert << endl;
cout << "Der Wert ist " << wert << endl;
```

In der ersten *cout*-Anweisung wird die Variable nun vor dem Benutzen inkrementiert, so daß die Variable *wert* den Wert 4 hat, wenn sie *cout* übergeben wird.

In der zweiten *cout*-Anweisung wird zuerst dekrementiert, also wird *printf* der Wert 3 übergeben. Die Werte der Ausgabe lauten 4, 3 und 3. Dies unterscheidet sich von den anderen Ergebnissen.

Bitte versuchen Sie, die Inkrement- bzw. Dekrement-Operatoren nur für Zähler zu benutzen. Es ist natürlich auch erlaubt, sie in einem anderen Kontext anzuwenden, aber man sollte für sich selber bestimmte Regeln aufstellen, an die man sich dann hält. Und je mehr sich diese Regeln mit den Regeln der Allgemeinheit decken, um so besser.

Wenn Sie die Inkrement-/Dekrement-Operatoren in Ausdrücken benutzen, ist es ratsam, ihre Wirkungsweise wie oben durchzuspielen, da unbedachter Einsatz derselben immer eine beliebte Fehlerquelle bildet.

3.6 Kontrollfragen

1. Welchen Wert ergibt *17/3* ?
2. Welchen Wert ergibt 17%3?
3. Welchen Unterschied gibt es zwischen den Ausdrücken *3*4+5* und 5+*4*3* ?
4. Welchen Unterschied gibt es zwischen den Ausdrücken *(3*4)+5* und *3*(4+5)* ?
5. Welche Nachteile ergeben sich, wenn ein zu berechnender Ausdruck direkt in der *cout*-Anweisung steht?
6. Ist *x+=2* und *x++2* das gleiche?
7. Worin liegt der Vorteil von ++ gegenüber +=*1* ?

3.7 Übungen

1. Schreiben Sie ein Programm, welches Sie nach drei Zahlen fragt (auch negative Werte sollen erlaubt sein) und dann die Summe der drei Zahlen ausgibt. Nachdem die Summe ausgegeben wurde, soll nach einer neuen Zahl gefragt werden, mit der die Summe dann multipliziert wird. Dieses Ergebnis soll ebenfalls ausgegeben werden
2. Schreiben Sie ein Programm, bei dem drei Zahlen multipliziert werden, das aber nur zwei Variablen benötigt. Lassen Sie das Ergebnis ausgeben. Entwerfen Sie das Programm so, daß das Produkt noch weiter verwendet werden könnte.
3. Schauen Sie sich folgendes Programmfragment an:

```
a=12;
a+=++a+a++;
a=a+a;
cout << a << endl;
```

Welcher Wert wird ausgegeben?

4 Funktionen

Dieses Kapitel beschäftigt sich mit den Funktion. Wir werden uns mit folgenden Fragen beschäftigen:

- Welche Vorteile bieten Funktionen?
- Wie teilt man ein Programm in Fuunktionen?
- Wie müssen bzw. dürfen Funktionen benannt werden?
- Was sind und wozu verwendet man Prototypen?
- Wie teilt man ein Programm in einzelne Module?
- Was sind Header-Dateien und wozu dienen sie?
- Was versteht man unter Speicherklassen und Bezugsrahmen?
- Wann verwendet man lokale, globale und statische Variablen?
- Was ist bei Funktionen mit Parametern und Rückgabewert zu beachten?
- Welche Bedeutung kommt der *return*-Anweisung zu?

4.1 Einführende Gedanken

Vielleicht werden Sie fragen, wozu man Funktionen braucht, denn man könnte doch das komplette Programm in die *main*-Funktion packen. So haben wir es bisher ja auch gemacht und es lief alles einwandfrei.

Aber stellen Sie sich einmal folgende Situation vor: Sie müssen in einem Programm fünf verschiedene Zahlen daraufhin überprüfen, ob sie Primzahlen sind. Sie hätten dann fünfmal hintereinander den gleichen Programmtext, nur mit unterschiedlichen Zahlen.

Viel eleganter ist es, den Programmtext, der auf eine Primzahl hin prüft, nur einmal zu programmieren, aber fünfmal zu benutzen.

Übertragen auf eine Programmiersprache sieht das so aus, daß man eine Funktion schreibt, der man eine Zahl übergibt, und diese Funktion gibt dann zurück, ob es sich um eine Primzahl handelt oder nicht. So haben Sie den Programmtext nur einmal statt fünfmal, und in der *main*-Funktion stünden dann nur noch fünf Aufrufe der Primzahlenfunktion.

Um dies nochmal in den Worten unseres bewährten Beispiels vom Kuchenrezept auszudrücken: Bei jedem Kuchen kommt man zwangläufig an die Stelle, wo der Teig in die Backform gebracht werden muß. Anstatt nun auf jedem Kuchenrezept diesen Vorgang zu beschreiben, könnte man einen eigenen Zettel für „Teig in die Backform bringen" entwerfen und in den Kuchenrezepten dann darauf verweisen.

Wenn Sie schonmal Kochbücher studiert haben, werden Sie feststellen, daß dort so etwas ähnliches getan wird. Ein bestimmter Vorgang wird am Anfang des Buches erklärt und bekommt einen speziellen Namen. Im weiteren Verlauf des Buches wird dann für diese Tätigkeit nur noch der Name benutzt und nicht mehr die Tätigkeit selbst aufgeführt. Ein typisches Beispiel dafür ist das „Blanchieren".

Doch kommen wir wieder auf die Funktionen zurück. Sie sollten sich grundsätzlich angewöhnen, Programmteile zu sinnvollen Blöcken zusammenzufassen und daraus Funktionen zu machen. Es ist klar, daß ein Programm, welches einfach „herunterprogrammiert" wurde, meistens schwer in Funktionen zu zerlegen ist. Daher sollte man schon bei der Planung des Programms „in Funktionen denken" und das Problem in Teilaufgaben zerlegen[1].

4.2 Zerlegung in Teilaufgaben

Um mit einem ganz einfachen Beispiel zu beginnen, werden wir unser erstes Programm aus Kapitel 1 in verschiedene Funktionen aufteilen. Und zwar benutzen wir die folgende Version:

```
#include <iostream>

using namespace std;

int main()
{
  cout << "Hello World!" << endl;
```

1 Als Faustregel gilt, daß ein Programm oder auch eine Funktion, die deutlich länger als zwei Bildschirmseiten ist, bestimmt in zwei sinnvolle Funktionen aufgeteilt werden kann. Natürlich ist diese Regel nicht zwingend und in manchen Situationen auch unangebracht.

```
  cout << "Hallo Welt!” << endl;
  return(0);
}
```

Fangen wir nun an, dieses kleine Programm in Teilaufgaben zu zerlegen. Sie sollten sich darüber im klaren sein, daß die Zerlegung bei diesem kleinen Programm nicht notwendig wäre und hier nur der Erklärung dient. Denn wie bei allem kann man es auch bei der Zerlegung in Funktionen übertreiben.

Wir können die Aufteilung derart vornehmen, daß jede *cout*-Anweisung in einer eigenen Funktion steht. Rufen wir uns dazu noch einmal den Aufbau eines Funktionskopfes in Erinnerung:

Syntax

```
RUECKGABETYP NAME(PARAMETERTYPEN)
```

Da die Funktionen lediglich die *cout*-Anweisungen abarbeiten sollen, benötigen wir weder einen Rückgabewert noch Funktionsparameter. Daher sind beide Typen *void*. Nennen wir die erste Funktion bezeichnenderweise *ausgabe1* und die zweite analog dazu *ausgabe2*[2]:

```
#include <iostream>

using namespace std;

void ausgabe1(void)
{
  cout << "Hello World!” << endl;
}

void ausgabe2(void)
{
  cout << "Hallo Welt!” << endl;
}

int main()
{
  ausgabe1();
  ausgabe2();
}
```

Den Quellcode dieses Beispiels finden Sie auf der Diskette unter \KAP04\BSP01.CPP.

Unsere beiden Funktionen *ausgabe1* und *ausgabe2* sind der *main*-Funktion strukturell sehr ähnlich. Genau wie bei *main* bedeutet das

2 Achten Sie beim Aptippen bitte darauf, daß die *main*-Funktion als letzte im Listing erscheint. Warum das so sein muß, werden Sie etwas später bei den Prototypen erfahren.

void vor dem Funktionsnamen, daß keine Parameter zurückgegeben werden, und das *void* in den Funktionsklammern, daß keine Werte an die Funktion übergeben werden.

Funktionsaufruf

Wichtig ist es, daß beim Funktionsaufruf auf jeden Fall Klammern hinter dem Funktionsnamen stehen müssen, selbst dann, wenn wie in unserem Fall keine Parameter übergeben werden, denn daran erkennt der Compiler, daß es sich um einen Funktionsaufruf handelt.

Funktionsaufrufe besitzen immer ein Paar runde Klammern hinter dem Funktionsnamen.

Da unseren Funktionsaufrufen kein Anweisungsblock folgt[3], werden sie mit einem Semikolon abgeschlossen. Für den Aufruf einer Funktion gibt es im Programmablaufplan ein besonderes Symbol, welches in Abbildung 4.1 dargestellt ist.

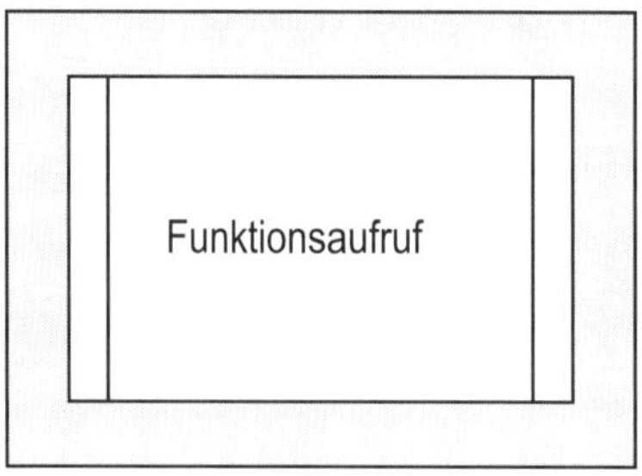

Bild 4.1: Das Funktionsaufruf-Symbol

Werden in einem Programmablaufplan selbstgeschriebene Funktionen aufgerufen, sollten diese mit einem eigenen PAP vertreten sein. Schauen wir uns für das voherige Beispiel einmal den kompletten PAP an. Er ist in Abbildung 4.2 dargestellt.

3 Funktionsaufrufen folgt im übrigen nie ein Anweisungsblock

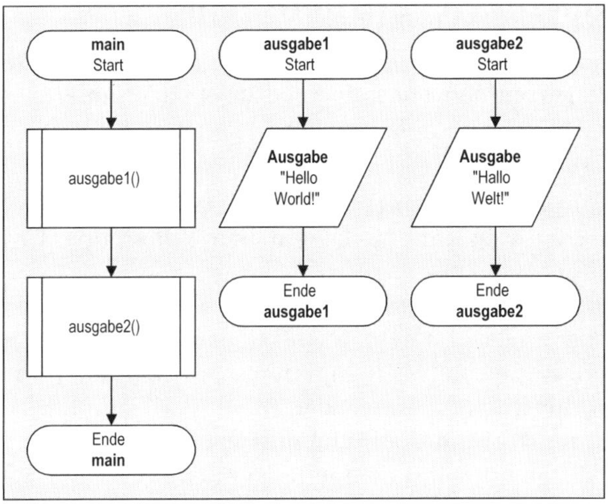

Bild 4.2: Das Beispiel als PAP

Übersichtlichkeit

C++ läßt Ihnen bei der optischen Struktur Ihrer Programme sehr viel Spielraum, aber man sollte sich immer vor Augen halten, daß das Programm später noch einmal verändert werden könnte. Haben Sie dann sogenannten Spaghetti-Code[4] fabriziert, können Sie sich auf ein langwieriges Entzerren einstellen. Die Funktion *ausgabe1* hätte man zum Beispiel auch so schreiben können:

```
void ausgabe1(void){cout << "Hello World!" << endl;}
```

Für den Compiler macht das keinen Unterschied, aber für Menschen schon, wie Sie zugeben müssen. Gerade Anfängern kann ich nur raten, von vorneherein ordentliche Programme zu schreiben. Je komplexer Ihre Programme später werden, desto dankbarer werden Sie für diesen Ratschlag sein.

Achten Sie gerade in der Phase des Erlernens auf ordentlich strukturierte Programme.

4 Als Spaghetti-Code bezeichnen Programmierer umgangssprachlich einen Programmtext, der vollkommen undurchschaubar geschrieben wurde. Und das sowohl optisch als auch inhaltlich.

4.3 Das Bilden von Funktionsnamen

Jetzt, da wir schon zwei kleine Funktionen geschrieben haben, ist der richtige Zeitpunkt gekommen, etwas über die Regeln der Namensvergabe zu erfahren. Die erste grundlegende Regel lautet:

Funktionsnamen müssen mit einem Buchstaben oder Unterstrich beginnen und dürfen weiterhin nur Buchstaben, Ziffern oder Unterstriche enthalten.

Groß-/Kleinschreibung

Sie sollten sich aber angewöhnen, den Funktionsnamen nie mit einem Unterstrich beginnen zu lassen, und innerhalb des Namens nie mehr als einen Unterstrich zu verwenden, denn der Compiler benutzt bei seiner internen Namensgebung mehrere Unterstriche, was dann zu einer Kollision mit selbst definierten Namen führen könnte.

Achten Sie bei der Namensvergabe darauf, daß C++ Groß- und Kleinschreibung unterscheidet. „main", „Main", „MaIn", „maIN" und „MAIN" sind alles unterschiedliche Namen.

Bei Namen wird auf Groß- und Kleinschreibung geachtet.

Des weiteren dürfen keine C++-Schlüsselwörter als Namen verwendet werden. C++-Schlüsselwörter als Teil eines Namens sind hingegen erlaubt.

Namen dürfen nicht identisch mit C++-Schlüsselwörtern sein.

Ein Name kann eine beliebige Länge haben, jedoch werden vom Compiler nur die ersten 31 Zeichen zur Unterscheidung herangezogen[5]. Demnach sind für den Compiler die Variablennamen

```
CPlusPlusLernenMachtSpassUndIstGanzToll
```

und

```
CPlusPlusLernenMachtSpassUndIstGanzEinfach
```

identisch. Compiler, die nicht den Ansi-C++-Standard beherrschen, können manchmal viel weniger Zeichen zur Unterscheidung heranziehen. Achten Sie darauf, wenn Sie einmal mit solch einem Compiler arbeiten.

---

5 Dies ist das geforderte Minimum. Auch wenn einige Compiler mehr Zeichen zur Unterscheidung heranziehen, sollten Sie dies nicht ausnutzen. Es ist schlichtweg nicht portierbar.

Zur Namensunterscheidung werden nur die ersten 31 Zeichen herangezogen.

Diese Regeln gelten im übrigen für alle Namen, seien es Variablennamen, Funktionsnamen, Strukturnamen etc.

4.4 Prototypen

Vorhin wurde besonderer Wert darauf gelegt, daß Sie im Beispielprogramm die beiden Funktionen *ausgabe1* und *ausgabe2* auf jeden Fall vor die *main*-Funktion setzten.

Dies wollen wir natürlich nicht einfach so im Raume stehen lassen, sondern werden uns mit dieser Forderung näher beschäftigen. Deswegen ist es nun Ihre Aufgabe, diese Forderung zu mißachten, indem Sie die *main*-Funktion als erstes im Programm aufführen. Das sieht dann so aus:

```
#include <iostream>

using namespace std;

int main()
{
  ausgabe1();
  ausgabe2();
}

void ausgabe1(void)
{
  cout << "Hello World!” << endl;
}

void ausgabe2(void)
{
  cout << "Hallo Welt!” << endl;
}
```

Den Quellcode dieses Beispiels finden Sie auf der Diskette unter \KAP04\BSP02.CPP.

Wenn Sie diese abgeänderte Form kompilieren, müßte Ihnen der Compiler an der Stelle, wo die Funktionen *ausgabe1* und *ausgabe2* in *main* aufgerufen werden Warnungen der folgenden Art präsentieren:

```
Warning. Calling to function 'ausgabe1' with no prototype.
Warning. Calling to function 'ausgabe2' with no prototype.
```

oder gar:

```
'ausgabe1' : undeclared identifier
'ausgabe2' : undeclared identifier
```

Die Definition der Funktionen *ausgabe1* und *ausgabe2* erzeugt schließlich noch Fehler ähnlich den nachfolgenden:

```
Error. Type mismatch in redeclaration of 'ausgabe1'
Error. Type mismatch in redeclaration of 'ausgabe2'
```

oder:

```
'ausgabe1' : redefinition; different basic types
'ausgabe1' : redefinition; different basic types
```

Die Fehlermeldungen zu den Funktionsaufrufen dürften Sie nicht verwundern, denn wir haben zwei Funktionen aufgerufen, die dem Compiler bis zu dieser Stelle noch nicht vorgestellt wurden. Dieses Problem ähnelt der Verwendung von *cout*, ohne vorher *iostream* mittels *#include* eingebunden zu haben.

Redeklaration

Die beiden zweiten Meldungen kommen dadurch zustande, daß die Argumente einer Funktion nicht umdeklariert (redeklariert) werden können. Wenn sie dem Compiler an irgendeiner Stelle im Programm zum Beispiel gesagt haben, daß die Funktion keinen Rückgabewert hat, dann dürfen sie an anderer Stelle Ihre Meinung nicht ändern, denn der Compiler wüßte gar nicht, wann er welche Deklaration benutzen sollte.

Nun hat der Compiler die Angewohnheit, jeder Funktion, die die Art ihres Rückgabewertes nicht explizit deklariert, zu unterstellen, daß sie einen Wert vom Typ *int* zurückliefert. Dies geschieht auch, wenn er in unserem Programm in der *main*-Funktion zum ersten Mal auf die Funktionen *ausgabe1* und *ausgabe2* stößt.

Da er nirgendwo erkennen kann, welchen Rückgabewert die beiden Funktionen haben, nimmt er an, daß sie einen *int*-Wert zurückliefern. Und wenn der Compiler später auf den Funktionskopf von *ausgabe1* stößt, steht da, daß die Funktion gar keinen Rückgabewert hat. Dies ist für ihn eine Redeklaration, und er meldet einen Fehler.

Aber was machen wir nun? Wenn Sie sich sagen, daß es ja unmöglich sein kann, daß man ein Programm nicht mehr zum Laufen bekommt, nur weil eine Funktion an einer anderen Stelle steht, dann haben Sie recht.

Prototyp

Die Lösung besteht darin, dem Compiler vor den Funktionsaufrufen zu sagen, wie die beiden Funktionen aussehen werden, denn dadurch, daß die Funktionen hinter dem Aufruf stehen, fehlt ihm diese Information ja. Und dies machen wir mit sogenannten Prototypen.

Eigentlich sehen die Prototypen genauso aus wie der Funktionskopf, nur daß der Prototyp mit einem Semikolon endet, denn irgendwie muß der Compiler ja einen Prototyp von einem Funktionskopf unterscheiden können.

Ein Prototyp einer Funktion sieht aus wie der Funktionskopf ohne Variablennamen mit abschließendem Semikolon.

Für unsere beiden Funktion sehen die Prototypen damit wie folgt aus:

Syntax

```
void ausgabe1(void);
void ausgabe2(void);
```

Eingefügt in das Programm erhalten wir damit folgendes:

```
#include <iostream>

using namespace std;

void ausgabe1(void);
void ausgabe2(void);

int main()
{
  ausgabe1();
  ausgabe2();
}

void ausgabe1(void)
{
  cout << "Hello World!” << endl;
}

void ausgabe2(void)
{
  cout << "Hallo Welt!” << endl;
}
```

Den Quellcode dieses Beispiels finden Sie auf der Diskette unter \KAP04\BSP03.CPP.

4.5 Funktionen in Module zusammenfassen

Bisher habe wir unser Programm immer in eine einzige Datei geschrieben und diese dann kompiliert. Wenn Sie aber ein größeres Projekt programmieren, dann bringt diese Vorgehensweise einige Nachteile mit sich.

- Ihr Programm besteht beispielsweise aus 20000 Zeilen Programmtext. Wenn Sie auch nur an einer einzigen Zeile etwas ändern, müssen alle 20000 Zeilen erneut kompiliert werden.
- Größere Projekte erfordern es häufig, daß mehrere Programmierer daran arbeiten. Stellen Sie sich vor, welcher Flickerei Sie ausgesetzt sind, wenn Sie versuchen, die einzelnen Programmteile zu einer Datei zusammenzufügen.
- Wenn Sie bestimmte Funktionen, die Sie bereits für ein Projekt entworfen haben, in einem anderen Projekt verwenden möchten, dann müssen Sie diese umständlich von dem einen Projekt in das andere Projekt kopieren.
- Haben Sie schließlich eine Funktion in beispielsweise drei Projekten verwendet, und dann fällt Ihnen erst auf, daß diese Funktion einen Fehler hat, dann bleibt Ihnen nichts anderes übrig, als die Funktion in allen drei Projekten zu korrigieren.

Es wird Ihnen dämmern, daß es das nicht sein kann.

Aufteilen des Programms

Die Lösung dieser Probleme liegt darin, ein gößeres Programm in sogenannte Module[6] aufzuteilen. Ein Modul ist in gewisser Weise nichts anderes als eine eigenständige Textdatei. Obowohl unser Beispielprogramm viel zu simpel ist, um die Notwendigkeit einer Aufteilung in Module zu verdeutlichen, werden wir es trotzdem tun, um an einem einfachen Beispiel die Vorgehensweise verständlich zu machen.

Für das Beispielprogramm bietet es sich an, die beiden Ausgabefunktionen und die Hauptfunktion jeweils in ein eigenes Modul zu setzen. Fangen wir zunächst mit dem Modul an, welches die beiden Funktionen *ausgabe1* und *ausgabe2* beinhaltet:

```
#include <iostream>

using namespace std;
```

6 Häufig, vor allem in älterer Literatur, werden anstelle der Begriffe "das Modul" und "die Module" die Begriffe "der Modul" und "die Moduln" verwendet. In diesem Buch wird der ersteren Schreibweise der Vorzug gegeben, weil sie umgangssprachlich weit verbreitet ist.

```
void ausgabe1(void)
{
  cout << "Hello World!" << endl;
}

void ausgabe2(void)
{
  cout << "Hallo Welt!" << endl;
}
```

Den Quellcode dieses Beispiels finden Sie auf der Diskette unter \KAP04\BSP04\BSP4A.CPP.

Header-Datei

Um die Prototypen der beiden Funktionen unabhängig von ihrer Verwendung zu deklarieren, benutzen wir eine sogenannte *Header-Datei*. Wir nennen sie BSP4A.H, um die Zugehörigkeit zu BSP4A.CPP zu verdeutlichen[7]:

```
#ifndef __BSP4_H
#define __BSP4_H

void ausgabe1(void);
void ausgabe2(void);

#endif
```

Den Quellcode dieses Beispiels finden Sie auf der Diskette unter \KAP04\BSP04\BSP4A.H.

Zum Schluß kommt noch das Modul mit der *main*-Funktion:

```
#include "bsp4a.h"

int main()
{
  ausgabe1();
  ausgabe2();
}
```

Den Quellcode dieses Beispiels finden Sie auf der Diskette unter \KAP04\BSP04\BSP4.CPP.

Bitte beachten Sie, daß beim Einbinden einer eigenen Header-Datei keine spitzen Klammern, sondern doppelte Anführungszeichen verwendet werden.

Benutzen Sie beim Einbinden Ihrer eigenen Header-Dateien doppelte Anführungsstriche.

7 Auf die hier verwendeten Präprozessor-Befehle kommen wir gleich zu sprechen.

Dies muß deshalb geschehen, weil der Compiler bei spitzen Klammern die Header-Datei im Standardverzeichnis des Compilers sucht[8]. Bei doppelten Anführungsstrichen sucht er sie jedoch im aktuellen Arbeitsverzeichnis.

#ifndef, #endif und #define

Kommen wir noch kurz auf die verwendeten Präprozessor-Direktiven zu sprechen. Wir wollen an dieser Stelle diese Thematik nicht vertiefen, weil Präprozessor-Direktiven nur begrenzt Anwendung finden sollten.

Daher nur eine kurze Erklärung. *#ifndef* bedeutet, daß der folgende Text bis zum abschließenden *#endif* nur dann abgearbeitet wird, wenn die hinter *#ifndef* stehende Konstante nicht definiert ist.

Direkt hinter der Direktive *#ifndef* steht *#define*, welche eine Konstante definiert. Sollte also aus irgendeinem Grund diese Header-Datei ein zweites Mal kompiliert werden, dann ist *__BSP4_H* definiert, weswegen der zwischen *#ifndef* und *#endif* stehende Programmtext nicht mehr abgearbeitet wird.

Konkret bedeutet dies, daß die Prototypen nur ein einziges Mal kompiliert werden. Und das ist wichtig, weil eine zweite Deklaration eine Redeklaration wäre, die der Compiler nicht toleriert.

4.6 Bezugsrahmen von Variablen

Bevor wir die Parameterübergabe bei Funktionen besprechen, wollen wir uns ein wenig mit der Lebensdauer von Variablen beschäftigen[9].

Der Bereich eines Programms, in dem eine bestimmte Variable existent ist, nennt man Bezugsrahmen der Variablen.

Wir werden feststellen, daß die Lebensdauer einer Variablen entscheidend davon abhängt, an welcher Stelle im Programm sie definiert wurde.

Speicherklasse

Wir haben bisher nur mit einer *Speicherklasse* von Variablen gearbeitet, nämlich mit den *lokalen Variablen*. Wir werden uns die lokalen Variablen nun etwas genauer ansehen.

8 Im Standardverzeichnis stehen alle zum Compiler gehörenden Header-Dateien.

9 Häufig wird anstelle von „Bezugsrahmen“ auch der englische Begriff „Scope“ verwendet.

Lokale Variablen

Fangen wir direkt mit einem Beispiel an:

```
#include <iostream>

using namespace std;

void aendern(void)
{
  x=10;
}

int main()
{
int x=4;
  cout << "x = " << x << endl;
  aendern();
  cout << "x = " << x << endl;
}
```

Den Quellcode dieses Beispiels finden Sie auf der Diskette unter \KAP04\BSP05.CPP.

Das Programm weist in der *main*-Funktion *x* den Wert 4 zu und dieser wird ausgegeben. Danach wird die Funktion *aendern* aufgerufen, in der *x* mit dem Wert 10 belegt wird. Dann wird wieder in der *main*-Funktion der Wert von *x* ausgegeben, nämlich 10.

Alles ganz einfach, oder? Leider falsch. Versuchen Sie doch einmal, das obige Programm zu kompilieren. Bitte ärgern Sie sich nicht, wenn der Compiler in der Funktion *aendern* behauptet, er würde *x* nicht kennen, denn er hat recht.

x wurde innerhalb von geschweiften Klammern definiert und ist damit eine lokale Variable.

> Eine Variable, die innerhalb eine Anweisungsblocks definiert wurde, ist lokal und gilt nur innerhalb dieses Blocks.

Wir könnten natürlich hingehen und die Variable *x* in der Funktion definieren:

```
void aendern(void)
{
int x;
  x=10;
  cout << "x = " << x << endl;
}
```

Den Quellcode dieses Beispiels finden Sie auf der Diskette unter \KAP04\BSP06.CPP.

Das Programm wird jetzt einwandfrei kompiliert, und *cout* in der Funktion *aendern* gibt auch den Wert 10 für *x* aus. Aber *cout* hinter dem Aufruf von *aendern* gibt wieder 4 aus, warum?

Wird ein Anweisungsblock verlassen, werden alle lokalen Variablen, die in ihm definiert wurden, gelöscht.

Die Variable *x*, die in der Funktion *aendern* definiert wurde, gilt nur für die Funktion *aendern*. Sobald die Funktion verlassen wird, wird dieses *x* gelöscht. Springt das Programm dann wieder zurück zur *main*-Funktion ist wieder das der Funktion eigene *x* aktuell. Deshalb wird wieder 4 ausgegeben.

Gibt es mehrere Variablen mit gleichem Namen, spricht man über den Namen immer die lokalste der Variablen an.

Daß eine lokale Variable wirklich gelöscht wird, können Sie daran sehen, daß im Fall der Funktion *aendern* bei jedem Aufruf der Funktion *x* zu Anfang mit dem Wert 10 initialisiert wird. Selbst wenn Sie diesen Wert innerhalb von *aendern* verändern würden, würde es nichts nützen. Sobald Sie die Funktion verlassen, wird *x* gelöscht und beim nächsten Aufruf wieder neu angelegt und mit 10 initialisiert.

Sie können Variablen sogar noch lokaler definieren. Schauen Sie sich das folgende Programm an:

```
#include <iostream>

using namespace std;

int main()
{
int wert;

  cout << "Bitte Zahl eingeben :";
  cin >> wert;
  if(wert<=20)
    {
      int quadrat;

      quadrat=wert*wert;
      cout << "Das Quadrat von " << wert << " ist ";
      cout << quadrat << endl;
```

```
    }

  cout << "quadrat hat den Wert " << quadrat << endl;
  return(0);
}
```

Den Quellcode dieses Beispiels finden Sie auf der Diskette unter \KAP04\BSP07.CPP.

Wenn Sie dieses Programm kompilieren, wird der Compiler wieder etwas zu meckern haben. Er wird Ihnen bei der letzten *cout*-Anweisung sagen, daß er die Variable *quadrat* nicht kennt.

Die Antwort ist einfach und auch schon gegeben. Die Variable *quadrat* wurde innerhalb des *if*-Anweisungsblocks definiert und ist deshalb nur in ihm gültig. Wenn Sie die letzte *cout*-Anweisung, die sowieso überflüssig ist, löschen, läuft das Programm wieder einwandfrei. Das Programm berechnet das Quadrat von Zahlen, die kleiner-gleich 20 sind.

Sie sehen, daß die Vaiable *wert* auch innerhalb des *if*-Anweisungsblocks gültig ist, weil die *if*-Anweisung selbst ebenfalls innerhalb des Blockes liegt, in dem *wert* definiert wurde.

Übrigens ist die Zuweisung von *wert*wert* an *quadrat* die erste und damit eine Initialisierung. Sie können daher eine Zusammenfassung vornehmen:

```
int quadrat=wert*wert;
```

Globale Variablen

Nachdem wir die lokalen Variablen und ihre Eigenschaften kennengelernt haben, fragen sie sich sicher, wie eine Variable von mehreren Funktionen aus benutzt werden kann. Genau dafür sind die sogenannten *globalen Variablen* gedacht. Ändern wir dazu ein früheres Beispiel entsprechend um:

```
#include <iostream>

using namespace std;

int x;

void aendern(void)
{
  x=10;
}
```

```
int main()
{
  x=4;
  cout << "x = " << x << endl;
  aendern();
  cout << "x = " << x << endl;
}
```

Den Quellcode dieses Beispiels finden Sie auf der Diskette unter \KAP04\BSP08.CPP.

Nun können Sie das Programm einwandfrei kompilieren, und es macht genau das, was wir uns bei den lokalen Variablen wünschten. Die erste *cout*-Anweisung gibt den Wert 4 aus. Danach wird die Funktion *aendern* aufgerufen, die *x* auf 10 setzt. Und in der *main*-Funktion wird dann auch tatsächlich 10 ausgegeben.

Variablen, die außerhalb einer Funktion definiert werden, sind global und können in jeder Funktion benutzt werden.

Natürlich können Sie auch lokale und globale Variablen zusammen benutzen:

```
#include <iostream>
using namespace std;

int a,b;

void aendern(void)
{
int a;
  a=0;
  if(a==0)
    {
      int a=20;
      cout << "a = " << a << endl;
    }
  cout << "a = " << a << endl;
}

int main()
{
  a=b=10;
  cout << "a=“ << a << " und b=“ << b << endl;
  aendern();
  cout << "a=“ << a << " und b=“ << b << endl;
}
```

Den Quellcode dieses Beispiels finden Sie auf der Diskette unter \KAP04\BSP09.CPP.

Wie auch bei den lokalen Variablen können Variablen mit unterschiedlichem Güligkeitsbereich den gleichen Namen haben. Der Name steht dann für die lokalste Variable. Doch gehen wir das Programm einmal gemeinsam durch.

Wie bei C++-Programmen üblich startet es bei der *main*-Funktion. Die Variablen *a* und *b*, die globale Variablen sind, weil sie außerhalb einer Funktion definiert wurden, werden auf 10 gesetzt. Die kommende *cout*-Anweisung bestätigt die Zuweisung. Dann wird die Funktion *aendern* aufgerufen.

Dort wird eine Variable *a* definiert, die lokal sein muß, weil die Definition innerhalb einer Funktion steht. Anschließend wird der Variablen *a* der Wert 0 zugewiesen. Aber es gibt nun zwei Variablen mit Namen *a*. Weil aber in einem solchen Fall immer die lokalste der Variablen angesprochen wird, bezieht sich diese Zuweisung auf das lokale *a* der Funktion *aendern*. Nun wird abgefragt, ob *a* gleich 0 ist, was wahr sein muß, denn kurz zuvor wurde sie ja mit Null initialisiert.

Innerhalb des *if*-Anweisungsblockes wird erneut eine Variable *a* definiert, womit wir nun drei haben. Dies ist nun das im Augenblick lokalste *a* und ist deshalb auch die Variable, die bei der Zuweisung von 20 angesprochen wird, was durch die Ausgabe des folgenden *cout* bestätigt wird.

Nach Beendigung des *if*-Anweisungsblocks wird die innerhalb dieses Blocks definierte Variable *a* automatisch gelöscht. Daher gibt die nächste *cout*-Anweisung auch wieder den Wert 0 aus, weil das lokalste *a* nun wieder dasjenige der Funktion *aendern* ist.

Die Funktion *aendern* wird beendet, und zurück in der *main*-Funktion wird für *a* wieder der Wert 10 ausgegeben, weil keine lokalen Variablen mehr mit dem Namen *a* existieren und daher wieder das globale *a* benutzt wird.

Bezugsrahmen-Operator

Wenn Sie in C++ gleichnamige Variablen mit unterschiedlichem Bezugsrahmen verwenden, dann haben sie mit dem Bezugsrahmen-Operator[10] :: die Möglichkeit, auf die globalere der beiden Variablen zuzugreifen. Das folgende Beispiel verdeutlicht dies:

10 Auch Scope-Operator genannt.

```
#include <iostream>

using namespace std;

int x=4;

int main()
{
  int x=10;
  cout << "x=“ << x << endl;
  cout << "x=“ << ::x << endl;
}
```

Den Quellcode dieses Beispiels finden Sie auf der Diskette unter \KAP04\BSP10.CPP.

Mit *x* wird wie gewohnt die lokalste Variable mit Namen *x* angesprochen. Um nun auf die globale Variable *x* zugreifen zu können, verwenden wir den Bezugsrahmen-Operator und schreiben *::x*.

Zum Schluß sei noch darauf hingewiesen, daß Sie keine zwei Variablen mit gleichem Namen definieren können, die denselben Güligkeitsbereich haben:

Falsch!

```
void aendern(void)
{
int a;
int a;

  a=10;
}
```

Diese Funktion wird nicht fehlerfrei kompiliert, weil beide Variablen mit Namen *a* denselben Gültigkeitsbereich haben.

Es ist ziemlich wichtig, sich genau zu überlegen, ob eine Variable lokal oder global definiert werden soll. Es gibt dabei einen wichtigen Grundsatz, den man möglichst beherzigen sollte:

So lokal wie möglich, so global wie nötig.

Es ist ganz klar, globale Variablen erleichtern bestimmte Abläufe enorm. Das Übergeben der Variablen an Funktionen entfällt, da jede Funktion direkt auf globale Variablen zugreifen kann. Doch ist dies eine große Fehlerquelle und paßt nicht in das Konzept der modularen Programmierung[11].

Bitte erliegen Sie nicht den Reizen der globalen Variablen, denn es geht auf Kosten der Qualität Ihrer Programme. Vermeiden Sie globale Variablen möglichst, und versuchen Sie bei Ihrer Problemlösung globale Variablen wirklich nur dann zu verwenden, wenn Sie keinen anderen Ausweg finden.

Statische Variablen

Die statischen Variablen sind eine Mischung aus den Eigenschaften der globalen und lokalen Variablen. Zuerst wieder ein Beispiel:

```
#include <iostream>

using namespace std;

void count(void)
{
int a=1;

  cout << "a = " << a << endl;
  a++;
}

int main()
{
  count();
  count();
  count();
}
```

Den Quellcode dieses Beispiels finden Sie auf der Diskette unter \KAP04\BSP11.CPP.

Dieses Programm gibt drei Zahlen aus. Schauen Sie sich genau an, welche Zahlen ausgegeben werden. Kommen Sie nicht drauf, so starten Sie das Programm, bevor Sie weiterlesen, und versuchen Sie, sich die Ausgabe zu erklären.

Das Programm gibt dreimal die Zahl 1 aus, was eigentlich ganz klar ist: Die Funktion *count* wird dreimal aufgerufen. Innerhalb der Funktion wird die Variable *a* definiert und mit dem Wert 1 initialisiert. Dann wird der Wert von *a* mit *cout* ausgegeben und *a* anschließend

11 Und es paßt schon gar nicht in das Konzept der Datenkapselung, einem Grundkonzept der objektorientierten Programmierung.

um 1 erhöht. Durch das Verlassen der Funktion wird *a* automatisch gelöscht. Dieser Ablauf ereignet sich dreimal, weil *count* in der *main*-Funktion auch dreimal aufgerufen wird.

static

Jetzt ändern Sie bitte die Zeile

```
int a=1;
```

in

```
static int a=1;
```

um. *a* ist nun eine *statische Variable.* Wenn Sie das Programm jetzt starten, werden die Werte 1,2 und 3 ausgegeben. Das schauen wir uns einmal an:

Die Funktion *count* wird zum ersten Mal aufgerufen. Die Variable *a* wird als statische Variable definiert und mit 1 initialisiert. Der Wert von *a* wird ausgegeben und *a* anschließend um 1 erhöht, bis jetzt genau wie vorhin.

Doch beim Verlassen der Funktion wird *a* nun nicht mehr gelöscht, sondern behält seinen Wert. Wird die Funktion *count* zum zweiten Mal aufgerufen, dann merkt der Compiler, daß die Variable *a* schon existiert, und überspringt die Definition. Das heißt, daß *a* vom vorigen Aufruf immer noch den Wert 2 hat, der dann ausgegeben wird. Dann wird *a* auf 3 erhöht. Beim Verlassen der Funktion wird *a* abermals nicht gelöscht. Deswegen kann beim dritten Aufruf der alte Wert von *a*, nämlich 3, ausgegeben werden.

Obwohl die Variable *a* als statische definiert wurde, ist sie immer noch lokal. Das heißt, daß man außerhalb ihres Gültigkeitsbereichs nicht auf sie zugreifen kann, obwohl sie beim Verlassen ihres Gültigkeitsbereiches nicht gelöscht wird und ihren Wert beibehält. Deshalb können sie von *main* aus nicht auf *a* zugreifen.

Statische Variablen werden beim Verlassen ihres Gültigkeitsbereiches nicht gelöscht, sondern behalten ihren Wert bei.

Dieses automatische Überspringen der Initialisierung bei erneuten Aufrufen funktioniert nur, wenn die Initialisierung direkt während der Definition stattfindet. Bei folgender Funktion klappt dieses Überspringen nicht[12]:

12 Es ist sogar i.a. so, daß eine statische Variable bei der Definition initialisiert werden muß. Der Compiler akzeptiert keine nichtinitialisierte statische Variable.

Falsch!

```
void count(void)
{
static int a;

  a=1;
  cout << "a = " << a << endl;
  a++;
}
```

Würde diese Funktion kompiliert, gäbe sie trotzdem dreimal 1 aus, weil die Zuweisung von 1 an die Variable nicht übersprungen wird. Das heißt aber nicht, daß die Variable ihren Wert nicht behält. Man hat nur nichts davon, weil der alte Wert durch die Zuweisung immer wieder überschrieben wird.

Doch ist es bei statischen Variablen Voraussetzung, daß sie bei ihrer Definition auch initialisiert werden müssen, so daß obiges Beispiel nicht zu realisieren sein dürfte.

Statische Variablen müssen bei ihrer Definition initialisiert werden.

Im allgemeinen werden statische Variablen selten und dann auch nur bei speziellen Anwendungen benutzt.

Globale Variablen bei mehreren Modulen

Globale Variablen sind so global, daß sie selbst modulübergreifend gültig sind. Damit ein Modul aber weiß, daß eine globale Variable existiert, die jedoch in einem anderen Modul definiert wurde, braucht man so etwas ähnliches, wie es bei den Funktionen die Prototypen sind.

extern

Um eine globale Variable zu deklarieren, die in einem anderen Modul definiert wurde, benutzt man das Schlüsselwort *extern*. Folgendes Beispiel deklariert eine globale *int*-Variable namens *glb*:

```
extern int glb;
```

Genau wie die Variablendefinition selbst muß auch die Deklaration außerhalb einer Funktion stehen. Wichtig ist, daß die Variable *glb* auf jeden Fall in einem anderen Modul definiert ist, ansonsten meldet der Linker einen Fehler.

Globale statische Variablen

Eine Besonderheit sind die globalen statischen Variablen, denn sie haben alle Eigenschaften einer globalen Variablen, sind aber nur in dem Modul gültig, in dem sie definiert wurden. Eine globale statische *int*-Variable wird dann folgendermaßen definiert:

```
static int x;
```

Auch diese Deklaration muß – wie alle Definitionen globaler Variablen – außerhalb einer Funktion stehen. Weil *x* nun eine statische Variable ist, führt folgende Anweisung in einem anderen Modul zu einem Fehler:

Falsch!

```
extern static int x;
```

Zusammenfassung der Speicherklassen

Fassen wir nun die uns bisher bekannten Speicherklassen in einem Diagramm zusammen:

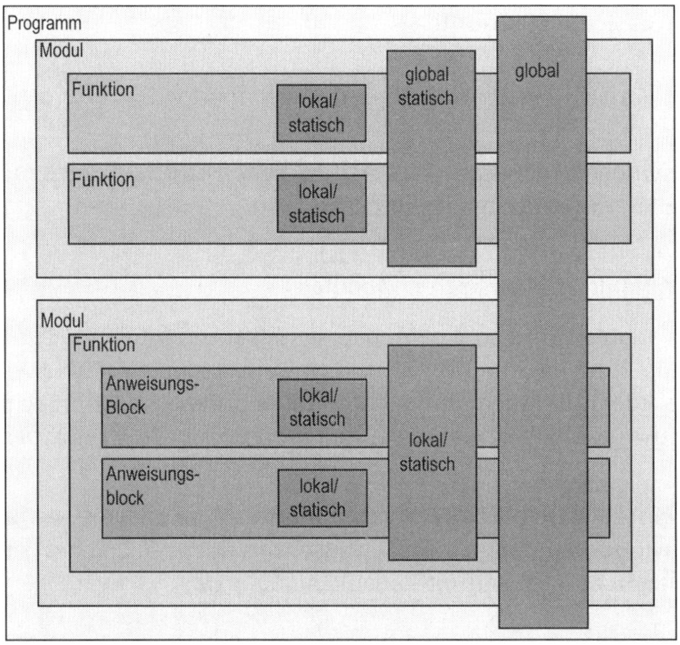

Bild 4.3: Die verschiedenen Speicherklassen

In Abbildung 4.3 sind die folgenden Speicherklassen dargestellt:

lokal

Lokal: Diese Speicherklassen werden innerhalb eines Anweisungsblockes definiert und sind nur in ihm existent. Darüber hinaus kann auf sie auch in allen Anweisungsblöcken zugegriffen werden, die sich innerhalb des Anweisungsblockes befinden, in dem die lokale Variable definiert wurde. Beim Verlassen ihres Anweisungsblockes wird die lokale Variable gelöscht und ihr Inhalt ist verloren.

Lokal statisch: Im Vergleich zu den lokalen Variablen zeichnen sich die statischen lokalen Variablen dadurch aus, daß sie beim Verlassen ihres Anweisungsblockes nicht gelöscht werden. Daher besitzen sie bei einem weiteren Betreten des Anweisungsblocks immer noch ihren vorherigen Wert.

lokal statisch

Global: Auf globale Variablen kann aus jedem Modul des Programms zugegriffen werden. Deswegen stehen sie auch in jeder Funktion zur Verfügung.

global

Global statisch: Auf globale statische Variablen kann aus allen Funktionen zugegriffen werden, die sich im selben Modul befinden, in dem auch die globale statische Variable definiert wurde.

global statisch

4.7 Parameterübergabe

Wenn wir an dieser Stelle einen Wert von einer Funktion an die anderen übergeben wollten, dann kämen wir nicht umhin, globale Variablen zu verwenden.

Um gar nicht erst in dieses Dilemma zu geraten, werden wir uns nun damit beschäftigen, wie man einer Funktion Werte übergeben kann, ohne dabei globale Variablen verwenden zu müssen. Dies geschieht über die sogenannten *Funktionsparameter.*

Funktionsparameter

Zuerst nochmal zur Erinnerung: Das *void* vor dem Funktionsnamen bedeutet, daß die Funktion keinen Wert zurückliefert. Das *void* innerhalb der runden Klammern – auch Parameterliste genannt – bedeutet, daß der Funktion keine Werte übergeben werden. Schauen wir uns nun einmal an einem Beispiel an, wie Parameter übergeben werden:

```
#include <iostream>

using namespace std;

void quadrat (int x)
{
int quadrat;
  quadrat=x*x;
  cout << "Das Quadrat ist " << quadrat << endl;
}

int main()
{
int wert;
  cout << "bitte geben Sie eine Zahl ein:";
  cin >> wert;
```

```
  quadrat(wert);
}
```

Den Quellcode dieses Beispiels finden Sie auf der Diskette unter \KAP04\BSP12.CPP.

Die erste Änderung ist das *int x*, das den Platz von *void* eingenommen hat. Dieses *int x* innerhalb der Klammern bedeutet, daß der Funktion ein Wert vom Typ *int* übergeben wird. Die Variable *x* kann in der Funktion genauso benutzt werden, wie jede andere Variable, die innerhalb der Funktion definiert wurde, nur mit dem Unterschied, daß sie mit dem Wert initialisiert ist, der der Funktion bei ihrem Aufruf übergeben wird.

Funktionsparameter sind lokale Variablen der Funktion, die mit den Übergabeparametern initialisiert sind.

Des weiteren wird eine lokale Variable *quadrat* definiert, der dann das Ergebnis von *x*x* zugewiesen wird.

Neu ist auch der Aufruf der Funktion in *main*. Die sonst immer leeren runden Klammern beinhalten nun einen Ausdruck, hier konkret *wert*. Beim Aufruf wird der Wert des Ausdrucks an die Funktion übergeben, die damit die Variable *x* initialisiert. Als Ausdruck ist all das erlaubt, was auch bei Zuweisungen erlaubt ist[13].

Die Tatsache, daß sich Funktionsparameter wie lokale Variablen verhalten, hat auch die positive Konsequenz, daß man ihre Werte innerhalb der Funktion verändern kann, und zwar ohne Auswirkungen auf die Original-Variablen, die im Funktionsaufruf stehen.

Übergabe mehrerer Parameter

Natürlich kann man einer Funktion auch mehrere Parameter übergeben. Sie werden dazu in der Parameterliste durch Kommata voneinander getrennt.

Funktionsparameter werden in der Parameterliste durch Kommata voneinander getrennt. Dabei muß jeder Parameter eine eigene Typangabe besitzen.

13 Auch Konstanten dürfen an eine Funktion übergeben werden.

Versuchen Sie einmal, eine Funktion namens *summe* zu schreiben, der zwei *int*-Werte übergeben werden, und die dann die Summe der beiden Werte ausgibt.

Die Lösung ist recht einfach:

Lösung

```
#include <iostream>

using namespace std;

void summe (int a, int b)
{
  cout << "Die Summe betraegt " << a+b << endl;
}

int main()
{
int x,y;

  cout << "bitte geben Sie Zahl 1 ein:";
  cin >> x;
  cout << "bitte geben Sie Zahl 2 ein:";
  cin >> y;
  summe(x,y);
  return(0);
}
```

Den Quellcode dieses Beispiels finden Sie auf der Diskette unter \KAP04\BSP13.CPP.

4.8 Wertrückgabe

Nachdem wir jetzt in der Lage sind, einer Funktion Parameter zu übergeben, wollen wir die Funktion weiter verändern, sodaß sie uns auch einen Wert zurückgeben kann.

Dazu ein Beispiel:

```
#include <iostream>

using namespace std;

int quadrat (int x)
{
int quadrat;

  quadrat=x*x;
  return(quadrat);
}
```

```
int main()
{
int wert,ergebnis;

  cout << "bitte geben Sie eine Zahl ein:";
  cin >> wert;
  ergebnis=quadrat(wert);
  cout << "das Quadrat von " << wert << " ist ";
  cout << ergebnis << endl;
}
```

Den Quellcode dieses Beispiels finden Sie auf der Diskette unter \KAP04\BSP14.CPP.

Nun hat sich der Funktionskopf einer erneuten Wandlung unterzogen. Das *void* vor dem Funktionsnamen hat einem *int* Platz gemacht. Das *int* vor dem Funktionsnamen bedeutet, daß diese Funktion einen Wert vom Typ *int* liefert.

return

Um dem Compiler zu sagen, welchen Wert die Funktion zurückgeben soll, verwenden wir die *return*-Anweisung.

Die *return*-Anweisung beendet die Funktion und gibt den Wert zurück, der hinter *return* angegeben wurde.

Die Klammerung des Wertes hinter dem *return* ist nicht zwingend, erhöht aber die Übersichtlichkeit. Als Rückgabewert kann auch ein berechenbarer Ausdruck angegeben werden.

Der Aufruf der Funktion *quadrat* in *main* sieht nun so aus, daß der Funktionsname den Wert repräsentiert, den die Funktion liefert.

Funktionen, die einen Wert zurückgeben, repräsentieren diesen Wert mit ihrem Aufruf.

Unser Beispielprogramm kann aber noch vereinfacht werden. Da hinter dem *return*-Befehl ein berechenbarer Ausdruck stehen kann, können wir das *x*x* direkt dort plazieren und haben dadurch die Variable *quadrat* gespart.

Des weiteren sagten wir eben, daß der Funktionsaufruf den Wert repräsentiert, den die Funktion liefert, deswegen schreiben wir den Aufruf direkt in die *cout*-Anweisung und haben dort ebenfalls eine Variable gespart. Das Programm sieht nun folgendermaßen aus:

```
#include <iostream>

using namespace std;

int quadrat (int x)
{
  return(x*x);
}

int main()
{
int wert;

  cout << "bitte geben Sie eine Zahl ein:";
  cin >> wert;

  cout << "das Quadrat von " << wert << " ist ";
  cout << quadrat(wert) << endl;
}
```

Den Quellcode dieses Beispiels finden Sie auf der Diskette unter \KAP04\BSP15.CPP.

Es gibt aber noch eine weitere mögliche Vereinfachung:

Wird der Rückgabewert einer Funktion nicht angegeben, geht der Compiler davon aus, daß ein *int*-Wert zurückgegeben wird.

Deswegen können Sie bei der Rückgabe eines *int*-Wertes das *int* auch weglassen[14]:

```
quadrat (int x)
{
  return(x*x);
}
```

4.9 Prototypen von Funktionen mit Funktionsparametern

Nachdem wir jetzt Funktionen mit Funktionsparametern und Rückgabewert programmieren können, müssen wir uns noch damit beschäftigen, wie die entsprechenden Prototypen auszusehen haben.

---

14 Aber auch, wenn diese Vereinfachung möglich ist, sollten Sie wieder aus Gründen der Übersichtlichkeit auf sie verzichten. Eine Funktion, die einen int-Wert liefert, sollte in ihrer Deklaration darauf hinweisen.

Verändern sie das Beispielprogramm mit der *quadrat*-Funktion so, daß die *quadrat*-Funktion hinter der main-Funktion steht. Nehmen sie alle zum fehlerfreien Kompilieren notwendigen Änderungen des Programms vor.

Was wird nun wieder erforderlich? Richtig, ein Prototyp. Die Prototypen von parametrisierten Funktionen sehen genau so aus wie die, die wir bisher kennengelernt haben, nur daß zusätzlich noch die Parametertypen und der Rückgabetyp angegeben werden müssen. Der Prototyp für die Funktion *quadrat* sähe dann so aus:

Syntax

```
int quadrat(int);
```

Man denke an das Semikolon und beachte, daß die Variablennamen nicht mit aufgeführt werden[15].

Prototypen müssen nur die Variablentypen der Funktionsparameter, nicht jedoch deren Variablennamen beinhalten.

4.10 Die Wichtigkeit von return

Man sollte beachten, daß die Funktionen, die einen Wert zurückliefern, *immer* mit *return* beendet werden müssen. Das ist nicht gleichbedeutend mit einem Vorhandensein von *return*.

Ein Beispiel:

```
int fkt(int x)
{
  if(x<=20)
    return(x*x);
}
```

Bei dieser Funktion wird sich der Compiler beschweren, weil sie nur dann mit *return* beendet wird, wenn *x* kleiner gleich 20 ist. Wäre *x* größer als 20, dann würde die Funktion enden, ohne einen Wert zurückzugeben, und das geht nicht.

Eine Funktion mit Rückgabewert muß so entworfen sein, daß sie zu *jeder* Bedingung mit einem *return* beendet wird.

15 Sie können die Namen der Variablen innerhalb der Klammern im Prototypen genauso angeben wie im Kopf der Funktion selbst. Nur sollten Sie darauf verzichten, denn was geht einen Nutzer ihrer Funktionen an, wie Sie Ihre Variablen nennen.

Übrigens können Sie auch Funktionen ohne Rückgabewert mit *return* enden lassen. Allerdings darf der *return*-Anweisung dann kein Rückgabewert folgen.

4.11 Überladen von Funktionen

Stellen Sie sich die folgende Situation vor: Sie haben eine Funktion programmiert, die die Summe zweier Zahlen ausgibt. Bezeichnenderweise nennen Sie diese Funktion dann *summe*. Nun brauchen Sie auch noch eine Funktion, die die Summe dreier Zahlen ausgibt. Da der Name *summe* schon vergeben ist, nennen Sie diese Funktion *summe3*. Und um einheitlich zu bleiben, benennen Sie die Funktion *summe* vielleicht noch in *summe2* um.

Hier ist es noch kein großartiges Problem, denn man kann sich die beiden Namen gut merken. Was aber, wenn Sie in die brenzlige Lage geraten, fünf *add*-Funktionen zu brauchen. Die eine Funktion addiert zwei *int*-Werte, die andere addiert drei *short*-Werte und noch eine andere addiert vielleicht zwei *int*-, einen *short*- und einen *long*-Wert. Viel Spaß bei der Namensvergabe und bei der Erinnerung an dieselben.

Glücklicherweise erlaubt es C++, Funktionsnamen zu überladen.

Ein Funktionsname ist dann überladen, wenn mehrere Funktionen diesen Namen besitzen.

Dies ist eine sehr nützliche Eigenschaft, die vielen anderen Sprachen (z.B. C) fehlt.

Jedoch muß der Compiler irgendwie entscheiden können, welche der Funktionen aufgerufen werden soll. Um eine Entscheidung zu treffen, müssen sich die gleichnamigen Funktionen irgendetwas voneinander unterscheiden lassen:

Funktionen mit gleichem Namen und gleichem Bezugsrahmen müssen eine unterschiedliche Parameterliste besitzen.

Folgende Deklaration ist also falsch, weil die unterschiedlichen Typen der Rückgabewerte für den Compiler nicht ausreichen:

Falsch!

```
int summe(int, int);
long summe(int, int);
```

Die Lösung für die eingangs geschilderte Situation wäre die folgende:

```
int summe(int, int);
int summe(int, int, int);
```

Je nachdem, ob Sie beim Aufruf von *summe* zwei oder drei *int*-Werte übergeben, entscheidet dann der Compiler, welche der beiden *summe*-Funktionen er aufruft.

4.12 Default-Werte von Funktionsparametern

Das obige Problem hätte in C++ aber auch auf eine andere Weise gelöst werden können. Es besteht nämlich die Möglichkeit, Funktionsparameter mit sogenannten *default*-Werten auszurüsten. Für den Fall, daß beim Funktionsaufruf einem bestimmen Parameter kein Wert zugewiesen wird, wird dann einfach der voreingestellte Wert verwendet.

Schauen wir uns als Beispiel einmal die auf diese Weise ausgestattete *summe*-Funktion an:

```
int summe (int a, int b, int c=0)
{
  return(a+b+c);
}
```

Rufen wir die Funktion jetzt mit

```
summe(5,7);
```

auf, dann wird für den Funktionsparameter *c* der default-Wert 0 genommen. Die Funktion gibt somit 12 zurück. Man kann aber auch für *c* einen Wert angeben:

```
summe(5,7,8);
```

In diesem Fall wird der default-Wert von *c* nicht berücksichtigt. Als Ergebnis liefert die Funktion nun 20.

Es können auch mehrere Funktionsparameter default-Werte besitzen:

```
int summe (int a, int b=0, int c=0)
{
  return(a+b+c);
}
```

Nun kann *summe* sogar auf folgende Weise aufgerufen werden:

```
summe(3);
```

Die mit default-Werten ausgestatteten Parameter müssen aber am Ende der Parameterliste stehen.

Nur die Funktionsparameter am Ende der Parameterliste dürfen default-Werte besitzen.

Folgende Funktionsdefinition ist daher falsch:

Falsch!

```
int summe (int a, int b=0, int c)
{
  return(a+b+c);
}
```

4.13 Referenzen

Es gibt noch eine Besonderheit bei Funktionsparametern, die besprochen werden muß. Wir haben gelernt, daß Funktionsparameter sich wie lokale Variablen der Funktion verhalten, die mit den beim Aufruf übergebenen Werten initialisiert werden.

Das hat zur Folge, daß die Funkionsparameter innerhalb der Funktion geändert werden können, ohne daß die eventuell beim Aufruf verwendeten Variablen davon betroffen sind. Das liegt daran, daß die Werte der Originalvariablen kopiert werden.

Wir werden es später mit so großen Datentypen zu tun haben, daß das Anfertigen einer Kopie eine enorme Verschlechterung des Laufzeitverhaltens mit sich bringt. Damit dieses Problem in C++ umgangen werden kann, wurden die sogenannten Referenzen eingeführt.

Eine Referenz wird bei der Definition durch den Referenzoperator & gekennzeichnet.

```
void quadrat(int &x)
{
  x=x*x;
}
```

Es handelt sich bei x nun nicht mehr um eine Kopie, sondern um den Originalwert. Angenommen, *quadrat* wird wie folgt aufgerufen:

```
quadrat(a);
```

Dann beinhaltet *a* nach dem Aufruf das Ergebnis der Berechnung. Weil direkt der Originalwert verwendet wird, braucht keine Kopie der Daten mehr angefertigt zu werden.

> Eine Referenz ist keine Kopie, sondern steht als Synonym für die Originalvariable.

Aus diesem Grund ist folgender Aufruf falsch:

Falsch!

```
quadrat(20);
```

Denn 20 ist eine Konstante und kann daher das Ergebnis der Quadratur nicht aufnehmen.

Man sollte jedoch die Referenzen sparsam verwenden. Weil man am Aufruf einer Funktion nicht erkennen kann, ob es sich um einen normalen Funktionsparameter oder einen Referenzparameter handelt, sollte die Dokumentation der Funktion im Falle der Verwendung einer Referenz gesondert darauf hinweisen.

Wertrückgabe nicht mit Referenzen

Überhaupt ist es sinnvoll, diese Art der Wertrückgabe zu vermeiden. Sie sollten Funktion immer so entwerfen, daß die einzige Wertrückgabe in Form des Rückgabeparameters stattfindet. Wie man über den Rückgabewert mehrere einzelne Werte zurückgeben kann, lernen wir im Kapitel über Strukturen kennen.

Konstante Referenz

Möchten Sie aber unbedingt den Geschwindigkeitsvorteil[16] ausnutzen, der durch die Einsparung des Kopiervorgangs bei Referenzen erreicht wird, dann sollten Sie die Referenz als konstant deklarieren:

```
int quadrat (const int &x)
{
  return(x*x);
}
```

const

Durch das Deklarieren der Referenz als konstant mit **const** wird es der Funktion verboten, den Wert *x* und damit auch den Originalwert zu verändern.

Durch diesen Kniff kann nun auch der Aufruf der Funktion mit einer Konstanten fehlerfrei ausgeführt werden.

16 Dieser Geschwindigkeitsvorteil ist bei *int*-Werten wirklich minimal.

Referenzen als normale Variablen

Man kann Referenzen nicht nur als Funktionsparameter, sonder auch als Variablen einer Funktion einsetzen. Allerdings sind die sinnvollen Möglichkeiten dieses Einsatzes sehr beschränkt.

```
int main()
{
int a=20;

int &b=a;

  b=50;
  cout << "a=“ << a << endl;
}
```

Auf eine Referenz wird genauso zugegriffen wie auf eine normale Variable. Beachten Sie dabei, daß eine Referenz bei ihrer Definition initialisiert werden muß.

Referenztypen müssen bei ihrer Definition initialisiert werden.

Eine einmal initialisierte Referenz kann nicht mehr geändert werden.

4.14 inline-Funktionen

Wenn Programme in verschiedene Funktionen aufgeteilt sind, dann kann sich daraus ein Nachteil entwickeln. Manche Aufgaben sind so klein, aber vom Zusammenhang her doch so klar vom restlichen Kontext getrennt, daß sie eine eigene Funktion verdienen. Schlimmstenfalls beinhaltet die Funktion nur noch eine Anweisung[17]. In diesem Fall fällt der Zeitverlust, der durch den Aufruf der Funktion entsteht, stärker ins Gewicht als der durch das Einführen der Funktion gewonnene Vorteil.

inline

Um aber den Vorteil einer separaten Funktion nutzen zu können, ohne den Nachteil des verlangsamenden Funktionsaufrufs in Kauf nehmen zu müssen, wurden in C++ die sogenannten *inline*-Funktionen eingeführt. Diese Funktionen sollen die Verwendung von Präprozessor-Makros in Grenzen halten.

Der Vorteil eines Präprozessormakros ist der, daß es im Text expandiert wird, also kein Funktionsaufruf nötig ist. Dadurch entsteht der Nachteil, daß das Programm länger wird, weil das Makro im Gegen-

17 Diese sogenannten "Einzeiler" werden uns später bei den Klassen noch häufiger begegnen.

satz zu einer Funktion nicht nur einmal als ablauffähige Programmsequenz im Programm vorkommt, sondern so oft, wie es benutzt wird.

Um diesen Vorteil der Laufzeitverbesserung auch ohne Präprozessor zu bewerkstelligen, kann in C++ bei Funktionen das Schlüsselwort *inline* verwendet werden.

```
inline void printstr(char *s)
{
  cout << s;
}
```

Durch die Definition der Funktion als *inline*, wird sie bei einem Aufruf nicht mehr als Funktion aufgerufen, sondern der Aufruf selbst wird durch ihren Programmtext ersetzt. Der Effekt ist ein mit den Präprozessormakros identisches Verhalten.

Makroexpansion

inline-Funktionen haben den Vorteil, daß die bei Makroexpansionen typischen Fehler nicht auftreten können. Schauen wir uns dazu folgende Makrodefinition an:

```
#define quadrat(x) (x*x)
```

Dieses Makro liefert kein korrektes Ergebnis für nachstehenden Fall:

Falsch!

```
a=quadrat(b++);
```

Deutlich erkennbar wird dieser Fehler, wenn wir uns das expandierte Makro einmal ansehen:

```
a=(b++*b++);
```

Sie sehen, daß das Makro die Variable *b* zweimal erhöht, und nicht wie gewollt nur einmal. Dieses Problem wird von *inline*-Funktionen elegant umschifft:

```
inline int quadrat(int x) {return(x*x);}
```

Nun kann die obere Schreibweise problemlos angewandt werden:

```
a=quadrat(b++);
```

Dieses Fragment erfüllt unsere Erwartungen.

Es ist wichtig, zu berücksichtigen, daß das Schlüsselwort *inline* den Compiler nicht dazu zwingt, eine *inline*-Funktion zu erzeugen.

Das Schlüsselwort *inline* ist nur eine Empfehlung. Es ist für den Compiler nicht bindend.

Situationen, in denen eine als *inline* definierte Funktion ineffizient wird (die Funktion hat zu viele Anweisungen oder sie wird zu oft aufgerufen), veranlassen den Compiler dazu, das Schlüsselwort *inline* für den betreffenden Fall zu ignorieren.

4.15 Kontrollfragen

1. Wann sind Prototypen notwendig?
2. Wie wird eine Funktion aufgerufen?
3. Was ist bei der Wahl eines Funktionsnamens zu beachten?
4. Wie lang darf ein Funktionsname maximal sein?
5. Wie unterscheidet sich ein Prototyp vom Funktionskopf?
6. Ist es mit *return* möglich, mehr als einen Wert zurückzugeben?
7. Es wird gesagt, daß Funktionsaufrufe überall dort stehen können, wo auch Variablen stehen können. Wo aber liegt der Unterschied zwischen dem Wert einer Variablen und dem Wert einer Funktion?
8. Worin liegt der Unterschied zwischen einem Funktionsparameter und einer lokalen Variablen dieser Funktion?
9. Hat das Ändern des Wertes eines Funktionsparameters innerhalb einer Funktion Auswirkungen auf die Variable im Funktionsaufruf?
10. Ist es möglich, an den Inhalt einer lokalen Variablen einer anderen Funktion heranzukommen?
11. Können eine lokale und eine globale Variable den gleichen Namen haben?
12. Unter welchen Umständen können zwei lokale Variablen den gleichen Namen haben?
13. Unter welchen Umständen können zwei globale Variablen den gleichen Namen haben?
14. Können eine statische und eine globale Variable den gleichen Namen haben?
15. Was muß beim Überladen von Funktionen beachtet werden?
16. Welche Beschränkungen existieren bei der Verwendung von *default*-Werten?

4.16 Übungen

1. Schreiben Sie eine Funktion *produkt*, der zwei *int*-Werte übergeben werden. Als Ergebnis soll *produkt* das Produkt der beiden Werte als *int*-Wert zurückgeben.

   Programmieren Sie eine entsprechende *main*-Funktion, mit der Sie die Funktionsweise von *produkt* überprüfen können.

2. Schreiben Sie eine Funktion *produkt*, der drei *int*-Werte übergeben werden. Als Ergebnis soll *produkt* das Produkt der drei Werte als *int*-Wert zurückgeben. Benutzen Sie zur Berechnung des Produkts jedoch nicht den Multiplikationsoperator, sondern die *produkt*-Funktion mit zwei Parametern aus Übung 1.

   Programmieren Sie eine entsprechende *main*-Funktion, mit der Sie die Funktionsweise von *produkt* überprüfen können.

3. Schreiben Sie eine Funktion namens *wieoft*, die einen Wert zurückliefert, der angibt, zum wievielten Male die Funktion aufgerufen wurde.

   Implementieren Sie passend dazu eine *main*-Funktion, die *wieoft* dreimal aufruft, um ihre Funktionstüchtigkeit zu überprüfen.

5 Entscheidungen

In diesem Kapitel besprechen wir das Realisieren von Entscheidungen und behandeln folgende Punkte:

- Was sind Entscheidungen?
- Wie werden Entscheidungen in C++ formuliert (if)?
- Wie verwendet man Vergleiche als Bedingungen?
- Wozu benötigt man die Vergleichsoperatoren?
- Wozu wird *else* verwendet?
- Wie werden Bedingungen negiert?
- Wie werden mehrere Bedingunge zu einer einzigen Bedingung verknüpft?
- In wie weit sind die UND- und ODER-Verknüpfung in C++ noch kommutativ?
- Wie verwendet man Bedingungen als Wert (z.B. Rückgabeparameter)?
- Wie ändert man das Vorzeichen von Werten?

5.1 Einführende Gedanken

Bevor wir mit der Implementation von Entscheidungen in C++ beginnen, wollen wir uns einmal Gedanken machen, wozu wir diese Entscheidungen überhaupt brauchen.

Der Begriff „Entscheidung" wurde bereits im ersten Kapitel erwähnt. Es hieß dort, daß Entscheidungen zu den Kontrollmöglichkeiten bei Algorithmen zählen. Und weil Programme nichts weiter als computerverständliche Algorithmen sind, finden wir diese Entscheidungen auch in Computersprachen wieder.

Wenn Sie sich die Programme ansehen, die wir bisher geschrieben haben, dann werden Sie feststellen, daß sie immer schnurstracks vom

Anfang zum Ende durchliefen. Die einzige Variation erhielten wir durch die Eingabe verschiedener Werte und dem daraus resultierenden unterschiedlichen Ergebnis.

Der Ablauf eines Algorithmus bekommt allerdings eine ganz neue Dimension, wenn in seiner Formulierung Anweisungen wie „wenn..." enthalten sind. Versuchen Sie einmal, mit dem bisherigen Wissen eine Funktion zu schreiben, der zwei Zahlen übergeben werden und die dann die größere der beiden Zahlen zurückgibt. Sie werden es nicht schaffen. Denn der dieser Funktion zugrunde liegende Algorithmus beinhaltet Wenn-Formulierungen. In menschlicher Sprache ist der Algorithmus ganz einfach:

- Wenn die 1. Zahl größer als die 2. Zahl ist, dann gibt die 1. Zahl zurück.
- Wenn die 2. Zahl größer als oder gleich der 1. Zahl ist, dann gib die 2. Zahl zurück[1].

Ein wirklich simpler Algorithmus, jedoch mit unseren Möglichkeiten unmöglich umsetzbar. Diesem Manko wird dieses Kapitel begegnen.

5.2 Entscheidungen im Programm

Wir lernen nun die erste Kontrollstruktur kennen. Kontrollstrukturen sind Befehle, die es uns ermöglichen, den Programmfluß durch gewisse Entscheidungen zu beeinflussen.

if

Unsere erste Kontrollstruktur heißt *if*, was auf deutsch soviel wie „wenn" heißt, und hat folgendes Aussehen:

Syntax

```
if(bedingung)
{
}
```

Bedingung

Ist die Bedingung innerhalb der runden Klammern wahr, dann werden die Anweisungen, die innerhalb der geschweiften Klammern stehen, also der Anweisungsblock hinter *if*, ausgeführt. Sollte die Bedingung falsch sein, so werden alle Befehle innerhalb der geschweiften Klammern übersprungen und das Programm führt die erste Anweisung hinter der schließenden geschweiften Klammer aus. Schauen wir uns ein Beispiel an:

1 Die Möglichkeit, daß die beiden Zahlen gleich groß sind, muß in einem der beiden Fälle berücksichtigt werden, weil ansonsten bei einer Gleichheit überhaupt kein Wert zurückgegeben würde. Es ist allerdings egal, in welchem der beiden Fälle die Gleichheit Berücksichtigung findet, eben weil es bei einer Gleichheit der beiden Zahlen egal ist, welche Zahl zurückgegeben wird.

```
if(zahl2==0)
  {
    cout << "Null mal irgendwas ist doch Null !!!" << endl;
  }
produkt=zahl1*zahl2;
```

Dieser kleine Programmabschnitt gibt eine Bemerkung aus, wenn wir für den zweiten Faktor der Multiplikation Null wählen. Ist *zahl2* ungleich 0, dann wird die Bemerkung nicht ausgegeben. Die Zuweisung an *produkt* wird aber in jedem Fall ausgeführt.

Der Sinn des Programms bleibe dahingestellt, aber es verdeutlicht sehr gut die Funktion der *if*-Anweisung. Sie sehen an diesem Beispiel auch, wie das Einrücken von Programmzeilen fortgeführt wird, wenn die Anweisungsblöcke weiter verschachtelt werden.

Bitte beachten Sie, daß die Abfrage auf Gleichheit wirklich mit zwei Gleichheitszeichen geschrieben wird, und zwar deshalb, damit der Compiler den Gleichheitsoperator vom Zuweisungsoperator unterscheiden kann. Bitte prägen Sie es sich sehr gut ein, daß der Gleichheitsoperator zwei Gleichheitszeichen hat. Dies ist häufig eine Fehlerquelle, weil jeder von der Mathematik her die Gleichheit durch ein Gleichheitszeichen beschrieben kennt. ==

Das Prüfen auf Gleichheit wird mit ZWEI Gleichheitszeichen (==) vorgenommen. Eine Zuweisung nur mit einem (=).

Um unsere neue Struktur auch bei der grafischen Planung und Darstellung eines Programms korrekt verwenden zu können, schauen wir uns einmal an, wie eine Entscheidung im Programmablaufplan aussieht. Abbildung 5.1 zeigt sie.

Dabei wird der Ja-Pfad abgearbeitet, wenn die Bedingung wahr ist, und der Nein-Pfad, wenn die Bedingung falsch ist. Bei Bedarf kann auch der Ja-Pfad nach rechts oder links führen und der Nein-Pfad nach unten.

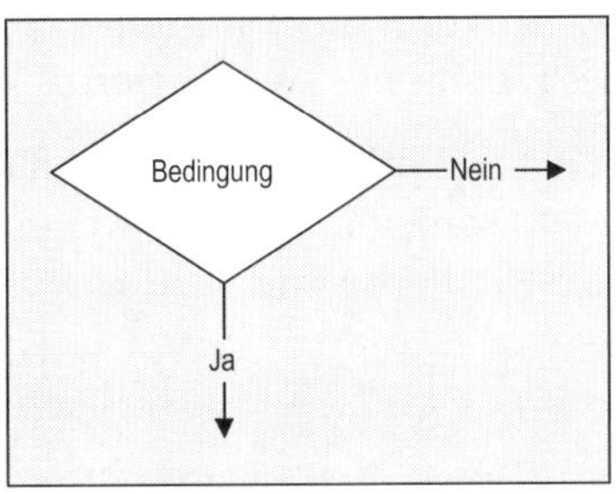

Bild 5.1: Die Entscheidung bzw. Verzweigung im PAP

Demnach sieht die *if*-Anweisung des ersten Beispiels wie in Abbildung 5.2 dargestellt aus.

Der PAP hat aus dem Grunde keine Start- und Ende-Terminatoren, weil es sich nicht um eine komplette Funktion, sondern nur um ein Fragment handelt, dem Anweisungen folgen oder vorangegangen sein könnten.

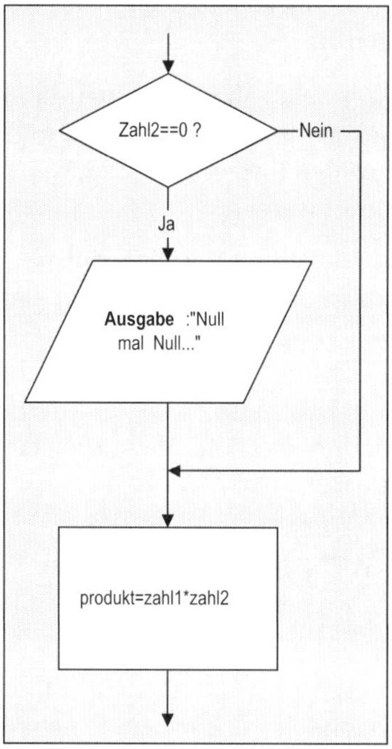

Bild 5.2: Die if-Anweisung des ersten Beispiels als PAP

Sie sollten sich für Ihre weitere Arbeit mit dem Programmablaufplan darüber im klaren sein, ob Sie für die Formulierung der Bedingungen im PAP die C++-Syntax benutzen (wie in diesem Fall) oder die normale mathematische Notation mit einem Gleichheitszeichen. Wie Sie sich auch entscheiden, behalten Sie diese Notation für ein komplettes Programm bei. Ändern Sie Ihre Notation nicht innerhalb eines PAPs oder von einer Funktion eines Programms zur anderen.

Die normale mathematische Notation hat allerdings den Vorteil, daß der PAP auch von Personen verstanden wird, die der C++-Syntax nicht mächtig sind, und fördert damit die Portierbarkeit und Verständlichkeit Ihres Programms.

5.3 Die Vergleichsoperatoren

Wir haben in unserem letzten Beispiel bereits einen Vergleichsoperator verwendet, nämlich den Gleichheitsoperator ==. Er liefert genau dann einen wahren Wert, wenn die beiden Operatoren gleich sind. In allen anderen Fällen liefert er einen falschen Wert.

Insgesamt stellt uns C++ sechs Vergleichsoperatoren zur Verfügung, die nun tabellarisch vorgestellt werden:

Vergleichsoperator	Bedeutung
a<b	wahr, wenn a kleiner b
a<=b	wahr, wenn a kleiner-gleich b
a>b	wahr, wenn a größer b
a>=b	wahr, wenn a größer-gleich b
a==b	wahr, wenn a gleich b
a!=b	wahr, wenn a ungleich b

Tabelle 5.1: Die Vergleichsoperatoren

Wie eben schon erwähnt, ist darauf zu achten, daß der Gleichheitsoperator aus zwei Gleichheitszeichen besteht. Des weiteren darf bei den Operatoren *kleiner-gleich* und *größer-gleich* die Reihenfolge der beiden Zeichen nicht verändert werden. Deswegen ist der Operator => für *größer-gleich* unzulässig.

> Beachten Sie bei Operatoren, die aus zwei Zeichen bestehen, die Reihenfolge dieser Zeichen.

Nun wieder ein Beispiel, in dem ein paar dieser Vergleichsoperatoren benutzt werden:

```
#include <iostream>

using namespace std;

int main()
{
int zahl;

  cout << "bitte geben Sie eine Zahl ein :";
  cin >> zahl;

  if(zahl<100)
    {
      cout << "Die Zahl ist kleiner als Hundert.” << endl;
```

```
    }

  if(zahl==100)
    {
      cout << "Die Zahl ist exakt gleich Hundert." << endl;
    }

  if(zahl>100)
    cout << "Die Zahl ist groesser als Hundert." << endl;
}
```

Den Quellcode dieses Beispiels finden Sie auf der Diskette unter \KAP05\BSP01.CPP.

Das Programm untersucht, ob eine eingegebene Zahl kleiner, größer oder gleich 100 ist und gibt entsprechende Bemerkungen aus. Ist Ihnen bei der letzten *if*-Anweisung etwas aufgefallen? Richtig, die geschweiften Klammern fehlen.

Besteht der Anweisungsblock hinter einer Kontrollstruktur nur aus einer Anweisung, dann können die geschweiften Klammern weggelassen werden.

Wenn es um verschachtelte *if*-Anweisungen geht, sollte man mit dieser Möglichkeit jedoch sparsam umgehen,. Denn dort können fehlende Klammern gerade bei Anfängern schnell zu Fehlinterpretationen führen.

Schauen wir uns nun noch Abbildung 5.3 an, die obiges Programm als Programmablaufplan zeigt:

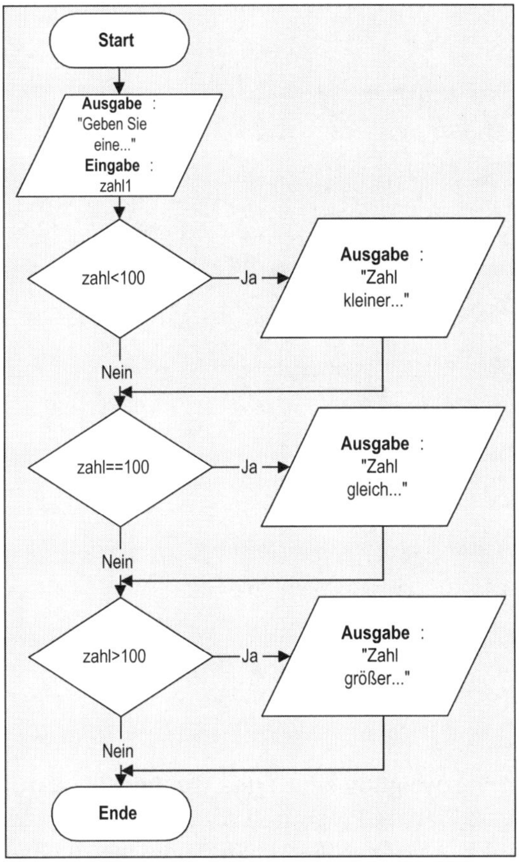

Bild 5.3: PRG01.CPP als Programmalblaufplan

Nachdem wir die *if*-Anweisung und die Vergleichsoperatoren besprochen haben, ist der Zeitpunkt für eine kleine Übung gekommen.

Wir haben zu Anfang dieses Kapitel über eine Funktion gesprochen, nennen wir sie *max*, der zwei Werte übergeben werden, und die dann den größeren der beiden Werte wieder zurückliefert. Entwerfen Sie einen PAP zu dieser Funktion und programmieren Sie diese dann.

Schreiben sie auch eine entsprechende *main*-Funktion.

Der Programmablaufplan von *max* sieht aus wie in Abbildung 5.4 dargestellt:

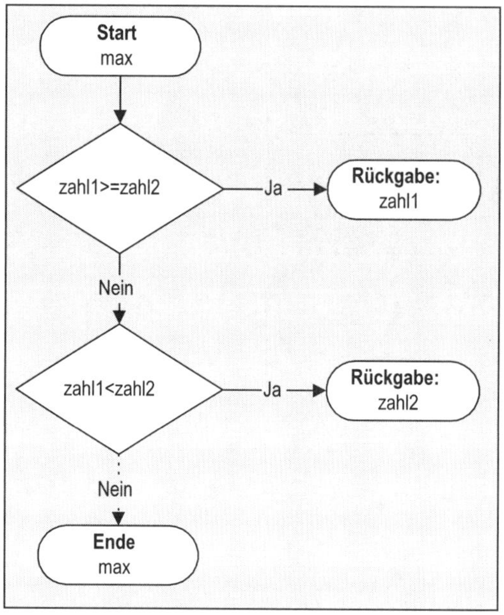

Bild 5.4: Der PAP von max

Der Pfad von der letzten Verzweigung zum Ende von *max* ist gestrichelt dargestellt, weil dieser Pfad im Programm nie durchlaufen werden kann. Denn eine Zahl kann nur größer, kleiner oder gleich einer anderen Zahl sein. Diese drei Möglichkeiten sind jedoch schon mit den beiden *if*-Anweisungen abgedeckt.

Garantierte Wertrückgabe

Es gibt jedoch Compiler, die dies nicht erkennen und eine Fehlermeldung ausgeben, die sinngemäß so lautet: „Nicht alle Programmpfade besitzten einen Rückgabewert!". Sie erinnern sich: Bei einer Funktion mit Rückgabewert muß gewährleistet sein, daß die Funktion auf jeden Fall auch einen Wert zurückgibt.

Da wir aber hundertprozentig wissen, daß das Programm niemals diesen letzten Pfad einschlagen wird, ist es kein Problem, diese Fehlermeldung aus der Welt zu schaffen. Sollten Sie einen solchen Compiler besitzen, dann fügen Sie zum Schluß einfach eine *return*-Anweisung ein, die einen beliebigen Wert zurückgibt. Es ist ja nur für den Compiler.

Der Programmtext (mit dem compilerberuhigenden *return*) sieht so aus:

```
#include <iostream>

using namespace std;

int max(int zahl1, int zahl2)
{
  if(zahl1>=zahl2)
    {
      return(zahl1);
    }
  if(zahl1<zahl2)
    {
      return(zahl2);
    }
  return(0);
}
int main()
{
int zahl1,zahl2;

  cout << "bitte geben Sie Zahl 1 ein :";
  cin >> zahl1;
  cout << "bitte geben Sie Zahl 2 ein :";
  cin >> zahl2;

  cout << "Der groesste Wert ist ";
  cout << max(zahl1,zahl2) << endl;
}
```

Den Quellcode dieses Beispiels finden Sie auf der Diskette unter \KAP05\BSP02.CPP.

Die Problematik mit dem zusätzlichen *return*, welches garnicht im PAP vorkam, trat nur deswegen zutage, weil wir uns exakt an den PAP gehalten haben.

Denn eigentlich ist die zweite Verzweigung absolut unnötig. Wenn eine zahl weder größer noch gleich einer anderen zahl ist, dann kann sie nur noch kleiner sein. Wir können uns daher die zweite Abfrage sparen:

```
int max(int zahl1, int zahl2)
{
  if(zahl1>=zahl2)
    return(zahl1);

  return(zahl2);
}
```

Den Quellcode dieses Beispiels finden Sie auf der Diskette unter \KAP05\BSP03.CPP.

Im oberen Beispiel wurden auch die geschweiften Klammern der ersten *if*-Anweisung entfernt, weil im Anweisungsblock nur eine Anweisung steht.

Der Vollständigkeit halber soll noch der PAP der neuen *max*-Funktion aufgeführt werden. Sie sehen ihn in Abbildung 5.5.

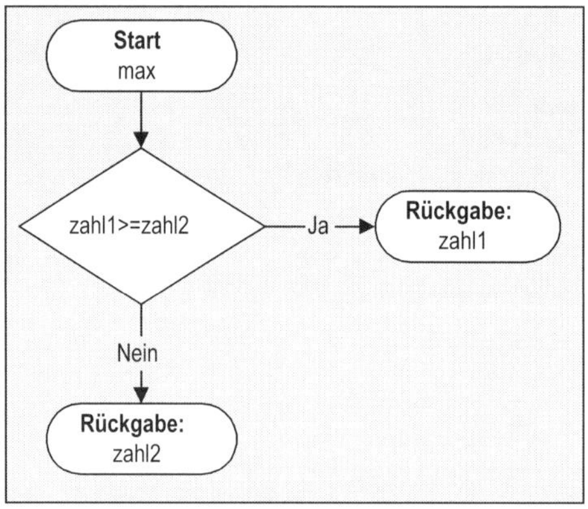

Bild 5.5: Der PAP der neuen max-Funktion

5.4 Die logische Negation

! In C++ hat man die Möglichkeit, die Aussage einer Bedingung zu negieren, daß heißt eine wahre Bedingung wird falsch und eine falsche wird wahr. Schauen wir uns folgendes *if*-Konstrukt an:

Syntax

```
if(!(wert==100))
{
  cout << "Der Wert ist ungleich 100\n" << endl;
}
```

Der erste Operator innerhalb der runden Klammern ist der Negationsoperator „!". Die Klammerung der anschließenden Bedingung ist wichtig, weil der Negationsoperator eine höhere Bindung hat als der Gleichheitsoperator. Wäre die Klammerung nicht vorhanden, würde sich der Negationsoperator nur auf die Variable *wert* beziehen, und das wäre hier falsch.

Die Bedingung innerhalb der Klammer ist dann wahr, wenn die Variable *wert* den Wert 100 hat. Dies wird dann durch den Negationsoperator negiert, also die Bedingung ist falsch, wenn *wert* den Wert 100 hat. Das heißt, daß die Bedingung wahr ist, wenn *wert* ungleich 100 ist. Damit stimmt der Text in der *cout*-Anweisung.

Allerdings bringt der Negationsoperator in den meisten Fällen nur eine Vereinfachung der Schreibweise mit sich, denn für jeden negierten Operator gibt es bereits einen anderen, der exakt dieselbe Funktion hat. Diese Äquivalenz ist in Tabelle 5.2 aufgeführt.

Negierter Operator	Äquivalenter Ausdruck
!(a<b)	a>=b
!(a<=b)	a>b
!(a>b)	a<=b
!(a>=b)	a<b
!(a==b)	a!=b
!(a!=b)	a==b

Tabelle 5.2: Negierte Operatoren und deren Äquivalente

Diese Umformungen entspringen bereits dem gesunden Menschenverstand, denn wenn eine Zahl z.B. nicht gleich einer anderen ist, dann sind die beiden Zahlen zwangsläufig ungleich.

5.5 Der alternative Pfad

Wir haben bei unserer *max*-Funktion festgestellt, daß die zweite *if*-Anweisung in der ersten Lösung unnötig war. Was aber, wenn die Funktion nicht geendet hätte, sondern noch weitere Berechnungen folgten?

Angenommen, es soll nur ausgegeben werden, welche Zahl größer ist, und das Programm dahinter fortfahren? In diesem Fall müssen wir wieder zwei *if*-Anweisungen verwenden, obwohl die zweite Abfrage immer noch logisch unnötig ist:

```
if(a>=b)
  cout << "a ist größer gleich b" << endl;
if(a<b)
  cout << "a ist kleiner als b" << endl;

cout << "Die Entscheidung wurde ausgegeben" << endl;
```

Diesem kausalen Zusammenhang, daß die zweite Anweisung zwangsläufig wahr sein muß, wenn die erste falsch ist und zwangsläufig falsch sein muß, wenn die erste wahr ist, begegnet man in der Programmierung häufig. Man kann diesen direkten Zusammenhang so formulieren: „Wenn die Bedingung wahr ist, dann tritt Fall 1 ein, ansonsten muß Fall 2 eintreten.

else

Damit aber nicht jedesmal zwei Verzweigungen verwendet werden müssen[2], wurde eine Ergänzung der *if*-Anweisung eingeführt. Es handelt sich hierbei um die *else*-Anweisung (deutsch: „ansonsten"), die nur im Zusammenhang mit der *if*-Anweisung verwendet werden kann.

Schauen wir uns das obere Beispiel einmal mit der *else*-Anweisung formuliert an[3]:

```
if(a>=b)
    {
      cout << "a ist größer gleich b" << endl;
    }
  else
    {
      cout << "a ist kleiner als b" << endl;
    }

  cout << "Die Entscheidung wurde ausgegeben" << endl;
```

Wenn die *if*-Bedingung wahr ist, dann wird der *if*-Anweisungsblock ausgeführt, das kennen wir schon.

Ist die *if*-Bedingung aber falsch, dann wird der Anweisungsblock hinter *else* ausgeführt. Es wird auf jeden Fall einer der beiden Anweisungsblöcke ausgeführt, aber es werden nie beide ausgeführt.

Egal welcher der beiden Anweisungsblöcke ausgeführt wurde, das Programm läuft hinter dem *else*-Anweisungsblock weiter. Abbildung 5.6 zeigt das *if-else*-Konstrukt als PAP.

Üblicherweise entsprechen die Anweisungen des *if*-Blockes dem Ja-Pfad der Verzweigung und die Anweisungen des *else*-Blockes dem Nein-Pfad.

---

2 Durch diese zwei Abfragen wird auch der Programmablauf langsamer.

3 Der besseren Übersichtlichkeit wegen werden erst einmal wieder geschweifte Klammern verwendet.

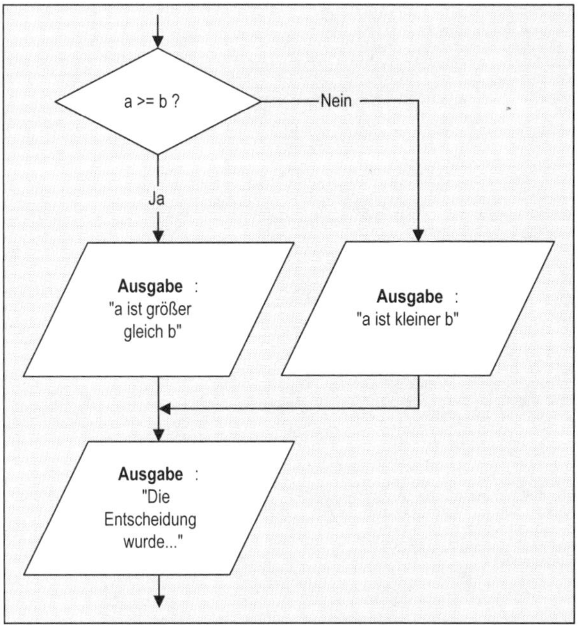

Bild 5.6: Das if-else-Konstrukt als PAP

Die Anweisungen des *if*-Blockes entsprechen dem Ja-Pfad und die Anweisungen des *else*-Blockes dem Nein-Pfad.

Sie können *if*-Anweisungen auch verschachteln. Im unteren Beispiel wird zuerst daraufhin geprüft, ob *a* größer gleich *b* ist.

Sollte dies der Fall sein, dann wird geprüft, ob *a* größer ist als *b* und gegebenenfalls der entsprechende Text ausgegeben. Ist *a* aber nicht größer als *b*, dann ist *a* trotzdem größer gleich *b*[4], also muß *a* gleich *b* sein. Dieser Fall wird durch die zum zweiten *if* gehörende *else*-Anweisung abgedeckt.

Die *else*-Anweisung des ersten *if* deckt den Fall ab, daß *a* nicht größer gleich *b* ist. Daraus folgt, daß *a* kleiner als *b* sein muß. Doch hier der Programmtext:

```
if(a>=b)
  {
    if(a>b)
      {
        cout << "a ist größer als b" << endl;
      }
```

4 Das hat ja die erste *if*-Anweisung herausgefunden.

```
    else
      {
        cout << "a ist gleich b" << endl;
      }
  }
else
  {
    cout << "a ist kleiner als b" << endl;
  }
```

Abbildung 5.7 zeigt diese verschachtelten *if*-Anweisungen als PAP.

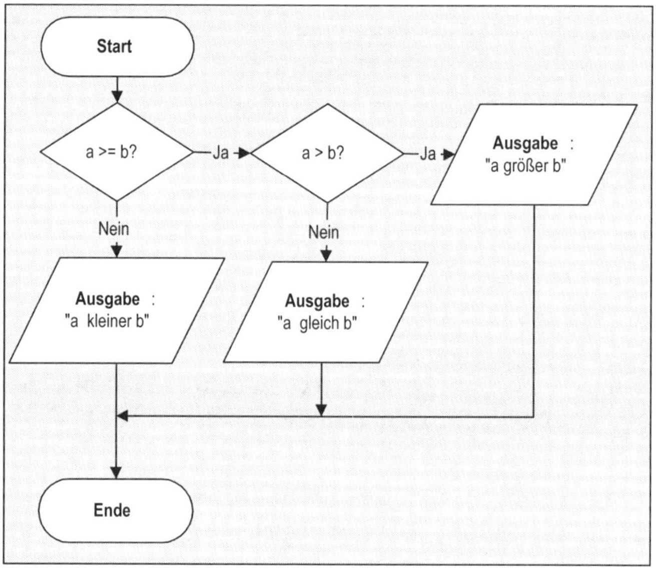

Bild 5.7: Die verschachtelten if-Anweisungen als PAP

Auch hier können Sie wieder einige geschweifte Klammern streichen:

```
if(a>=b)
  if(a>b)
    cout << "a ist größer als b" << endl;
  else
    cout << "a ist gleich b" << endl;
else
  cout << "a ist kleiner als b" << endl;
```

Hüten Sie sich aber davor, zu leichtfertig Klammern zu entfernen. Angenommen, sie wollten das obere Programmfragment so umändern, daß für den Fall, daß a kleiner als b ist, überhaupt kein Text ausgegeben wird. Dann sähe das so aus:

```
if(a>=b)
  if(a>b)
    cout << "a ist größer als b” << endl;
  else
    cout << "a ist gleich b” << endl;
```

Aber halt. Schauen Sie sich einmal das *else* an. Zu welchem *if* gehört es denn nun? Vom Einrücken her sollte es zum zweiten *if* gehören aber eine Einrückung läßt sich ändern und hat keine Auswirkungen auf die Funktionalität.

Um sich und anderen solche lästigen Überlegungen zu ersparen, sollten Sie zumindest die Klammern stehenlassen, die eine eindeutige Interpretation des Programmtextes zulassen. In diesem Fall sieht das so aus:

```
if(a>=b)
  {
    if(a>b)
      cout << "a ist größer als b” << endl;
    else
      cout << "a ist gleich b” << endl;
  }
```

5.6 Logisches Verknüpfen von Bedingungen

Wir haben bisher immer nur einfache Bedingungen wie z.B. *a>b* formuliert. Was aber, wenn *a* kleiner als *b*, aber größer als *c* sein soll? Im Augenblick können wir nichts weiter tun, als zwei *if*-Anweisungen zu verschachteln:

```
if(a<b)
  {
    if(a>c)
      {
        cout << "Es gilt a<b und a>c” << endl;
      }
  }
```

Es gibt jedoch in C++ einen eleganteren Weg, nämlich die logischen Verknüpfungen. Dies bewerkstelligt man mit den sogenannten logischen Operatoren.

Die logischen Operatoren dienen dazu, zwei Bedingungen nach einer bestimmten Vorschrift zu einer Bedingung zu verknüpfen, die dann wieder wahr oder falsch sein kann. Weil es bei zwei Bedingungen vier Kombinationen gibt – beide Bedingungen können wahr, beide falsch, die erste wahr und die zweite falsch, die erste falsch und die zweite wahr sein – vereinfachen die logischen Verknüpfungen den Ausdruck, in dem sie die vier Möglichkeiten auf zwei reduzieren.

Der logische UND-Operator

&& Der &&-Operator, der auch UND-Operator oder AND-Operator genannt wird, verknüpft zwei Bedingungen auf die folgende Weise[5]:

Bedingung1	Bedingung2	(Bedingung1&&Bedingung2)
falsch	falsch	falsch
falsch	wahr	falsch
wahr	falsch	falsch
wahr	wahr	wahr

Tabelle 5.3: Die UND-Verknüpfung

Der *AND*-Operator entspricht damit dem Wort „und", wie es auch in unserer Sprache verwendet wird: Die Verknüpfung ist nur dann wahr, wenn beide Bedingungen wahr sind. Abbildung 5.8 zeigt diese Verknüpfung als Programmablaufplan.

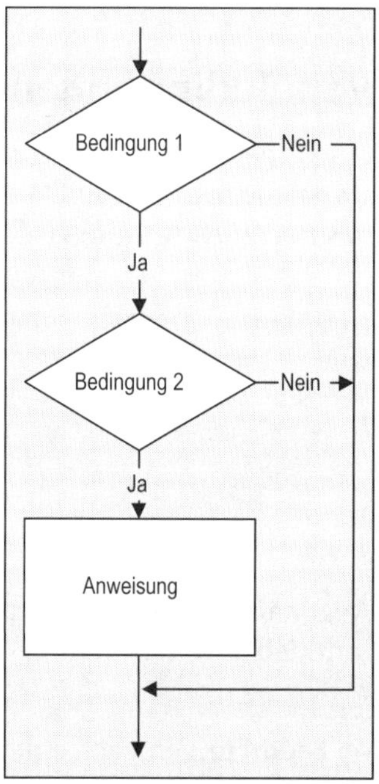

Bild 5.8: Die UND-Verknüpfung als PAP

5 Die Verknüpfung von Bedingung 1 und Bedingung 2 kann nur wahr oder falsch sein, also nur zwei Zustände annehmen.

Dies kann man sich folgendermaßen zu nutze machen:

Syntax

```
if((x>=20)&&(x<=40))
{
}
```

Der Anweisungsblock hinter *if* wird nur dann ausgeführt, wenn *x* größer gleich 20 und kleiner gleich 40 ist.

Der *AND*-Operator ist kommutativ, das heißt, das *a&&b* gleichbedeutend ist mit *b&&a*[6].

Der logische ODER-Operator

||

Der ||-Operator, auch ODER-Operator oder OR-Operator genannt, hat folgende Verknüpfungsvorschrift:

Bedingung1	Bedingung2	(Bedingung1‖Bedingung2)
falsch	falsch	falsch
falsch	wahr	wahr
wahr	falsch	wahr
wahr	wahr	wahr

Tabelle 5.4: Die ODER-Verknüpfung

Es ist zu beachten, daß der *OR*-Operator nicht dem sprachlichen „oder" entspricht. Das sprachliche „oder" ist ein entweder-oder, wohingegen der *OR*-Operator ein entweder dies oder jenes oder beides ist[7]. Abbildung 5.9 zeigt die ODER-Verknüpfung als Programmablaufplan.[8]

6 Kommutativ aber nur bezüglich der Entscheidung, ob der Anweisungsblock ausgeführt wird oder nicht.

7 Um die beiden verschiedenen Varianten des ODER zu unterscheiden, bezeichnet man das "entweder oder" auch als exklusives ODER und das "entweder das eine oder das andere oder beides" als inklusives ODER.

8 Die UND- und die ODER-Verknüpfung wurden im PAP nur deshalb in dieser ausführlichen Form gezeigt, um ein Verständnis für deren Ablauf zu vermitteln. Üblicherweise wird die komplette Bedingung in ein Verzweigungssymbol hineingeschrieben.

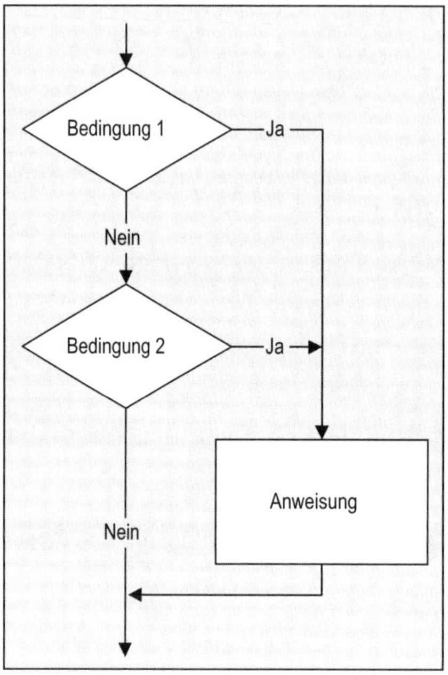

Bild 5.9: Die ODER-Verknüpfung

Hier ein Beispiel zu ODER:

```
do
  {
    cout << "Bitte eine Zahl eingeben:;
    cin >> wert;
  }
while((wert<20)||(wert>40));
```

Diese Schleife fordert Sie so lange auf, eine Zahl einzugeben, bis sie zwischen 20 und 40 einschließlich liegt. Wenn der eingegebene Wert kleiner 20 oder größer 40 ist, wird wieder zum *do* gesprungen.

Der *OR*-Operator ist ebenfalls kommutativ. *a*||*b* ist gleichbedeutend mit *b*||*a*.[9]

Verknüpfen von AND und OR

Sie können natürlich überall dort, wo eine Bedingung verlangt wird, auch eine sinnvolle Mischung der Operatoren vornehmen. Ein Beispiel:

9 Auch hier gilt die Kommutativität nur bezüglich der Entscheidung, ob der Anweisungsblock ausgeführt wird oder nicht.

```
do
  {
    cout << "Bitte eine Zahl im Bereich 20-40 eingeben ";
    cout << "(Oder 0 für Ende) :";
    cin >> wert;
  }
while(((wert<20)||(wert>40))&&(wert!=0));
```

Die Schleife wird beendet, wenn der Wert zwischen 20 und 40 einschließlich liegt oder gleich null ist. Andersherum: Wenn der Wert kleiner als 20 oder größer als 40 und ungleich 0 ist, wird wieder zum *do* gesprungen.

Man sollte bei der Verwendung mehrerer logischer Operatoren immer durch Klammerung eine eindeutige Abarbeitung erreichen. Das hilft, eventuelle Fehler schneller zu finden und zu beheben.

5.7 Kommutativität von UND und ODER

Bei der Beschreibung der logischen Operatoren wurde erwähnt, daß sie bezüglich der Entscheidung, ob der Aneisungsblock ausgeführt wird oder nicht kommutativ sind.

Von der Abarbeitung der einzelnen Teilbedingungen her sind die Operatoren jedoch nicht kommutativ. Was das konkret bedeutet, wollen wir durch eine Übung herausfinden.

Überlegen Sie, welche Werte jeweils für *a* und *b* im folgenden Programmfragment ausgegeben werden. Nachdem Sie ihre Vermutung für sich begründet haben, sollten Sie das Programmfragment zu einer lauffähigen *main*-Funktion erweitern und ihre Überlegungen daraufhin überprüfen. Versuchen Sie eine Erklärung zu finden, falls das tatsächliche Ergebnis nicht mit Ihren Überlegungen übereinstimmt.

```
int a=0,b=0;
  if((a++==1)&&(b++==1));
  cout << "Nach Und : a=" << a << ", b=" << b << endl;
  a=b=0;
  if((a++==0)||(b++==0));
  cout << "Nach Oder: a=" << a << ", b=" << b << endl;
```

Vermutlich werden Sie überrascht sein, denn in beiden Fällen wird für *a* der Wert 1 und für *b* der Wert 0 ausgegeben. Aber so erstaunlich das Ergebnis auf den ersten Blick erscheinen mag, gibt es doch wie immer eine logische Erklärung.

Betrachten wir zunächst die erste *if*-Anweisung des Fragments. Dort werden zwei einzelne Bedingungen mittels UND zu einer einzigen neuen Bedingung verknüpft. Eine Verknüpfung mittels UND ist nur dann wahr, wenn *alle* verknüpften Bedingungen ebenfalls wahr sind.

Egal wie viele Bedingungen in der Verknüpfung stehen, sobald auch nur eine von ihnen falsch ist, ist das Ergebnis der gesamten Verknüpfung falsch. Mit anderen Worten: Sobald wir in einer UND-Verknüpfung auf eine falsche Teilbedingung stoßen, brauchen wir alle anderen Bedingungen nicht mehr auf ihren Wahrheitsgehalt hin zu überprüfen, denn das Ergebnis ist durch diese eine falsche Bedingung auf jeden Fall falsch.

Und genau diese Überlegung macht sich der C++-Compiler bei der Erzeugung des lauffähigen Programms zunutze. Er erzeugt das Programm so, daß es die einzelnen Bedingungen einer UND-Verknüpfung von links nach rechts untersucht. Stößt es dabei auf eine nicht erfüllte Bedingung, wird die Untersuchung abgebrochen, weil das Ergebnis der kompletten Bedingung schon feststeht.

Der Compiler untersucht die Einzelbedingungen einer Verknüpfung von links nach rechts.

Für die erste *if*-Anweisung unseres Fragments bedeutet dies, daß das erzeugte Programm nach der Überprüfung der Bedingung *(a++==1)* auf ihren Wahrheitsgehalt hin schon weiß, daß die gesamte Bedingung nicht erfüllt sein kann. Aus diesem Grunde wird die Bedingung *(b++==1)* nicht mehr untersucht und daher *b* auch nicht um eins erhöht.

Analog hierzu kann das Verhalten der ODER-Verknüpfung erklärt werden. Sobald auch nur eine Teilbedingung einer ODER-Verknüpfung wahr ist, dann ist die gesamte Verknüpfung wahr. Deswegen kann das durch den Compiler erzeugte Programm nach der ersten wahren Bedingung die Untersuchung abbrechen, weil das Ergebnis der Verknüpfung schon feststeht.

5.8 Bedingungen als Wert

Es ist interessant und später auch wichtig, zu wissen, wie C++ mit Bedingungen umgeht.

Wir haben beim Variablentyp *bool* schon gesehen, daß die beiden Konstanten *true* und *false* feste Werte besitzen. Die Vermutung liegt nahe, daß eine Bedingung auch einen bestimmten Wert repräsentiert, je nachdem, ob die Bedingung wahr oder falsch ist.

Schreiben Sie ein Programm, welches die Werte für eine wahre und eine falsche Bedingung ausgibt.

Das Programm sieht wie folgt aus:

Lösung

```
#include <iostream>

using namespace std;

int main()
{
int wahr,falsch;

  wahr=(3==3);
  falsch=(2==4);

  cout << "Der Wert fuer wahr ist " << wahr << endl;
  cout << "Der Wert fuer falsch ist " << falsch << endl;
}
```

Den Quellcode dieses Beispiels finden Sie auf der Diskette unter \KAP05\BSP04.CPP.

Wenn Sie dieses Programm starten, werden Sie sehen, daß eine wahre Bedingung den Wert 1 und eine falsche Bedingung den Wert 0 liefert.

Obwohl C++ selbst nur diese beiden Werte verteilt, stehen bei Ganzzahlen viel mehr Werte zur Verfügung. Aber wie verhält sich C++ bei den anderen Werten?

Eine Bedingung ist falsch, wenn sie den Wert 0 hat. Eine Bedingung ist wahr, wenn sie einen Wert ungleich 0 hat.

Diese Eigenschaft ermöglicht es uns, auf einfache Weise zu überprüfen, ob eine Variable ungleich null ist.

Syntax

```
if(x)    // Abfrage auf x ungleich 0)
{
}
```

Der Anweisungsblock hinter *if* wird immer dann ausgeführt, wenn *x* ungleich null ist. Das liegt daran, daß alle Werte ungleich null für C++ „wahr" sind, wie in obigem Satz schon erwähnt. Gleichermaßen einfach gestaltet sich die Abfrage, ob *x* gleich null ist:

Syntax

```
if(!x)     // Abfrage auf x gleich 0)
{
}
```

Durch die Negation ist die Bedingung immer dann falsch, wenn x ungleich null ist. Daraus folgt, daß sie nur dann wahr ist, wenn x gleich null ist.

Merke Eine Bedingung darf auch in einem berechenbaren Ausdruck stehen. Sie nimmt, je nachdem, ob sie wahr oder falsch ist, den Wert 1 oder 0 an.

5.9 "wahr" und „falsch" als Rückgabewert

Wenn Sie Funktionen schreiben, kann es häufig nützlich sein, daß der Rückgabewert das Ergebnis einer Entscheidung ist. Wenn Sie eine solche Funktion programmieren, dann sollten sie für „wahr" immer den Wert 1 und für „falsch" immer den Wert 0 nehmen.

Benutzen Sie bei der Über- und Rückgabe von „wahr" und „falsch" immer 1 für „wahr" und 0 für „falsch".

Der Vorteil bei der Verwendung dieser Werte ergibt sich daraus, daß genau diese Werte auch von C++ selbst benutzt werden. Folgende Funktion gibt „wahr" zurück, wenn der Funktionsparameter positiv ist. Ist er negativ, gibt die Funktion „falsch" zurück:

```
bool positiv(int x)
{
  if(x>0)
    return(1);     // Wahr
  else
    return(0);     // Falsch
}
```

bool Weil C++ für Werte, die nur wahr oder falsch sein können, einen besonderen Variablentyp besitzt, nämlich *bool*, wurde dieser auch als Rückgabetyp verwendet.

Dies ist die ausführliche Schreibweise. Da aber die *return*-Anweisung, wie Sie wissen, auch Ausdrücke verarbeiten kann, können Sie obige Funktion noch weiter vereinfachen[10]:

---

10 Rufen Sie sich bitte in Erinnerung, daß eine Bedingung, je nachdem, ob sie wahr oder falsch ist, 1 oder 0 als Wert liefert. Mit diesem Wert läßt sich natürlich auch rechnen. Es handelt sich daher um einen berechenbaren Ausdruck, der auch in einer *return*-Anweisung stehen darf.

```
bool positiv(int x)
{
  return(x>0);
}
```

Angenommen, sie möchten mit Hilfe einer *if*Anweisung feststellen, ob der Wert einer Variablen (z.B. *a*) positiv ist, dann können sie nun ganz einfach folgendes machen:

```
if(positiv(a))
{
}
```

Der Anweisungsblock hinter *if* wird dann ausgeführt, wenn *a* positiv ist. Anders herum geht es auch:

```
if(!positiv(a))
{
}
```

Jetzt wird der Anweisungsblock ausgeführt, wenn der Wert von *a* nicht positiv ist. Denken Sie deshalb immer daran und beherzigen Sie es: „wahr" ist 1 und „falsch" ist 0.

5.10 Der Bedingungsoperator

?:

Der Bedingunsoperator bildet eine Vereinfachung bei Zuweisungen, die von einer Bedingung abhängig sind, und kann das Benutzen einer *if*-Anweisung in manchen Fällen überflüssig machen. Ein Beispiel:

Syntax

```
max = (a>b) ? a : b;
```

Dieses Konstrukt weist *max* den Wert *a* zu, wenn die Bedingung in den Klammern wahr ist, also *a* größer *b* ist. Ist die Bedingung falsch, wird *max* der Wert von *b* zugewiesen. Dies entspricht folgendem *if*-Konstrukt:

Lösung mit if

```
if(a>b)
  max=a;
else
  max=b;
```

Sie können den Bedingungsoperator auch verschachteln.

Verschachteln von ?:

```
w = (a>b) ? ((a>c) ?a : c) : b;
```

Als *if*-Konstrukt geschrieben:

```
if(a>b)
  {
    if(a>c)
```

```
      {
        w=a;
      }
    else
      {
        w=c;
      }
  }
else
  {
    w=b;
  }
```

Der Bedingungsoperator wird haupsächlich dann benutzt, wenn Sie eine Entscheidung innerhalb eines zu berechnenden Ausdrucks brauchen.

5.11 Vorzeichenwechsel

Erwähnenswert ist an dieser Stelle auch, wie wir es am geschicktesten bewerkstelligen können, das Vorzeichen einer Variablen zu tauschen. Es gibt den sogenannten Negationsoperator, den wir schon kennengelernt haben, und der gerade vom Namen her in Frage zu kommen scheint. Leider wechselt der Negationsoperator nur zwischen wahr und falsch und nicht zwischen den Vorzeichen.

Jedoch ist es ziemlich einfach, das Vorzeichen zu wechseln, und zwar mit folgendem, mathematisch widersinnigen Ausdruck:

```
a=-a;
```

In C++ heißt das natürlich, daß der Variablen *a* der Wert von *-a* zugewiesen wird. So weit, so gut, aber was tun, wenn das Vorzeichen nicht gewechselt werden, sondern die Variable ein festes Vorzeichen bekommen soll?

Nicht umsonst wird dieses Problem im Kapitel über Entscheidungen besprochen. Wir brauchen nämlich die *if*-Anweisung. Angenommen wir wollten die Variable mit einem positiven Vorzeichen versehen, dann dürfen wir das Vorzeichen ja nur dann wechseln, wenn es negativ ist. Nichts leichter als das, und zwar mit *if*:

```
if (a<0)
  a=-a;
```

oder

```
a=(a<0)?-a:a;
```

Für ein definitiv negatives Vorzeichen gilt das gleiche nur mit anderem Vergleichsoperator:

```
if (a>0)
  a=-a;
```

oder

```
a=(a>0)?-a:a;
```

Sie sind jetzt in der Lage, das Vorzeichen einer Variablen nach Ihrem Belieben zu ändern.

5.12 Kontrollfragen

1. Ein *if*-Anweisungsblock wird immer nur dann ausgeführt, wenn die Bedingung wahr ist. Ist diese Aussage wahr oder falsch?
2. Es ist unmöglich eine *if*-Anweisung so zu programmieren, daß der Anweisungsblock ausgeführt wird, wenn die Bedingung falsch ist. Ist diese Aussage wahr oder falsch?
3. Worin liegt der genaue Unterschied zwischen = und == ?
4. Kann man ein *if-else*-Konstrukt so umwandeln, daß auf das *else* verzichtet werden kann? Zum Beispiel durch verschachtelte *if*-Anweisungen?
5. Wie würden Sie die Bedingung der Gleicheit ohne den == Operator formulieren?
6. Worin liegt der Unterschied zwischen (x>y) und (!(x<=y)) ?
7. Wo liegen die Vorteile des ? : Operators? Und wo die Nachteile?
8. Wir haben gelernt, daß man den Wert einer Bedingung auch einer Variablen zuweisen kann (z.B. *a=(x>=5)*. Worauf müssen Sie achten, wenn sie eine Variable auf ungleich 0 prüfen und diesen Wert einer Variablen zuweisen wollen?

5.13 Übungen

1. Schreiben Sie eine Funktion *isGroesser*, der zwei *int*-Werte übergeben werden und die einen eine wahre Aussage repräsentierenden Wert zurückliefert, wenn der erste Wert größer ist als der zweite. Andernfalls soll die Funktion einen Wert zurückliefern, der für eine falsche Aussage steht. Benutzen Sie in der Lösung die *if*-Anweisung.

   Schreiben Sie dazu eine *main*-Funktion, die zwei Werte einliest und dann anhand des Ergebnisses von *isGroesser* einen entsprechenden Text ausgibt, der beschreibt, ob der erste Wert größer als der zweite ist oder nicht.

2. Schreiben Sie die Funktion *isGroesser* aus der vorherigen Übung so um, daß sie keine *if*-Anweisung mehr, sondern den ?:-Operator verwendet.

3. Schreiben Sie eine Funktion *isSchaltjahr*, der eine Jahreszahl übergeben wird und die einen wahren Wert zurückliefert, wenn es sich um ein Schaltjahr handelt. Falls der übergebene Wert kein Schaltjahr ist, soll ein falscher Wert zurückgeliefert werden.

   Ein Jahr ist kein Schaltjahr, wenn die Jahreszahl nicht durch 4 teilbar ist. Ein Jahr ist ein Schaltjahr, wenn die Jahreszahl durch 4, nicht aber durch 100 teilbar ist. Ein Jahr ist ebenfalls ein Schaltjahr, wenn die Jahreszahl durch 4, durch 100 und durch 400 teilbar ist.

   Schreiben Sie dazu eine *main*-Funktion, mit der Sie überprüfen können, ob Ihre Funktion korrekt arbeitet.

4. Schreiben Sie eine Funktion namens *sign*, der man einen *int*-Wert übergibt und die folgendes zurückliefert: -1, wenn der Wert negativ ist, 0, wenn der Wert null ist, und 1, wenn der Wert positiv ist.

   Schreiben Sie dazu auch eine *main*-Funktion, mit der sie *sign* testen können und die das Ergebnis mit einer entsprechenden Textausgabe quittiert.

5. Schreiben Sie die Funktion *sign* aus der vorherigen Übung so um, daß weder *if*-Anweisungen noch ?:-Operatoren verwendet werden.

   Diese Übung ist schwierig, weil das Umformen einer Bedingung in einen mathematischen Ausdruck etwas mehr an Überlegung bedarf.

6 Schleifen

In diesem Kapitel werden wir die verschiedenen Schleifenkonstrukte kennenlernen, die uns von C++ zur Verfügung gestellt werden. Dabei werden wir uns im einzelnen mit den folgenden Punkten befassen:

- Was sind Schleifen?
- Welche verschiedenen Schleifenarten kennt C++?
- Was ist das besondere an Schleifen mit Eintrittsbedingung?
- Was ist das besondere an Schleifen mit Austrittsbedingung?
- Wie simuliert man *for* mit *while* oder *do-while*?
- Wozu wird die *continue*-Anweisung benötigt?

6.1 Einführende Gedanken

Wie bereits in einigen der vorigen Kapitel geschehen, wollen wir uns an dieser Stelle Gedanken über die Motivation machen, die hinter der Einführung von Schleifen steht.

Erinnern wir uns dazu an unser wohlbekanntes Beispiel des Kuchenrezeptes. Wir hatten uns dort überlegt, daß wir für den Fall, das wir beispielsweise fünf gleiche Kuchen backen wollen, wir das Rezept nicht notwendigerweise fünfmal benötigen. Ganz im Gegenteil, wir benutzen das eine Rezept einfach fünfmal hintereinander[1].

Vor ähnlichen Situationen stehen Sie bei der Entwicklung eines Programms andauernd. Wollen Sie zum Beispiel 100 Zahlen ausgeben, dann müßten Sie bisher 100 Ausgabe-Anweisungen programmieren.

1 Ein intelligenter Mensch würde natürlich nicht das Rezept genau fünfmal abarbeiten und damit fünfmal den Teig anrühren, sondern einmal den Teig für alle fünf Kuchen anrühren. Solche Vereinfachungen kann man in Grenzen auch auf ein Programm übertragen. Jedoch wollen wir diese Form der Vereinfachung erst einmal außer Acht lassen.

Dabei wäre es doch so viel einfacher, eine einzige Ausgabe-Anweisung 100mal zu verwenden.

Und genau dafür sind Schleifen gut.

6.2 Der Grundtyp einer Schleife

for Die grundlegende Form einer Schleife hat in C++ folgendes Aussehen:

Syntax

```
for(anweisung1; bedingung; anweisung2)
{
}
```

Bitte beachten Sie, daß nur zwischen den drei Anweisungsteilen ein Semikolon steht, aber nicht hinter *anweisung2*. Die Bedingung innerhalb von *for* verhält sich genau wie die Bedingung von *if*. In Abbildung 6.1 ist der PAP einer solchen Schleife dargestellt.

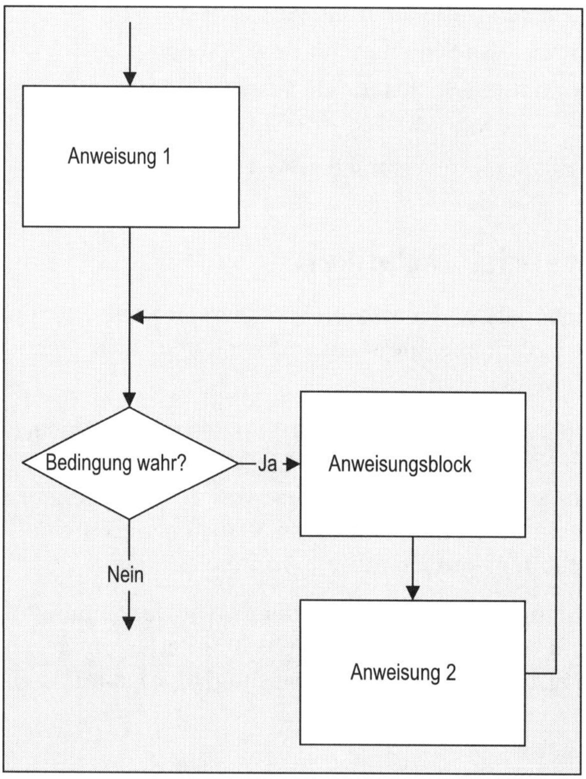

Bild 6.1: Die for-Schleife als PAP

Gehen wir nun einmal Punkt für Punkt durch, wie die Schleife abgearbeitet wird.

1. *anweisung1* ausführen
2. Ist *bedingung* wahr? Wenn ja, weiter bei 3. ansonsten weiter bei 6.
3. Anweisungsblock hinter *for* ausführen.
4. *anweisung2* ausführen
5. bei 2. weitermachen
6. hinter *for*-Anweisungsblock springen und weitermachen

Schleifensymbole

Da die Schleifen-Konstruktion im Programmablaufplan überhaupt nicht wie eine Schleife, sondern eher wie eine Verzweigung mittels *if* aussieht, hat man für Schleifen zwei neue Symbole eingeführt. Diese sind in Abbildung 6.2 dargestellt.

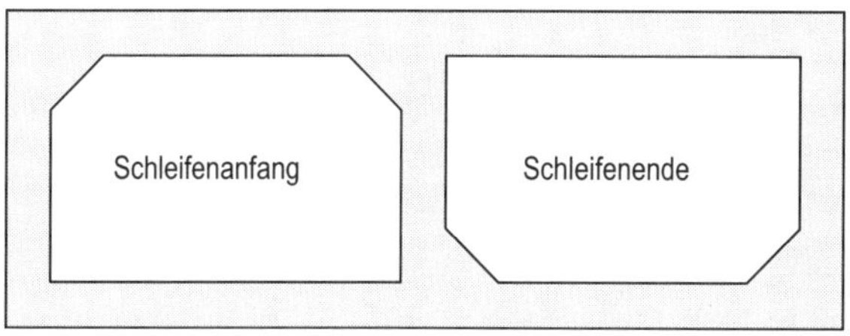

Bild 6.2: Die Symbole „Schleifenanfang" und „Schleifenende" des PAP

Unter Verwendung dieser neuen Symbole sieht die Schleife wie in Abbildung 6.3 aus.

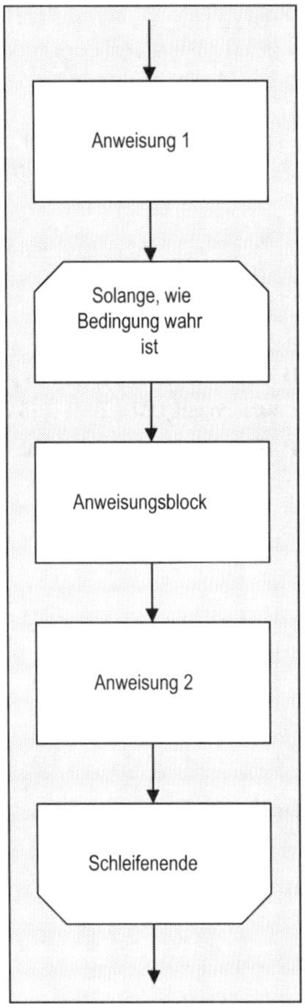

Bild 6.3: Die for-Schleife mit Schleifensymbolen im PAP

Schauen wir uns nun ein Beispiel an, welches die Zahlen 1,2 und 3 auf dem Bildschirm ausgibt:

```
#include <iostream>

using namespace std;

int main()
{
int x;

  for(x=1; x<=3; x++)
    {
      cout << "Aktueller Wert :" << x << endl;
    }
}
```

Den Quellcode dieses Beispiels finden Sie auf der Diskette unter \KAP06\BSP01.CPP.

Gehen wir nun die *for*-Schleife im konkreten Fall nach den obigen Punkten 1 bis 6 einmal durch:

1. *anweisung1* ausführen: *x* bekommt den Wert 1.

2. Ist *bedingung* wahr? *x<=3* ist wahr also weiter bei 3.

3. Anweisungsblock ausführen: Die Zahl 1 wird ausgegeben.

4. *anweisung2* ausführen: *x* wird um eins erhöht, ist nun 2.

5. Weiter bei 2.

2. Ist *bedingung* wahr? *x<=3* ist wahr also weiter bei 3.

3. Anweisungsblock ausführen: Die Zahl 2 wird ausgegeben.

4. *anweisung2* ausführen: *x* wird um eins erhöht, ist nun 3.

5. Weiter bei 2.

2. Ist *bedingung* wahr? *x<=3* ist wahr also weiter bei 3.

3. Anweisungsblock ausführen: Die Zahl3 wird ausgegeben.

4. *anweisung2* ausführen: *x* wird um eins erhöht, ist nun 4.

5. Weiter bei 2.

2. Ist *bedingung* wahr? *x<=3* ist falsch also weiter bei 6.

6. weiter hinter *for*-Anweisungsblock.

Das sah auf den ersten Blick doch wilder aus, als es war, oder?

Natürlich gilt auch bei der *for*-Anweisung, daß die geschweiften Klammern weggelassen werden können, wenn der Anweisungsblock nur eine Anweisung enthält:

```
for(x=1; x<=3; x++)
  cout << "Aktueller Wert :" << x << endl;
```

Schreiben Sie die obere Schleife so um, daß sie von 80 bis 50 herunterzählt und die Zahlen auf dem Bildschirm ausgibt.

Die Lösung ist ziemlich leicht:

Lösung

```
for(x=80; x>=50; x--)
  {
    cout << "Aktueller Wert :" << x << endl;
  }
```

Den Quellcode dieses Beispiels finden Sie auf der Diskette unter \KAP06\BSP02.CPP.

Berechenbare Ausdrücke

Es ist natürlich auch möglich, an jeder der drei Stellen in der *for*-Schleife berechenbare Ausdrücke zu benutzen. So kann man ein Programm schreiben, das nach einer Zahl fragt, und dann bis zum Quadrat der Zahl zählt:

```
#include <iostream>

using namespace std;

int main()
{
int x,zahl;

  cout << "Bitte Zahl eingeben :";
  cin >> zahl;

  for(x=1; x<=(zahl*zahl); x++)
    cout << "Aktueller Wert :" << x << endl;
}
```

Den Quellcode dieses Beispiels finden Sie auf der Diskette unter \KAP06\BSP03.CPP.

Die Berechnung *zahl*zahl* wurde absichtlich geklammert, um sich keine Gedanken darüber machen zu müssen, welcher der beiden Operatoren <= oder * stärker bindet.

Mehrere Anweisungen in for

Es ist auch möglich, mehrere Anweisungen in die einzelnen Anweisungsteile der Schleife zu schreiben.

> Mehrere Anweisungen werden innerhalb von *for* durch Kommata voneinander getrennt.

Schauen wir uns dazu einmal ein Beispiel an:

```
#include <iostream>

using namespace std;

int main()
{
int x,y,zahl1,zahl2;
```

```
  cout << "Bitte Zahl x eingeben :";
  cin >> zahl1;
  cout << "Bitte Zahl y eingeben :";
  cin >> zahl2;

  for(x=zahl1,y=zahl2; x<=zahl2; x++,y--)
    {
      cout << "Aktuelle Werte :" << x;
      cout << " und " << y << endl;
    }
}
```

Den Quellcode dieses Beispiels finden Sie auf der Diskette unter \KAP06\BSP04.CPP.

Das Programm macht nichts sinnvolles, aber es zeigt sehr schön wie mehrere Anweisungen in das *for*-Konstrukt integriert werden können.

Der Verzicht auf die Initialisierung

Manchmal ist es sinnvoll, in der *for*-Schleife auf die Initialisierung der Zählvariablen zu verzichten. So auch bei folgendem Beispiel, das nach einer Zahl fragt und von dieser ausgehend dann rückwärts bis eins zählt:

```
#include <iostream>

using namespace std;

int main()
{
int x;

  cout << "Bitte Zahl eingeben :";
  cin >> x;

  for(; x ; x--)
    cout << "Aktueller Wert : " << x << endl;
}
```

Den Quellcode dieses Beispiels finden Sie auf der Diskette unter \KAP06\BSP05.CPP.

Hätten wir jetzt eine Initialiserung in der *for*-Anweisung, bräuchten wir noch eine zusätzliche Variable, die den Wert aufnehmen kann[2].

2 Die fehlende Initialisierung läßt sich mit anderen Schleifenkonstrukten noch eleganter lösen. Diese besprechen wir aber erst später.

Wie Sie sehen, wird die Stelle, an der normalerweise die Initialisierung steht, einfach frei gelassen.

Was es zu bedeuten hat, wenn in der Bedingung nur *x* steht, haben wir auch schon gelernt. Solange ein Wert ungleich null ist, gilt er als wahr.

Gleichzeitige Definition und Initialisierung

Weil eine Variable häufig nur ganz konkret zum Zählen in einer Schleife benötigt wird, ist man in C++ in der Lage, die entsprechende Variable im Initialisierungsteil der Schleife zu definieren:

Syntax

```
for(int x=1; x<=10 ; x++)
```

Diese Methode hat allerdings einen Schönheitsfehler, den man im Hinterkopf behalten sollte. Die im Initialisierungsteil von *for* definierte Variable ist keine lokale Variable des Schleifen-Anweisungsblockes[3]. Sie ist vielmehr eine lokale Variable des Anweisungsblocks, in dem die Schleife enthalten ist. Das bedeutet, daß *x* auch hinter der Schleife noch exisitert und verwendet werden könnte.

6.3 Schleifen mit Eintrittsbedingung

Sie werden an den letzten Beispielen gesehen haben, daß bestimmte Lösungen auf die Initialisierung innerhalb von *for* verzichten können, teilweise sogar müssen. Des weiteren gibt es auch Lösungen, die auf die Bearbeitung eines Zählers innerhalb von *for* verzichten können. Daher wurden in C Schleifenkonstrukte eingeführt, die solchen vereinfachten Anforderungen genügen.

while

Die erste Schleife dieser Art ist eine Schleife mit Eintrittsbedingung und wird mit dem Schlüsselwort *while* eingeleitet. Die *while*-Schleife hat eine ganz einfache Struktur:

Syntax

```
while(bedingung)
{
}
```

Ist *bedingung* wahr, dann wird der Anweisungsblock hinter *while* ausgeführt und anschließend die Bedingung erneut auf ihren Wahrheitsgehalt hin geprüft und entsprechend der Anweisungsblock ein weiteres Mal ausgeführt.

---

3 So wie es wäre, wenn ihre Definition innerhalb des Anweisungsblockes gestanden hätte.

Sollte *bedingung* falsch sein, so fährt das Programm hinter dem *while*-Anweisungsblock fort. Abbildung 6.4 zeigt die *while*-Schleife als Programmablaufplan ohne Schleifensymbole, und Abbildung 6.5 zeigt die *while*-Schleife mit Schleifensymbolen.

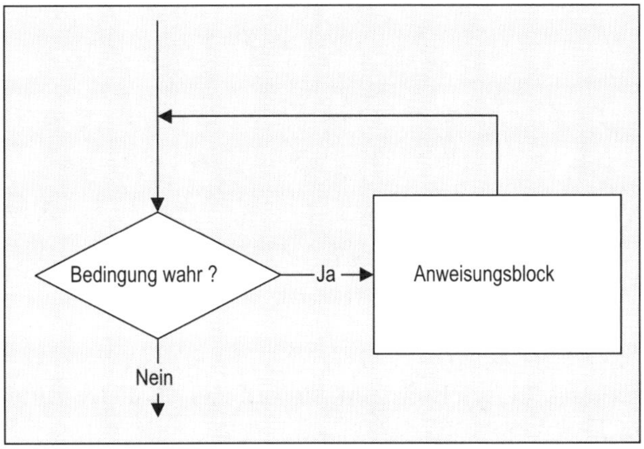

Bild 6.4: Die while-Schleife als PAP ohne Schleifensymbole

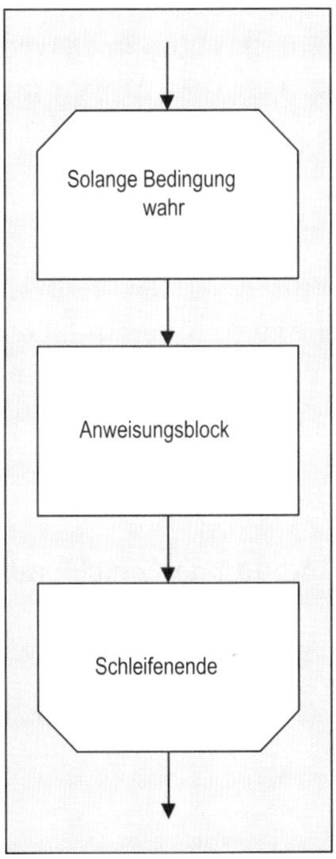

Bild 6.5: Die while-Schleife als PAP mit Schleifensymbolen

Sehen wir uns nun die *while*-Schleife in einem konkreten Beispiel an:

```
#include <iostream>

using namespace std;

int main()
{
int zahl;

  zahl=0;
  while(zahl!=200)
    {
      cout << "Bitte geben Sie 200 ein:";
      cin >> zahl;
    }
}
```

Den Quellcode dieses Beispiels finden Sie auf der Diskette unter \KAP06\BSP06.CPP.

Dieses Programm erwartet die Eingabe einer Zahl. Die Eingabe wird so oft wiederholt, bis der Wert 200 eingegeben wurde.

Auch bei *while* gilt, daß die geschweiften Klammern weggelassen werden können, wenn der Anweisungsblock nur aus einer Anweisung besteht.

Simulation von for mit while

Da *while* nichts anderes ist als eine vereinfachte Form des *for*-Konstrukts, ist es möglich, mit *while* eine *for*-Schleife zu simulieren – allerdings mit einem höheren Anweisungsaufwand. Schauen Sie sich folgende Schleife an:

```
for(x=5;x<=25;x++)
  cout << "Der Wert ist " << x << endl;
```

Die Schleife gibt die Werte von 5 bis 25 aus. Und nun das gleiche mit *while*:

```
x=5;
while(x<=25)
  {
    cout << "Der Wert ist " << x << endl;
    x++;
  }
```

Wie Sie sehen, kann man mit *while* das Gleiche erreichen, nur mit mehr Aufwand.

Aber warum sollte man überhaupt *while* benutzen, wenn man es doch mit *for* viel eleganter erledigen kann? Ganz einfach: *while* wird im allgemeinen nicht für typische Schleifen benutzt, sondern für Probleme, bei denen auf irgend etwas gewartet wird, wie in Beispiel 6, bei dem auf die Eingabe der Zahl 200 gewartet wurde.

while ohne Anweisungsblock

Gerade bei *while* kommt es häufiger vor, daß überhaupt kein Anweisungsblock benötigt wird. Das Beispiel 6 könnte so programmiert sein (und so würde es im allgemeinen auch programmiert werden), daß die Eingabe einer Zahl oder sogar die komplette Überprüfung auf 200 als Funktion geschrieben wird. Wir implementieren den ersten Fall:

```
#include <iostream>

using namespace std;

int getzahl(void)
{
int zahl;

  cout << "Bitte geben Sie 200 ein:";
  cin >> zahl;
  return(zahl);
}

int main()
{
  while(getzahl() != 200);
}
```

Den Quellcode dieses Beispiels finden Sie auf der Diskette unter \KAP06\BSP07.CPP.

An diesem Beispiel können Sie sehen, wie Konstrukte ohne Anweisung realisiert werden. Wie Sie im ersten Kapitel schon gelernt haben, werden Anweisungen, denen kein Anweisungsblock folgt, mit einem Semikolon abgeschlossen. Dies gilt auch für *while* und *for*.

6.4 Schleifen mit Austrittsbedingung

Grob kann man die Funktion von *while* folgendermaßen beschreiben: Solange die Bedingung wahr ist, wird ein Anweisungsblock ausgeführt. Sobald die Bedingung falsch ist, fährt das Programm hinter dem *while*-Anweisungsblock fort.

Nun gibt es aber Situationen, bei denen es angenehmer wäre, wenn zuerst ein Anweisungsblock ausgeführt, und dann eine Bedingung geprüft würde.

Schauen Sie sich bitte noch einmal das Beispiel 6 an. Wir mußten der Variablen *zahl* zuerst einen Wert ungleich 200 zuweisen, damit der Anweisungsblock von *while* überhaupt ausgeführt und damit ein Wert eingelesen wurde.

Wollten wir das *while*-Konstrukt dahingehend ändern, daß die Zahl, die man eingeben muß, selber variabel gehalten wird, stünden wir vor folgendem Problem: Mit welchem Wert initalisieren wir die Variable *zahl*, damit sie am Anfang auf jeden Fall einen Wert hat, der ungleich dem ist, der eingegeben werden soll? Denn das muß ja gewährleistet sein, um überhaupt in den *while*-Anweisungsblock hineinzukommen.

do Viel einfacher wäre es doch, wie oben schon geschildert, wenn zuerst der Anweisungsblock ausgeführt und dann eine Bedingung geprüft würde. Nichts leichter als das, wir benutzen dazu folgendes Konstrukt:

Syntax

```
do
  {
  }
while(bedingung);
```

Diese Konstrukt arbeitet folgendermaßen: zuerst wird der Anweisungsblock zwischen *do* und *while* abgearbeitet. Ist dann *bedingung* wahr, wird wieder zum *do* gesprungen, und der Anweisungsblock erneut ausgeführt usw. Ist *bedingung* falsch, fährt das Programm hinter *while* fort.

Abbildung 6.6 zeigt die *do-while*-Schleife ohne Schleifensymbole, und Abbildung 6.7 zeigt das gleiche Konstrukt mit Schleifensymbolen.

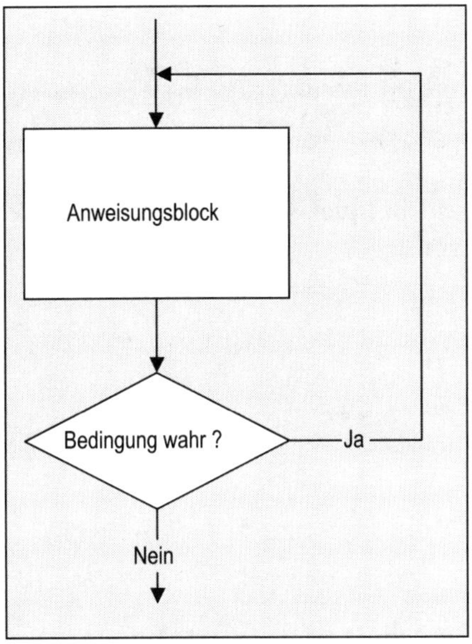

Bild 6.6: Die do-while-Schleife als PAP ohne Schleifensymbole

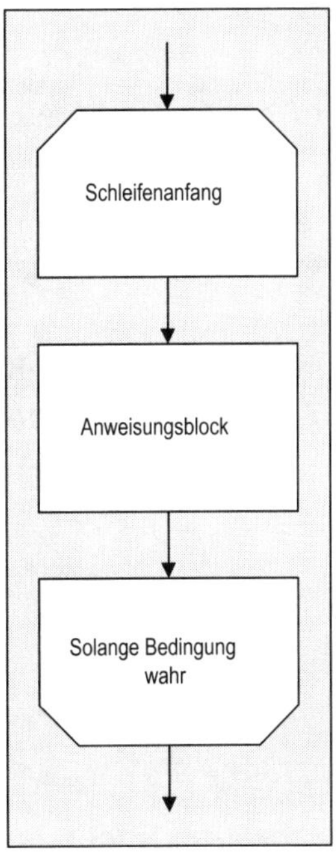

Bild 6.7: Die do-while-Schleife als PAP mit Schleifensymbolen

Bitte achten Sie auf folgendes:

> Die *while*-Anweisung im *do...while*-Konstrukt wird IMMER mit einem Semikolon abgeschlossen.

Bringen wir nun das Programm aus Beispiel 6 mit Hilfe des *do-while*-Konstrukts in eine elegantere Form.

```
#include <iostream>

using namespace std;

int main()
{
int zahl;

  do
    {
      cout << "Bitte geben Sie 200 ein:";
      cin >> zahl;
    }
  while(zahl!=200);
}
```

Den Quellcode dieses Beispiels finden Sie auf der Diskette unter \KAP06\BSP08.CPP.

So sollten Probleme dieser Art gelöst werden, denn wir könnten nun ohne Schwierigkeiten die Zahl, die abgefragt werden soll, variabel gestalten.

Schreiben Sie ein Programm, das Sie nach einer bestimmten Zahl fragt, und welches Sie danach so oft bittet, die Zahl noch einmal einzugeben, bis Sie es tun.

Hier kommt die Lösung:

Lösung

```
#include <iostream>

using namespace std;

int main()
{
int zahl,abfrage;

  cout << "Bitte geben Sie die abzufragende Zahl ein:";
  cin >> abfrage;

  do
```

```
    {
      cout << "Bitte geben Sie " << abfrage << " ein:";
        cin >> zahl;
    }  while(zahl!=abfrage);
}
```

Den Quellcode dieses Beispiels finden Sie auf der Diskette unter \KAP06\BSP09.CPP.

Wie Sie sehen, steht das *while* nun direkt hinter der geschweiften Klammer. Dies hat nur einen optischen Effekt, wirkt sich aber nicht auf den Programmablauf aus.

Simulation von for mit do-while

Der Vollständigkeit halber wollen wir hier eine *for*-Schleife mit dem *do-while*-Konstrukt simulieren. Wir nehmen wieder die alte Schleife:

```
for(x=5;x<=25;x++)
  cout << "Der Wert ist " << x << endl;
```

Sie sieht als Simulation folgendermaßen aus:

```
x=5;
do
  {
    cout << "Der Wert ist " << x << endl;
    x++;
  } while(x<=25);
```

Es muß natürlich angemerkt werden, daß diese Simulation sowie die Simulation mit *while* nur den aktuellen Fall simulieren. *for* deckt noch viele Sonderfälle ab, die auftreten können, wenn der Initialisierungswert variabel gehalten wird.

Stellen Sie sich vor, *x* würde in der obigen *for*-Schleife der Wert 27 zugewiesen werden. Da *for* zuerst die Bedingung prüft, wird überhaupt nichts ausgegeben, und das Programm macht hinter *for* weiter.

Wird aber in unserer *do..while*-Simulation *x* auf 27 gesetzt, dann wird zuerst der Wert 27 ausgegeben, dann der Wert von *x* auf 28 erhöht, und erst dann wird erkannt, daß *x* schon längst nicht mehr im gültigen Bereich liegt. Hier hat unsere Simulation versagt. Um einen solchen Sonderfall abzufangen, müßte sie folgendermaßen ergänzt werden:

```
x=27;
if(x<=25)
  {
    do
      {
        cout << "Der Wert ist " << x << endl;
        x++;
      } while(x<=25);
  }
```

Da nimmt man dann doch lieber die *for*-Schleife. Wie oben erwähnt, sollen *while*- und *do..while*-Konstrukte nicht zur Simulation normaler Zählschleifen verwendet werden, weil sie für andere Probleme besser geeignet sind.

Wie sie anhand der Simulationen sahen, kann man am PAP nicht genau erkennen, mit welchem Schleifenkonstrukt die Schleife tatsächlich realisiert worden ist. Und das spielt auch keine Rolle, weil jeder Schleifentyp durch einen anderen simuliert werden kann. Lediglich die Eleganz ginge dabei verloren. Deshalb überlegen Sie immer gut, mit welchem Konstrukt sie eine PAP-Schleife programmieren.

6.5 continue

Da wir nun mit den *for*-, *do*- und *while*-Anweisungen vertraut sind, gibt uns das die Möglichkeit, eine Anweisung kennenzulernen, die nur innerhalb dieser drei Schleifen benutzt werden kann. Ein Beispiel:

```
#include <iostream>

using namespace std;

int main()
{
int x=0;

  while(x<20)
    {
      x++;
      if(x==10)
        continue;

      cout << "x=" << x << endl;
    }
}
```

Den Quellcode dieses Beispiels finden Sie auf der Diskette unter \KAP06\BSP10.CPP.

Die *continue*-Anweisung springt zum Kopf der innersten *for-*, *do-* oder *while*-Anweisung, in der sie vorkommt.

Abbildung 6.8 zeigt das obige Programm als Programmablaufplan[4].

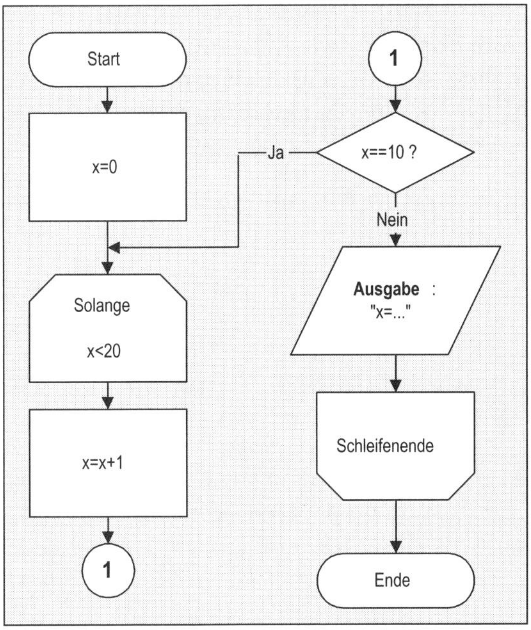

Bild 6.8: Die continue-Anweisung in einem Beispiel

Verbinder-Symbol

Wir haben im letzten PAP ein neues Symbol verwendet. Abbildung 6.9 zeigt es noch einmal isoliert.

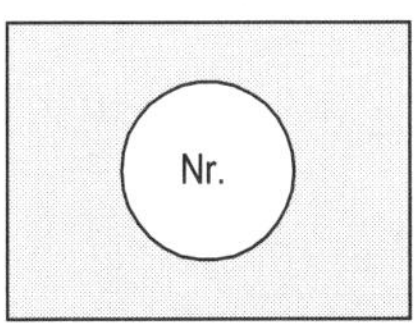

Bild 6.9: Das Verbinder-Symbol des PAP

4 Am Programmablaufplan erkennen Sie, daß *continue* so weit an den Anfang der Schleife geht, daß sogar die Bedingung in *while* noch einmal geprüft wird. Bedenken Sie, daß auch im Falle von *for* das *continue* eine Überprüfung der Bedingung veranlaßt. Die Initialisierung jedoch wird nicht erneut vorgenommen.

Bei dem neuen Symbol handelt es sich um das sogenannte *Verbinder-Symbol.* Es gibt immer zwei Verbinder-Symbole mit der gleichen Nummer. Sie können sich zwischen den beiden gleichnumerierten Verbindern eine gedachte Linie vorstellen, um den Programmfluß zu bestimmen. Die Flußrichtung erkennen Sie an den Pfeilen, die aus dem entsprechenden Verbinder heraustreten oder in ihn hineinführen.

Doch nun wieder zurück zum Programm. In unserem Fall wird die *continue*-Anweisung dann ausgeführt, wenn *x* gleich 10 ist. Dadurch springt das Programm zum Kopf der *while*-Anweisung und prüft, ob *x* kleiner 20 ist. Die Bedingung ist wahr, und das Programm geht weiter bei der *while*-Anweisung. Das *continue* hat hier zur Folge, das der Wert bei x gleich 10 nicht ausgegeben wird.

Natürlich hätte man dieses Ergebnis auch anders erreichen können:

```
x=0;
while(x<20)
  {
    x++;
    if(x!=10)
      cout << "x=" << x << endl;
  }
```

In diesem Fall ist die Lösung ohne *continue* sogar kürzer, aber bei komplexeren Programmen, insbesondere bei einer Schachtelung von *if*, ist die *continue*-Anweisung die elegantere und kürzere Möglichkeit.

6.6 Kontrollfragen

1. Gegeben sei folgendes *for*-Konstrukt: *for(x=1;x<=100;x++);* Was macht es?
2. Gegeben sei folgendes *for*-Konstrukt: *for(x=2;x>1;x++);* Was macht es?
3. Gegeben sei folgendes *for*-Konstrukt: *for(x=1;x<20;);* Was macht es?
4. Gegeben sei folgendes *for*-Konstrukt: *for(;1;);* Was macht es?
5. Welche Auswirkungen hat *while(1);* auf den Programmfluß?
6. Ist es möglich, ein *do-while* nur mit *while* zu simulieren und/oder umgekehrt?
7. Ist es immer möglich, auf *continue* zu verzichten und stattdessen etwas anderes zu benutzen?

6.7 Übungen

1. Schreiben Sie ein Programm, welches von 1 bis 100 zählt und die Zahlen dabei nebeneinander durch Kommata voneinander getrennt ausgibt. Vermeiden Sie den eventuell auftretenden Schönheitsfehler, daß hinter der letzten oder vor der ersten Zahl noch ein Komma steht. Von 1 bis 10 sieht das wie folgt aus:

```
1, 2, 3, 4, 5, 6, 7, 8, 9, 10
```

2. Schreiben Sie das Programm aus der vorherigen Übung so um, daß das Programm vorher nach dem Start- und dem Stopwert fragt, und die Schleife dann vom Start- zum Stopwert zählt. Die Ausgabe soll dabei auch den Start- und Stopwert selbst beinhalten.

Für den Fall, daß Start- und Stopwert identisch sind, soll der Wert nur einmal ausgegeben werden. Wenn Start- und Stopwert beispielsweise beide 6 sind, dann soll folgende Ausgabe nicht auftreten:

```
6, 6
```

Berücksichtigen Sie auch den Fall, daß der Startwert größer ist als der Stopwert und die Schleife dadurch rückwärts zählen muß.

3. Schreiben Sie das Programm aus der vorigen Übung so um, daß anstelle der *for*-Schleife eine *do*-Schleife verwendet wird. Stellen Sie sicher, daß sich das Verhalten des Programms nicht ändert. Dies gilt vor allem für den Sonderfall, daß Start- und Stopwert gleich sind.

4. Schreiben Sie ein Programm welches mit 1 beginnend zu 10 hochzählt, dann wieder zu 1 runterzählt und erneut zu 10 hochzählt, um schließlich wieder zu 1 runterzuzählen. Die Ausgabe sieht dann so aus:

```
1  2  3  4  5  6  7  8  9  10  9  8  7  6  5  4  3  2  1  2
3  4  5  6  7  8  9  10  9  8  7  6  5  4  3  2  1
```

Als Beschränkungen gelten, daß Sie nur eine einzige *for*-Schleife und eine einzige *if*-Anweisung verwenden dürfen.

7 Fallunterscheidung

Wir werden in diesem Kapitel eine besondere Form der Fallunterscheidung kennenlernen. Dabei geht es im wesentlichen um folgende Punkte.

- Was ist eine Fallunterscheidung?
- Wie lassen sich die einzelnen Fälle ablauftechnisch trennen?
- Wie faßt man mehrere Fälle zusammen?
- Wie werden die nicht berücksichtigten Fälle als Sonderfall behandelt?

7.1 switch

Stellen Sie sich folgendes vor: Sie sollen ein Programm schreiben, bei dem nach einer Zahl von 1-10 gefragt wird. Zu jeder der zehn möglichen Zahlen soll ein besonderer Text ausgegeben werden.

switch

Mit Ihrem jetzigen Wissensstand würde das Programm zehn *if*-Anweisungen enthalten, für jede Zahl ein *if*. Daß dies keine sonderlich elegante Lösung ist, scheint auch den C++-Entwicklern aufgefallen zu sein, denn sie haben dafür ein besonderes Konstrukt entworfen, welches **switch** heißt, und ins Deutsche übersetzt soviel wie „Schalter" oder „schalten" bedeutet. Die Syntax ist folgende:

Syntax

```
switch(variable)
{
}
```

case

Die Variable *variable* dient hier als Schalter. Innerhalb des *switch*-Anweisungsblocks können nun bestimmte Sprungmarken stehen, die dann angesprungen werden, wenn die „geswitchte" Variable einen entsprechenden Wert hat. Da hier bestimmte Fälle unterschieden werden, heißen die Sprungmarken bezeichnenderweise *case*, was im Deutschen „Fall" bedeutet. Hinter einer Sprungmarke muß eine ganzzahlige Konstante stehen. Sollte *variable* in *switch* den Wert dieser Konstanten haben, dann wird die zugehörige *case*-Anweisung angesprungen:

Syntax

```
switch(variable)
{
  case 1:

  case 17:

  case -8:
}
```

Es können beliebig viele *case*-Anweisungen benutzt werden. Wird eine *case*-Marke angesprungen, werden alle ihr folgenden Anweisungen ausgeführt. Und zwar auch die Anweisungen eventuell nachfolgender *case*-Marken. Ein Beispiel:

```
#include <iostream>

using namespace std;

int main()
{
int x;

  cout << "Geben Sie bitte 1,2 oder 3 an:";
  cin >> x;

  switch(x)
    {
      case 1:  cout << "Das war die erste Zahl." << endl;

      case 2:  cout << "Die zweite Zahl wurde gewaehlt.";
               cout << endl;

      case 3:  cout << "Aha, die letzte Zahl wars." << endl;
    }
}
```

Den Quellcode dieses Beispiels finden Sie auf der Diskette unter \KAP07\BSP01.CPP.

Zuerst fordert das Programm dazu auf, eine der drei Zahlen einzugeben. Die in *x* gespeicherte Zahl wird dann mittels *switch* genauer untersucht. Stimmt der Wert von *x* mit dem Wert einer der in *switch* beinhalteten *case*-Anweisungen überein, dann wird diese *case*-Anweisung angesprungen.

Geben Sie einen Wert ein, der von keiner *case*-Anweisung abgedeckt ist, dann fährt das Programm hinter dem *switch*-Anweisungsblock fort.

Wählen Sie als Eingabe beispielsweise die 3, dann wird der Text für die dritte Zahl ausgegeben. Geben Sie aber 1 ein, dann erscheint der Text für alle drei Zahlen auf dem Bildschirm.

case ist nur eine Sprungmarke. ALLE der Sprungmarke folgenden Anweisungen werden ausgeführt.

Der PAP zum oberen Beispiel ist in Abbildung 7.1 dargestellt. Dort erkennen Sie sehr schön die Funktionsweise und sehen sofort, warum bei der ersten Zahl der Text für alle drei Zahlen ausgegeben wird.

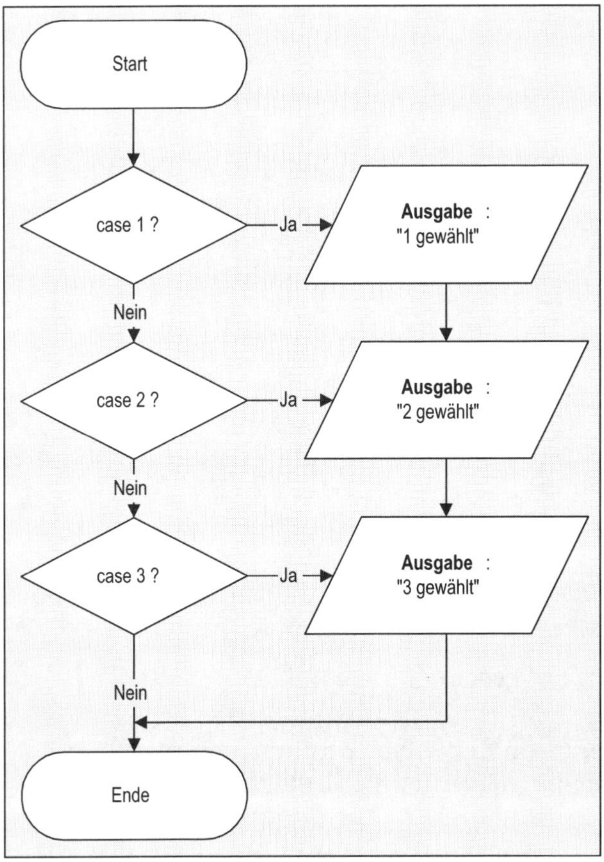

Bild 7.1: Das Beispielprogramm als PAP

7.2 break

Die Tatsache,daß alle Anweisungen hinter der angesprungenen *case*-Anweisung ausgeführt werden, ist ein Wermutstropfen dieses Konstrukts. Denn in fast allen Anwendungen von *switch* sollen eigentlich nur die direkt zur entsprechenden *case*-Anweisung gehörenden Anweisungen ausgeführt werden.

break

Glücklicherweise gibt es in C++ eine Anweisung, mit der sich dies bewerkstelligen läßt; die *break*-Anweisung:

```
#include <iostream>

using namespace std;

int main()
{
int x;

  cout << "Geben Sie bitte 1,2 oder 3 an:";
  cin >> x;

  switch(x)
    {
      case 1:  cout << "Das war die erste Zahl." << endl;
               break;

      case 2:  cout << "Die zweite Zahl wurde gewaehlt.";
               cout << endl;
               break;

      case 3:  cout << "Aha, die letzte Zahl wars." << endl;
               break;
    }
}
```

Den Quellcode dieses Beispiels finden Sie auf der Diskette unter \KAP07\BSP02.CPP.

Doch was macht *break* genau?

> Die *break*-Anweisung springt hinter den innersten *do-*, *for-*, *switch-* oder *while* Anweisungsblock, in dem sie steht.

Das bedeutet für unser Beispiel, daß nur die Anweisungen zwischen dem entsprechenden *case* und dem darauffolgenden *break* abgearbeitet werden. Wie diese Struktur im Programmablaufplan aussieht, sehen Sie in Abbildung 7.2.

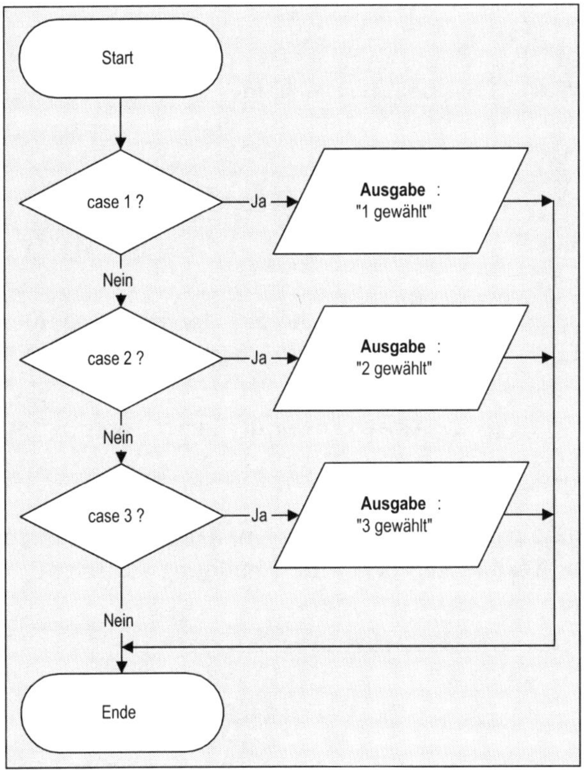

Bild 7.2: Der Einsatz von break

Das letzte *break* hinter der dritten *case*-Anweisung ist eigentlich unnötig, weil der *switch*-Anweisungsblock dort sowieso endet. Doch es kann durchaus sein, daß man den *switch*-Block um einige *case*-Anweisungen erweitern möchte und dann übersieht, daß dort überhaupt kein *break* steht.

Betrachtet man aber *case* und *break* als eine die auszuführenden Anweisungen umklammernde Struktur, dann können solche Fehler garnicht erst auftreten. Und das überflüssige letzte break hat auf das ausführbare Programm auch keine Auswirkungen, weil ein guter Compiler diese Redundanz in der Regel erkennt und vermeidet.

7.3 Zielgleiche case-Anweisungen

Wollen Sie bei mehreren *case*-Anweisungen den gleichen Text ausgeben, müssen Sie die *printf*-Anweisungen nicht mehrfach schreiben, sondern Sie listen die betroffenen *case*-Sprungmarken einfach hintereinander auf.

```
switch(x)
  {
    case 1:
    case 2:  cout << "Eine der ersten beiden Zahlen ";
             cout << "wurde gewaehlt." << endl;
             break;

    case 3:  cout << "Aha, die letzte Zahl wars." << endl;
             break;
  }
```

Den Quellcode dieses Beispiels finden Sie auf der Diskette unter \KAP07\BSP03.CPP.

Es können beliebig viele *case*-Anweisungen das gleiche Sprungziel haben.

Die *switch*-Anweisung wurde so umgeschrieben, daß bei den Zahlen 1 und 2 der gleiche Text ausgegeben wird. Abbildung 7.3 zeigt den Sachverhalt als PAP.

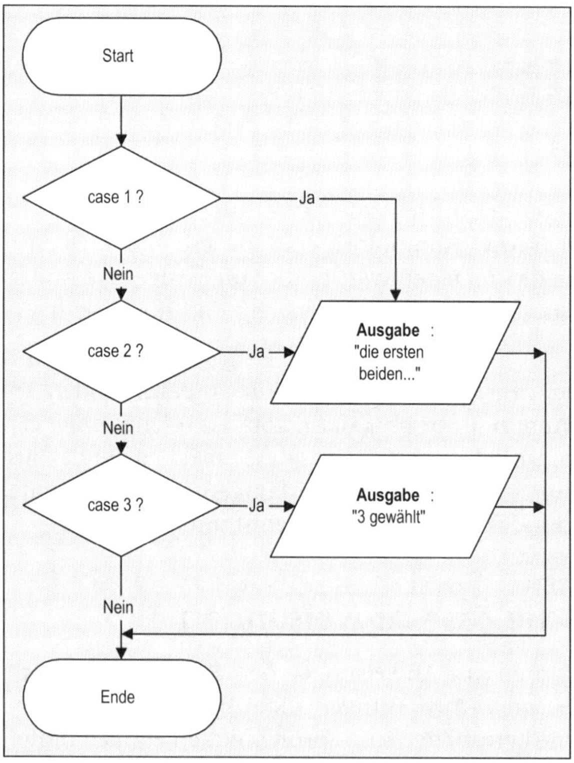

Bild 7.3: Mehrere zielgleiche case-Anweisungen im PAP

7.4 default

In unseren bisherigen Beispielen wurde bei einer eingegebenen Zahl, die nicht von einer *case*-Anweisung berücksichtigt wurde, überhaupt nichts ausgegeben. Was aber, wenn wir darauf aufmerksam machen wollen, daß eine falsche Zahl eingegeben wurde?

Wir könnten für alle anderen Zahlen *case*-Anweisungen schreiben, die dann auf einen entsprechenden Text zeigen. Um dies zu bewerkstelligen, bräuchten wir einige Tausend *case*-Anweisungen, was nicht praktikabel ist. Glücklicherweise haben die C++-Entwickler auch daran gedacht:

```
#include <iostream>

using namespace std;

int main()
{
int x;

  cout << "Geben Sie bitte 1,2 oder 3 an:";
  cin >> x;

  switch(x)
    {
      case 1:  cout << "Das war die erste Zahl." << endl;
               break;

      case 2:  cout << "Die zweite Zahl wurde gewaehlt." <<
endl;
               break;

      case 3:  cout << "Aha, die letzte Zahl wars." << endl;
               break;

      default: cout << "Falsche Zahl eingegeben!" << endl;
               break;

    }
}
```

Den Quellcode dieses Beispiels finden Sie auf der Diskette unter \KAP07\BSP04.CPP.

Die *default*-Marke ist eine besondere Sprungmarke, die immer dann angesprungen wird, wenn für den betreffenden Wert keine besondere *case*-Anweisung existiert[1].

Existiert für einen Wert keine *case*-Sprungmarke, wird – wenn vorhanden – die *default*-Sprungmarke angesprungen.

Abbildung 7.4 zeigt die *default*-Anweisung im PAP.

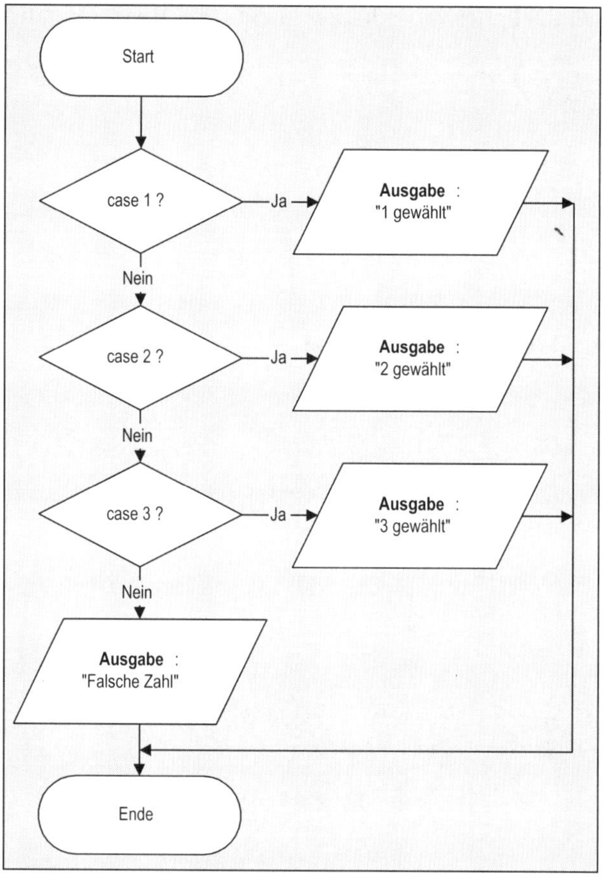

Bild 7.4: Die default-Anweisung im PAP

Setzen Sie den PAP in Abbildung 7.4 in ein Programm um, welches keine *switch*-Anweisung enthält.

1 Für den Fall einer Simulation mit *if*-Konstrukten entspräche das *default* der *else*-Anweisung des innersten *if*-Konstrukts.

Wenn man sich die Funktionsweise der *switch*-Anweisung vor Augen hält, ist die Lösung nicht sehr schwer:

Lösung

```
#include <iostream>

using namespace std;

int main()
{
int x;

  cout << "Geben Sie bitte 1,2 oder 3 an:";
  cin >> x;

  if(x==1)
    {
      cout << "Das war die erste Zahl." << endl;
    }
  else
    {
      if(x==2)
        {
          cout << "Die zweite Zahl wurde gewaehlt." << endl;
        }
      else
        {
          if(x==3)
            {
              cout << "Aha, die letzte Zahl wars." << endl;
            }
          else
            {
              cout << "Falsche Zahl eingegeben!" << endl;
            }
        }
    }
}
```

Den Quellcode dieses Beispiels finden Sie auf der Diskette unter \KAP07\BSP05.CPP.

Um die Funktionalität der *switch*-Anweisung korrekt zu beschreiben, ist die Verschachtelung der *if*-Anweisungen außerordentlich wichtig. Denn wären sie nicht verschachtelt, sondern hintereinander angeordnet, dann könnten die Anweisungen innerhalb eines *if*-Anweisungsblocks *x* so verändern, daß auch noch eine weitere *if*-Anweisung darauf anspricht:

```
if(x==1)
  {
    x=2;
  }

if(x==2)
  {
    // irgendwas
  }
```

Durch das Verschachteln kann *x* beliebig verändert werden, ohne weiteren Einfluß auf den Programmablauf.

7.5 Kontrollfragen

1. Wie würde sich eine *switch-case*-Anweisung verhalten, wenn Sie anstelle des *break* ein *continue* einfügen würden?
2. Wozu könnte die *break*-Anweisung in einem *while*-Konstrukt gebraucht werden?
3. Es können mehrere *case*-Anweisungen vor dem gleichen Programmsegment stehen. Können auch zu einem *default* noch andere *case*-Anweisungen geschrieben werden?

7.6 Übungen

1. Im Volksmund heißt es, daß Freitag, der 13. ein Unglückstag sei. Schreiben Sie ein Programm, welches berechnet, wie viele solcher Freitage es im Jahr mindestens gibt und wie viele es maximal sein können.

   Bevor die Berechnung startet, soll das Programm den Benutzer fragen, ob die Berechnung für ein normales Jahr oder ein Schaltjahr erfolgen soll.

8 Fließkommavariablen

Da wir uns nun schon ziemlich lange mit ganzzahligen Werten und Variablen beschäftigt haben, ist es an der Zeit, einmal eine Exkursion in die Welt der uns bisher unbekannten Fließkommazahlen[1] zu unternehmen, die auch Werte wie 23.8361 annehmen können.

Dieses Kapitel ist für das weitere Verständnis nicht unbedingt erforderlich aber der Vollständigkeit halber unverzichtbar. Falls Sie in einer Situation sind, in der Sie auf der einen Seite die Fließkommazahlen augenblicklich nicht benötigen, aber auf der anderen Seite bezüglich des Erlernens der Programmiersprache etwas unter Zeitdruck sind, dann sollten Sie dieses Kapitel überspringen und erst bei Bedarf durcharbeiten.

Diese Kapitel spricht die folgenden Punkte an:

- Welche Arten von Fließkommavariablen gibt es?
- Wie werden Typen explizit umgewandelt?
- Welche Funktionen werden von *cmath* zur Verfügung gestellt?
- Wie berechnet man den Logarithmus zu jeder beliebigen Basis?
- Wie benutzt man die transzendenten Funktionen im Gradmaß?
- Welchen Einfluß kann man auf die Formatierung der Fließkommazahlen-Ausgabe ausüben?

1 Fließkommazahlen entsprechen in der Mathematik den rationalen Zahlen.

8.1 Die Varianten der Fließkommavariablen

Die Fließkommavariablen stehen in drei verschiedenen Varianten zur Verfügung:

Typ	Größe	Mindestgenauigkeit
float	4	6
double	8	10
long double	10	10

Tabelle 8.1: Die Varianten der Fließkommavariablen

Die Größe gibt die Anzahl der Bytes an, die mindestens von einer Variablen des entsprechenden Typs belegt werden. Die Mindestgenauigkeit bezeichnet die Anzahl der Stellen hinter dem Komma. Alle obigen Variablentypen decken den Wertebereich von mindestens $[10^{38},10^{-38}]$ sowohl im positiven wie auch im negativen Bereich ab. Wie Sie sehen, gibt es in C++ keine vorzeichenlosen Fließkommazahlen.

8.2 Ein komplexeres Beispiel

Wir wollen uns an dieser Stelle ein komplexeres Beispiel für den Anwendungsbereich von Fließkommazahlen anschauen und im Anschluß daran besprechen:

```
#include <iostream>

using namespace std;

int main()
{
long n=3,max;
long double pi=1.0;

  cout << "Bis zu welchem n soll gerechnet werden:";
  cin >> max;
  while(n<max)
    {
      pi=pi-(1.0/n)+(1.0/(n+2));
      n+=4;
      cout << "n=" << n << " :” << pi*4.0 << endl;
    }
}
```

Den Quellcode dieses Beispiels finden Sie auf der Diskette unter \KAP08\BSP01.CPP.

Dieses Programm berechnet die Kreiszahl Pi nach dem Verfahren von Leibniz. Schauen wir uns zunächst einmal die hinter dem Programm stehende Formel (bzw. den Algorithmus) an, denn ohne ihn kann man das Programm nicht verstehen. Leibniz hat herausgefunden, das die Zahl Pi auf folgende Weise berechnet werden kann:

Formel

Pi = (1 – 1/3 + 1/5 – 1/7 + 1/9 – 1/11 + 1/13 – ...) *4

Wie Sie sehen, handelt es sich hierbei um eine unendliche Reihe, was auch logisch ist, denn Pi ist eine Zahl mit unendlich vielen, sich nicht regelmäßig wiederholenden Nachkommastellen[2]. Sie müssen selbst entscheiden, wie weit Sie das Ergebnis des Programms an Pi annähern wollen.

Das Programm fragt zuerst nach *max*. Wird dieser Wert von *n* erreicht, bricht das Programm ab. *n* steht für den Nenner der Brüche in der unendlichen Reihe[3].

Die Variable *pi* wird mit 1 initialisiert, was dem ersten Summanden in der Reihe entspricht. Innerhalb der *while*-Schleife wird *pi* der Wert *pi – (1/3) + (1/5)* zugewiesen. Damit sind die nächsten beiden Summanden hinzugekommen. Dadurch, daß *n* um 4 erhöht wird , weist die Zeile darüber der Variablen *pi* beim nächsten Mal den Ausdruck *pi – (1/7) + (1/9)*, was dem vierten und fünften Summanden entspricht usw. Das Verfahren nach Leibniz wurde also richtig umgesetzt.

8.3 Typentscheidung bei gemischten Ausdrücken

Vielleicht ist es Ihnen aufgefallen. Bei der Zuweisung der Variablen *pi* wurde nicht *(1/n)* geschrieben, sondern *(1.0/n)*. Das liegt an folgender Regel:

> Werden zwei Variablen unterschiedlichen Typs durch einen Operator miteinander verknüpft, dann bekommt das Ergebnis den genaueren Typ der beiden Variablen.

---

2 Pi ist eine reelle Zahl. Daher ist mit den uns zur Verfügung stehenden rationalen Zahlen sowieso nur eine Annäherung möglich.

3 Um ein einigermaßen genaues Resultat zu erhalten, sollten Sie *n* groß wählen. Beispielsweise ergab die Annäherung bei *n=100000* den Wert Pi=3,14161.

Was hat das für unser Beispiel zu bedeuten? Nun, gehen wir einmal davon aus, daß der Ausdruck *(1/n)* benutzt worden wäre. Die 1 ist eine Ganzzahl und *n* eine Ganzzahlvariable vom Typ *long*. Deswegen hat das Ergebnis diese Ausdrucks den Typ *long*. Und was ist *1/n* mit *n > 1*? Genau, immer Null. Aber das wollen wir ja nicht.

Betrachten wir nun den Fall *(1.0/n)*. 1.0 wird vom Compiler wegen des Kommas als Fließkommazahl interpretiert. *n* ist wieder eine Ganzzahlvariable vom Typ *long*. Nun ist von den beiden Typen aber *float* der genauere, weshalb das Ergebnis den Typ *float* bekommt. Und wenn wir als Beispiel für *n* einmal 5 einsetzen, dann stünde da *(1.0/5)*. Da das Ergebnis *float* ist, kommt auch tatsächlich 0.2 heraus, was ja auch so sein soll. Deswegen wird 1.0 anstatt 1 geschrieben.

8.4 Typumwandlung

Wir lernen nun eine andere Methode kennen, wie wir den Typ eines Ergebnisses selbst bestimmen können.

Zeigen wir zuerst die Schreibweise des *cast*-Operators:

Syntax

```
(typ)variable
```

Oder die wegen der Übersichtlichkeit zu bevorzugende Schreibweise:

```
(typ)(variable)
```

Der Wert, den die Variable *variable* repräsentiert, bekommt den Variablentyp *typ*. Es sollte klar sein, daß die Variable selber keine Typumwandlung erfährt. Ein Beispiel:

Falsch!

```
int a=3,b=2;
float c;

c=a/b;
```

Welchen Wert hat *c* nach diesem Programmstück? *a* und *b* sind beide Ganzzahlvariablen, daher muß das Ergebnis von *a/b* auch eine Ganzzahl sein. *c* hat den Wert 1, da erst nach der Berechnung die Anpassung an das *float*-Format von *c* vorgenommen wird[4]. Nun das Ganze noch einmal mit *cast*-Operator:

```
int a=3,b=2;
float c;
```

4 Sie erinnern sich, daß bei einer Zuweisung erst der Ausdruck auf der rechten Seite berechnet wird, bevor er zugewiesen wird. Daher ist das Ergbnis wegen der ausschließlich ganzzahligen Variablen auf der rechten Seite ebenfalls ganzzahlig und wird erst bei der Zuweisung zu einer Fließkommazahl.

```
c=(float)(a) / (float)(b);
```

Bevor nun die Division durchgeführt wird, wird der Wert, den die Variable *a* repräsentiert, in einen *float*-Wert umgewandelt. Das Gleiche gilt für die Variable *b*. Da nun zwei *float* Werte miteinander verknüpft werden[5], ist auch das Ergebnis vom Typ *float*. Der Wert ist daher 1.5.

Bitte beachten Sie, daß nach dieser Typumwandlung die Variablen *a* und *b* immer noch Ganzzahlvariablen sind.

Die Typumwandlung bezieht sich nur auf den Wert, den die Variable während der Verknüpfung repräsentiert.

Die Typumwandlung wird vor der Division ausgeführt, weil die Klammern stärker binden als der Divisionsoperator. Selbst wenn man die Klammern um die Variablen wegließe:

```
c=(float) a / (float) b;
```

Die Umwandlung würde trotzdem vor der Division erfolgen, weil nun der *cast*-Operator die stärkere Bindung hat.

Sie sollten sich angewöhnen, den Typumwandlungsoperator auch dann zu benutzen, wenn es nicht unbedingt nötig ist:

```
int a=4;
float b;

b=a;
```

Um den Wert der Variablen *a* der Variablen *b* zuzuweisen, muß der Compiler eine Typumwandlung vornehmen[6]. An dieser Stelle leidet die Übersichtlichkeit noch nicht, weil die Definition der Variablen kurz zuvor erfolgte. Tritt die Zuweisungszeile aber 100 Zeilen nach der Definition auf, dann kann man die Typen der einzelnen Variablen schon wieder vergessen haben[7].

Die bloße Zuweisung von *a* an *b* impliziert dann, daß die Variablen vom gleichen Typ sind. Deswegen sollten Sie grundsätzlich die folgende Schreibweise benutzen:

```
b=(float)(a);
```

---

5 Es würde auch ausreichen, nur einen der beiden Werte explizit in *float* umzuwandeln, da das Ergebnis immer vom Typ des genauesten Operators der Operation ist.

6 Viele Compiler geben eine Warnung aus, wenn eine implizite Typumwandlung stattfindet oder haben eine Option, um diese Warnungen zu aktivieren. Dies sollten Sie dann tun. Dies gilt besonders für C++-Compiler.

7 Das gilt besonders dann, wenn man ein versucht, ein Programm zu verstehen, welches man nicht selbst geschrieben hat.

Das Programm wird dadurch nicht langsamer, weil die Typumwandlung auf jeden Fall vorgenommen werden muß, aber die Übersichtlichkeit wird enorm gesteigert, weil man sofort erkennen kann, daß *a* und *b* nicht gleichen Typs sind.

8.5 Die Funktionen von cmath

In C++ gibt es die sogenannte Standardbibliothek. Der Inhalt dieser Bibliothek ist durch die ANSI-Norm festgelegt, so daß Ihnen die in ihr enthaltenen Funktionen unter jedem ANSI-C++-Compiler zur Verfügung stehen.

cmath

cout und *cin* gehören zum Beispiel zu dieser Bibliothek. Es gibt spezielle Funktionen, die das Arbeiten mit Fließkommazahlen erleichtern. Da Sie die Prototypen brauchen, um die Funktionen benutzen zu können, wurden diese in der Headerdatei *cmath* zusammengefaßt. Tritt in Ihrem Programm also ein Aufruf einer Funktion aus *cmath* auf, dann sollte am Anfang Ihres Programms folgende Zeile stehen:

```
#include <cmath>
```

An dem vorangestellten „c" bei *cmath* erkennt man, daß es sich hierbei um von C überlieferte Funktionen handelt. Die Funktionen aus *cmath* unterscheiden sich jedoch insofern von ihren C-Originalen, als daß sie für alle sinnvoll verwendbaren Variablentypen überladen wurden[8].

Compiler ohne Namespaces

Falls Ihr Compiler keine Namespaces unterstützt, müssen Sie die Header-Datei folgendermaßen einbinden[9]:

- Lassen Sie das „c" am Anfang des Header-Namens weg.
- Hängen Sie „.h" an den Header-Namen an.

Aus „cmath" wird dann „math.h".

8 Was überladene Funktionen sind, und wie man Funktionen überlädt, haben wir in Kapitel 4.11 besprochen. In diesem Fall bedeutet es, daß für jeden der drei Fließkommatypen beispielsweise eine Funktion *sin* existiert.

9 Diese Vorgehensweise trifft auf alle aus C übernommenen Header-Dateien zu.

Die Funktionen

Hier nun die Liste der Funktionen in *cmath*, damit Sie wissen, was Ihnen zur Verfügung steht. Der genaue Aufruf sowie ausführlichere Erklärungen folgen nach der Auflistung.

acos	Umkehrfunktion des Kosinus
asin	Umkehrfunktion des Sinus
atan, atan2	Umkehrfunktionen des Tangens
ceil	grundsätzliches Aufrunden
cos	Kosinus
cosh	Kosinus Hyperbolicus
exp	Exponentialfunktion (e hoch a)
fabs	Absolutwert |a|
floor	grundsätzliches Abrunden
fmod	Modulowert (a%b)
frexp	Aufspaltung von a in $a=f*2^i$
ldexp	Umkehrung zu frexp
log	natürlicher Logarithmus (Basis e)
log10	dekadischer Logarithmus (Basis 10)
modf	Aufspaltung von a in a=f+i
pow	Potenz (a hoch b)
sin	Sinus
sinh	Sinus Hyperbolicus
sqrt	Quadratwurzel
tan	Tangens
tanh	Tangens Hyperbolicus

Tabelle 8.2: Die wichtigsten Funktionen von cmath im Überblick

Nun zu den ausführlichen Erklärungen der einzelnen Funktionen. Obwohl wie oben erwähnt die Funktionen für die verschiedenen Variablentypen überladen sind, wird hier nur jeweils die Funktion für den Variablentypen *double* aufgelistet[10]:

acos

```
double acos(double a);
```

Arcus Kosinus: die Umkehrfunktion des Kosinus für *a* im Bogenmaß im Bereich [0,pi].

10 Die Funktionen für die anderen Variablentypen erhalten Sie ganz einfach, indem Sie *double* durch den gewünschten Variablentypen ersetzen.

asin

```
double asin(double a);
```

Arcus Sinus: die Umkehrfunktion des Sinus für *a* im Bogenmaß im Bereich [-pi/2, pi/2].

atan

```
double atan(double a);
```

Arcus Tangens: Die Umkehrfunktion des Tangens für *a* im Bogenmaß im Bereich [-pi/2, pi/2].

atan2

```
double atan2(double a, double b);
```

Arcus Tangens: Die Umkehrfunktion des Tangens für *a/b* im Bogenmaß im Bereich [-pi, pi].

ceil

```
double ceil(double a);
```

Liefert die nächst höhere Ganzahl von *a*: Aus 4.1 wird 5, aus -4.1 wird -4.

cos

```
double cos(double a);
```

Berechnung des Kosinus von *a* im Bogenmaß.

cosh

```
double cosh(double a);
```

Berechnung des Kosinus Hyperbolicus von *a* im Bogenmaß.

exp

```
double exp(double a);
```

Berechnung des Exponentialwerts von *a* (e^a, *e^a* oder *e* hoch *a*), wobei *e* die Eulersche Zahl ist.

fabs

```
double fabs(double a);
```

Liefert den Betrag oder Absolutwert von *a* (|a|).

floor

```
double floor(double a);
```

Liefert die nächstniedrige Ganzzahl von *a*: Aus 4.1 wird 4, aus -4.1 wird -5.

fmod

double fmod(double a, double b);

Liefert den Modulowert oder Rest der Division *a/b*. Das Äquivalent des Ganzzahlmodulos *a%b*.

frexp

```
double frexp(double a, int *b);
```

Die Fließkommazahl *a* wird in einen ganzzahligen Wert *i* und einen Fließkommawert *f* im Bereich [0.5, 1] aufgespalten, so das $a=f*2^i$ gilt. *i* wird in *b* gespeichert und *f* von der Funktion zurückgegeben. für *a*=0 ist *b* ebenfalls 0.

HUGE_VAL

Ein vordefiniertes Makro: Es liefert den Wert, den manche Funktionen aus *math.h* bei Wertüberschreitung zurückliefern. Er kann sowohl positiv als auch negativ auftreten.

ldexp

```
double ldexp(double a, int b);
```

Umkehrfunktion von *frexp*: berechnet den Wert $a*2^b$.

log

```
double log(double a);
```

Logarithmus Naturalis: berechnet den natürlichen Logarithmus von *a* zur Basis *e* (*ln a* oder $log_e\ a$).

log10

```
double log10(double a);
```

Dekadischer Logarithmus: berechnet den Logarithmus von *a* zur Basis 10 ($log_{10}\ a$).

modf

```
double modf(double a, int *b);
```

Die Fließkommazahl *a* wird in einen ganzzahligen Wert *i* und einen Fließkommawert *f*, der die Nachkommastellen enthält, aufgespalten, so das $a=i+f$ gilt. *i* wird in *b* gespeichert und *f* von der Funktion zurückgegeben. *i* und *f* haben beide das gleiche Vorzeichen wie *a*.

Beispiel:Ist a=2.348, dann ist i=2 und f=0.348

Ist a=-12.77598, dann ist i=-12 und f=-0.77598

pow

```
double pow(double a, double b);
```

Potenzfunktion: berechnet den Wert von *a* zur *b*-ten Potenz (a^b, *a^b* oder *a* hoch *b*).

sin

```
double sin(double a);
```

Berechnet den Sinus von *a* im Bogenmaß.

sinh

```
double sinh(double a);
```

Berechnet den Sinus Hyperbolicus von *a* im Bogenmaß.

sqrt

```
double sqrt(double a);
```

Berechnet die Quadratwurzel von *a* ((*a* , $a^{1/2}$ oder *a^(1/2)*).

tan

```
double tan(double a);
```

Berechnet den Tangens von *a* im Bogenmaß.

tanh

```
double tanh(double a);
```

Berechnet den Tangens Hyperbolicus von *a* im Bogenmaß.

8.6 Berechnung von $\log_x$ a

Sie sollten sich darüber im klaren sein, daß in C++ eigentlich jede mathematische Operation durchführbar ist, auch wenn sie nicht als Funktion in der Standardbibliothek steht; Sie können sich nämlich für die gewünschte Operation eine eigene Funktion schreiben.

Zum Beispiel bietet C++ nicht die Möglichkeit, den Logarithmus zu einer beliebigen Basis zu berechnen. Durch die Mathematik weiß man aber, daß der Logarithmus von *a* zur Basis *b* gleich dem Logarithmus von *a* zur Basis *x* dividiert durch den Logarithmus von *b* zur Basis *x* ist. *x* steht in diesem Fall für eine Basis, für die der Logarithmus bereits implementiert wurde.

$\log_b a = \log_x a / \log_x b$

Da wir ja aus der Standardbibliothek den Logarithmus für zwei Basen zur Verfügung gestellt bekommen, können wir uns eine universelle Logarithmusfunktion leicht selber schreiben:

$\log_x$

```
double logx(double a, double b)
{
  return(log(a)/log(b));
}
```

Mit dieser Funktion können Sie den Logarithmus von *a* zur Basis *b* berechnen. Sie ist daher eine universelle Logarithmusfunktion.

8.7 Transzendente Funktionen im Gradmaß

Wenn Sie sich einmal die Erklärungen für die transzendenten Funktionen aus *cmath* angesehen haben, ist Ihnen vielleicht aufgefallen, daß sie die Werte nur im Bogenmaß angeben können oder nur im Bogenmaß erhalten. Was aber, wenn Sie gerne den Sinus von 90° berechnen möchten? Dafür benötigen Sie Funktionen, die Werte vom Bogenmaß ins Gradmaß oder umgekehrt wandeln können. Zuerst die Funktion vom Gradmaß ins Bogenmaß:

degtorad

```
double degtorad(double a)
{
  return(a/180*3.1415926535);
}
```

Der Gradmaßbereich wird mit dieser Funktion auf den Bogenmaßbereich abgebildet. Und nun die Umkehrfunktion:

radtodeg

```
double radtodeg(double a)
{
  return(a*180/3.1415926535);
}
```

Diese Funktion bildet den Bogenmaßbereich auf den Gradmaßbereich ab. Sie können in den Berechnungen die Zahl Pi natürlich noch genauer angeben. Mit diesen Funktionen sind Sie in der Lage, die transzendenten Funktionen auch im Gradmaß zu benutzen. Wollen Sie zum Beispiel den Sinus von 90° berechnen, dann schreiben Sie folgendes:

```
b=sin(degtorad(90));
```

Die Umkehrfunktion sähe dann so aus:

```
a=radtodeg(asin(b));
```

a sollte nun den Wert 90 haben.

8.8 Formatierte Ausgabe

In C++ haben wir die Möglichkeit, die das Format der Ausgabe durch sogenannte Manipulatoren[11] zu beeinflussen. Auch für Fließkommazahlen gibt es einige vordefinierte Manipulatoren, die wir nun besprechen wollen.

showpoint, noshowpoint

Um die grundlegende Ausgabe einer Fließkommazahl zu bestimmen, benutzt man die Manipulatoren *showpoint* und *noshowpoint*. showpoint bewirkt, daß die Fließkommazahl grundsätzlich mit Dezimalpunkt und Nachkommastellen ausgegeben wird. Die Fließkommazahl 83 würde demnach wie folgt ausgegeben:

```
83.000
```

noshowpoint wirkt dem Manipulator *showpoint* entgegen, indem es nur die relevanten Stellen der Fließkommazahl ausgibt. Bezogen auf das obere Beispiel kommt es dann zu folgendem Ergebnis:

```
83
```

scientific

Um die Fließkommazahl in wissenschaftlicher Notation auszugeben, verwendet man den Manipulator **scientific**. Die Zahl 23.645 erscheint dann folgendermaßen auf dem Bildschirm:

```
2.364500e+001
```

11 In Kapitel 2.8 hatten wir die Manipulatoren für Ganzzahlen und boolesche Werte kennengelernt.

Um die Werte in der gewohnten Dezimaldarstellung auszugeben verwendet man den Manipulator *fixed*.

fixed

Schließlich gibt es noch einen Manipulator, mit dem sie die Genauigkeit[12] der Zahlenausgabe bestimmen können. Er heißt *setprecision()*. Beachten Sie, daß zur Verwendung von *setprecision* die Header-Datei *iomanip* mittels *#include* eingebunden werden muß.

setprecision()

Die in Kapitel 2.8 vorgestellten Manipulatoren der allgemeinen Form (rechtsbündig, linksbündig, etc.) sind natürlich auch auf die Fließkommazahlen anwendbar.

8.9 Kontrollfragen

1. Ist es möglich, vorzeichenlose Fließkommazahlen (z.B. *unsigned float*) zu definieren?
2. Wozu wird der *cast*-Operator (explizite Typumwandlung) benötigt?
3. Welche Kriterien gelten bei der Wahl zwischen ganzahligen Variablen und Fließkommavariablen?
4. Welche Kriterien gelten bei der Wahl zwischen *float-*, *double-* und *long double*-Variablen.

8.10 Übungen

1. Schreiben Sie eine Funktion namens *ggt*, der Sie zwei positive ganze Zahlen übergeben und die den größten gemeinsamen Teiler der beiden Zahlen zurückgibt. Der größte gemeinsame Teiler, abgekürzt ggT, ist die größte Ganzzahl, durch die beide Zahlen ohne Rest zu teilen sind. Der ggT von 6 und 12 ist 6, der ggT von 6 und 9 ist 3, der ggT von 11 und 13 ist 1, der ggT von 14 und 16 ist 2. Die Ermittlung des ggTs ist für das Kürzen von Brüchen sehr interessant. Sie übergeben der Funktion einfach Zähler und Nenner und schon erhalten sie den Wert, duch den Sie den Bruch kürzen können.

   Schreiben Sie dazu eine passende *main*-Funktion, mit der Sie die Funktion überprüfen können.

   Überlegen Sie sich, in welchem Fall es keinen ggT gibt und wie Sie dies erkennen können. Berücksichtigen Sie dies in der *main*-Funktion, indem Sie eine entsprechende Meldung ausgeben.

12 Mit Genauigkeit ist in diesem Fall die Anzahl der Nachkommastellen gemeint.

2. Schreiben Sie eine Funktion namens *kgv*, der Sie zwei positive ganze Zahlen übergeben und die das kleinste gemeinsame Vielfache der beiden Zahlen zurückgibt. Das kleinste gemeinsame Vielfache, abgekürzt kgV, ist die kleinste Zahl, die durch beide Zahlen ohne Rest geteilt werden kann. Das kgV von 6 und 12 ist 12, das kgV von 6 und 9 ist 18, das kgV von 11 und 13 ist 143. Die Ermittlung ist für die Erweiterung von Brüchen zwecks ihrer Addition interessant.
3. Wir haben in Kapitel 8.2 die Methode zur Berechnung von Pi nach Leibniz kennengelernt. Nun gab es einen Mathematiker namens John Wallis, der eine andere Methode zur Berechnung von Pi gefunden hat, und zwar folgende:

   (pi/2) = (2/1) * (2/3) * (4/3) * (4/5) * (6/5) * (6/7) * (8/7) * (8/9) * ...

   Versuchen Sie, dieses Verfahren zu programmieren. Sie sollten wie im Beispiel mit Leibniz vorher nach einer Begrenzung fragen, bis wohin das Programm rechnet, um eine Endlosschleife zu vermeiden. Auch wenn Sie für diese Aufgabe länger brauchen, schauen Sie sich die Lösung erst dann an, wenn es wirklich nicht geht. Geben Sie nicht zu früh auf. Denken Sie immer daran: Übung macht den Meister.

   Schauen Sie sich die obige Definition nach Regelmäßigkeiten an. Wenn Sie das System erkannt haben, so ist das schon die halbe Miete. Vorher einen PAP zu zeichnen, hilft auch.

9 Der Variablentyp char

Wir werden uns in diesem Kapitel den *char*-Variablen zuwenden. Die angesprochenen Punkte sind die folgenden:

- Wie definiert man char-Werte?
- Wie verwendet man Zeichen im Zusammenhang mit case?
- Welche Funktionen zur Interpretation und Umwandlung von Zeichen gibt es?
- Zahlensysteme (Dezimal-, Dual- und Sedezimalsystem)

9.1 Definition von char

Wir haben uns bisher nur mit der Darstellung von Zahlen beschäftigt. Es ist nun an der Zeit, etwas über das Speichern und Verwalten von Zeichen zu lernen. Der Variablentyp, der in C++ das Speichern eines Zeichens ermöglicht, heißt *char*, was die Abkürzung von „character" ist und auf Deutsch soviel wie „Zeichen" heißt. Die Benutzung ist denkbar einfach:

```
#include <iostream>

using namespace std;

int main()
{
char x;

  cout << "Bitte ein Zeichen eingeben :";
  cin >> x;
  cout << "Das Zeichen war >“ << x << "<“ << endl;

}
```

Den Quellcode dieses Beispiels finden Sie auf der Diskette unter \KAP09\BSP01.CPP.

signed char

Der Bereich einer *char*-Variablen geht von 0 bis 255. Eine *char*-Variable ist grundsätzlich vorzeichenlos, also *unsigned*. Sie können aber explizit eine vorzeichenbehaftete *char*-Variable mit *signed char* erzeugen. Der Wertebereich geht dann von -128 bis 127.

Sie können einer *char*-Variablen folgendermaßen ein Zeichen zuweisen:

Syntax

```
x='B';
```

' '

Achten sie darauf, daß das *B* in einfachen Anführungsstrichen steht, das ist wichtig. Der Compiler schreibt in die Variable nicht das 'B' selbst, sondern den Wert, den der Buchstabe 'B' in der ASCII-Tabelle repräsentiert[1].

> Zeichenkonstanten stehen immer zwischen einfachen Anführungstrichen.

9.2 char und die Ganzzahlen

Eigentlich ist die *char*-Variable fast identisch mit dem Variablentyp *unsigned short*.[2] Deshalb kann man sie auch wie ganzzahlige Variablen behandeln. Ein Beispiel:

```
char x='B';
cout << "Der Wert von " << x << " ist " << (int)(x);
```

char als int

Sie sehen, die *char*-Variable mit Hilfe des cast-Operators auch als *int*-Variable ausgegeben werden kann. Dies hat enorme Vorteile, da entweder mit dem Zeichen selbst oder seinem Wert gearbeitet werden kann, je nachdem, welche Arbeitsweise sich anbietet.

ACSII-Tabelle

Man kann so zum Beispiel ganz einfach eine Liste der vorhandenen Zeichen ausdrucken und auf diese Weise eine ASCII-Tabelle erstellen[3]:

---

1 Unterscheiden Sie die einfachen Anführungsstriche, die nichts anderes als einen Wert in Form des ihn repräsentierenden Zeichens darstellen, von den doppelten Anführungsstrichen, die eine Stringkonstante definieren.

2 Dies gilt nur für den Fall, daß *char* und *unsigned short* die gleiche Bytegröße haben, was nicht bei jedem Compiler gelten muß.

3 Wundern Sie sich bei der Ausgabe der Ascii-Zeichen nicht, wenn der Computer ab und zu piept oder total verrückte Zeichen auf den Bildschirm kommen, denn viele von diesen 255 Zeichen sind Steuerzeichen und eigentlich nicht darstellbar.

```
#include <iostream>

using namespace std;

int main()
{
int x;

  for(x=0;x<256;x++)
    {
      cout << "Das Zeichen " << (char)(x);
      cout << " hat den Wert " << x << endl;
    }
}
```

Den Quellcode dieses Beispiels finden Sie auf der Diskette unter \KAP09\BSP02.CPP.

Wie Sie sehen, kann man auch eine *int*-Variable als *char* ausgeben. In C++ ist eben vieles möglich.

9.3 char und case

Weil das Zeichen innerhalb der einfachen Anführungsstriche den Wert des Zeichens repräsentiert, kann man damit auch rechnen:

```
int x;

x=23+'A';
```

Das obige Beispiel zeigt, daß die Zeichen innerhalb der einfachen Anführungsstriche auch bei anderen Variablentypen als *char* verwendet werden können.

Ein Zeichen innerhalb einfacher Anführungsstriche wird als Wert betrachtet, der überall dort stehen kann, wo konstante Werte stehen können.

Dies kann man auch bei der Fallunterscheidung ausnutzen:

```
switch(x)
  {
    case 'a':  cout << "Ein kleines a" << endl;
               break;

    case 'B':  cout << "Ein grosses B" << endl;
               break;
  }
```

Und dabei ist es egal, ob *x* eine *int*- oder *char*- oder auch *long*- oder *short*-Variable ist. Das Besondere an *char* ist eigentlich nur, daß es speziell für die Aufnahme von Zeichenwerten konzipiert wurde, und daher nur die Werte von 0-255 annehmen kann[4]. Dieser Variablentyp spielt später bei den Strings, den variablen Zeichenketten, eine wichtige Rolle.

9.4 Einige nützliche Funktionen

C++ bietet zur Interpretation und Umwandlung von Zeichen einige globale Funktionen im Namespace *std* zur Verfügung. Bei diesen Funktionen handelt es sich um ehemalige C-Funktionen, die seinerzeit in der Headerdatei „ctype.h" zusammengefaßt waren.

In der Hauptsache sind dort Funktionen enthalten, die Auskunft darüber geben, zu welcher Gruppe von Zeichen ein *char*-Wert gehört. Hier erst einmal ein Überblick über die wichtigsten Funktionen:

isalnum	wahr für einen Buchstaben oder eine Zahl
isalpha	wahr für einen Buchstaben
iscntrl	wahr für bestimmte Steuerzeichen
isdigit	wahr für eine dezimale Ziffer
isgraph	wahr für darstellbare Zeichen außer Leerzeichen
islower	wahr für Kleinbuchstaben
isprint	wahr für darstellbare Zeichen inkl. Leerzeichen
isupper	wahr für Großbuchstaben
isxdigit	wahr für eine sedezimale Ziffer

Tabelle 9.1: Einige nützliche Funktionen

Damit Sie die Funktionen vernünftig nutzen können, werden Sie am Ende dieses Kapitels ausführlicher erklärt. Diese zusammenfassende Tabelle dient nur dazu, Ihnen ein Bild davon zu geben, welche Funktionen Ihnen zur Verfügung stehen[5]. Hier einmal ein Beispiel, das untersucht, ob eine Dezimalziffer (Die Zeichen 0-9) eingegeben wurde:

4 Schwierig wird es bei der internationalen Betrachtung, denn die Japaner brauchen beispielsweise 16 Bit für die Darstellung all ihrer Zeichen, wozu die Europäer nur 8 Bit brauchen. Um dieser Problematik zu entgehen, wurde der *char*-Typ in Java direkt für 16 Bits ausgelegt.

5 Die enge Verbindung zwischen char und int wird Ihnen bei diesen Funktionen wieder begegnen, denn sie arbeiten mit *int*-Werten als Parameter, was aber für die Benutzung nicht von Bedeutung ist.

```
#include <iostream>

using namespace std;

int main()
{
char x;

  cout << "Bitte Zeichen eingeben:";
  cin >> x;
  if(isdigit(x))
    cout << "Ja, es war eine dezimale Ziffer!" << endl;
  else
    cout << "Nein, leider keine Ziffer!" << endl;
}
```

Den Quellcode dieses Beispiels finden Sie auf der Diskette unter \KAP09\BSP03.CPP.

Des weiteren stehen Ihnen noch zwei Umwandlungsfunktionen zur Verfügung:

tolower	Umwandlung in Kleinbuchstaben
toupper	Umwandlung in Großbuchstaben

Tabelle 9.2: Die Umwandlungsfunktionen von ctype.h

Diese Funktionen finden besonders bei Benutzereingaben ihre Anwendung. Fragt man zum Beispiel nach dem Buchstaben „a", so sollte es bei der Eingabe egal sein, ob „a" groß oder klein geschrieben wurde.

Da C++ aber zwischen Groß- und Kleinschreibung unterscheidet, kann man mit diesen Funktionen leicht Abhilfe schaffen. Die Funktionen wandeln nur dann um, wenn es etwas zum Umwandeln gibt. Zum Beispiel wandelt die Fuktion *toupper* nur dann ein Zeichen um, wenn es ein Kleinbuchstabe ist, ansonsten wird das gleiche Zeichen wieder zurückgegeben[6]. Genauso verhält sich *tolower*:

```
x=tolower(x);
```

x wird nur dann verändert, wenn es ein Großbuchstabe ist, ansonsten hat *tolower* keinen Effekt.

Doch kommen wir nun zur ausführlichen Erklärung der vorgestellten Funktionen:

6 Grundsätzlich ist es natürlich egal, ob sie tolower benutzen und auf kleine Buchstaben abfragen, oder mit toupper arbeiten und Großbuchstaben prüfen.

isalnum

```
int isalnum(int a);
```

liefert einen wahren Wert, wenn *a* eins der Zeichen a-z, A-Z, 0-9 oder ein umgebungsspezifischer Buchstabe[7] ist.

isalpha

```
int isalpha(int a);
```

liefert einen wahren Wert, wenn *a* eins der Zeichen a-z, A-Z oder ein umgebungsspezifischer Buchstabe ist.

iscntrl

```
int iscntrl(int a);
```

liefert einen wahren Wert, wenn *a* eins der Zeichen FF, NL, CR, HT, VT, BEL oder BS ist. (Erklärung der Steuerzeichen siehe Kapitel 1.5 oder Anhang.)

isdigit

```
int isdigit(int a);
```

liefert einen wahren Wert, wenn *a* eine der Ziffern 0-9 ist.

isgraph

```
int isgraph(int a);
```

liefert einen wahren Wert, wenn *a* ein darstellbares Zeichen, aber kein Leerzeichen ist.

islower

```
int islower(int a);
```

liefert einen wahren Wert, wenn *a* eins der Zeichen a-z oder ein umgebungsspezifischer Kleinbuchstabe ist.

isprint

```
int isprint(int a);
```

liefert einen wahren Wert, wenn *a* ein darstellbares Zeichen oder ein Leerzeichen ist.

---

7 Umgebungsspezifische Buchstaben sind Zeichen, die nur zum Alphabet des Landes gehören, indem der Rechner sich befindet. Für Deutschland wären umgebungsspezifische Buchstaben „äöüÄöÜß“.

ispunct

```
int ispunct(int a);
```

liefert einen wahren Wert, wenn *isgraph(a)* wahr und *isalnum(a)* falsch ist.

isspace

```
int isspace(int a);
```

liefert einen wahren Wert, wenn *a* das Leerzeichen, FF, NL, CR, HT oder VT ist.

isupper

```
int isupper(int a);
```

liefert einen wahren Wert, wenn *a* eins der Zeichen A-Z oder ein umgebungsspezifischer Großbuchstabe ist.

isxdigit

```
int isxdigit(int a);
```

liefert einen wahren Wert, wenn *a* eins der Zeichen 0-9, a-f oder A-F ist (sedezimale Ziffern).

tolower

```
int tolower(int a);
```

liefert , wenn vorhanden, den entsprechenden Kleinbuchstaben zu *a*, ansonsten wird *a* selbst zurückgegeben.

toupper

```
int toupper(int a);
```

liefert, wenn vorhanden, den entsprechenden Großbuchstaben zu *a*, ansonsten wird *a* selbst zurückgegeben.

Verschiedene Sprachumgebungen

Wir haben bereits bei einigen Funktionen gesehen, daß sie zwangsläufig in verschiedenen Ländern unterschiedliche Ergebnisse liefern müssen[8].

---

8 Zum Beispiel liefert der Aufruf *isalpha('Ä')* in Deutschland den Wert *true*, in England aber den Wert *false*.

Deswegen existiert zu jeder der oben aufgeführten Funktionen eine überladene Variante, bei der zusätzlich die Sprachumgebung definiert werden kann. Darauf aber im einzelnen einzugehen, würde den Rahmen dieses Buches sprengen[9].

9.5 Das Sedezimalsystem

Das hexadekadische System oder Sedezimalsystem, welches umgangssprachlich fälschlicherweise als Hexadezimalsystem bezeichnet wird, unterscheidet sich von unserem normalen Dezimalsystem dadurch, das es als Basis nicht 10, sondern 16 hat.

Schauen Sie sich einmal folgende Ziffernfolge an: 123 Welchen Wert hat diese Ziffernfolge? Sie werden jetzt hundertdreiundzwanzig sagen, das ist aber nur bedingt richtig. Denn Sie haben den Ziffern einfach unterstellt, daß sie eine Dezimalzahl repräsentieren. Aber gut, gehen wir einmal davon aus, daß es eine dezimale Zahl ist, wie kommen Sie dann auf den Wert?

Die Frage ist eigentlich ziemlich gemein, da wir das Dezimalsystem so verinnerlicht haben, daß wir den Wert nicht berechnen müssen. Aber es ist ziemlich wichtig zu wissen, wie ein Wert berechnet wird. Stellen Sie sich vor, Sie haben drei *char*-Variablen, die jeweils ein Zeichen der oberen Zahl aufnehmen. Wie berechnen Sie daraus eine richtige Ganzzahl? Ganz einfach.

Jede Zahl hat eine bestimmte Position, die von rechts mit 0 beginnt, und dann mit jedem Schritt nach links um eins erhöht wird. Die Position steht für den Wert, mit dem die Basis des Systems potenziert wird. Daher errechnet sich der Wert der oberen Zahl folgendermaßen:

$1*10^2 + 2*10^1 + 3*10^0$, das ist gleich $1*100 + 2*10 + 3*1 = 123$

Dieses Verfahren versetzt uns in die Lage, eine mehrstellige Zahl, die nicht als ganzzahlige Variable, sondern in ihre Bestandteile zerlegt, als mehrere einzelne Zeichen gespeichert wurde, in ein ganzzahliges Format zu bringen. Dies wird später bei den Strings noch interessant.

Stellen wir uns nun vor, das die Ziffernfolge 123 keine dezimale, sondern eine sedezimale Zahl darstellen würde. Kein Problem dank der oben vorgestellten Rechnung. Wir brauchen in diesem Fall in der

9 Ein Buch, welches sich eingehende mit der C++-Standardbibliothek beschäftigt und auch unter anderem das Thema der Internationalisierung, ist Josuttis, Nicolai: Die C++-Standardbibliothek, Bonn: Addison Wesley Longman 1996.

oberen Rechnung nur die neue Basis einzusetzen, und schon haben wir das Ergebnis:

$1*16^2 + 2*16^1 + 3*16^0$, das ist gleich $1*256 + 2*16 + 3*1 = 291$

Jetzt stellt sich aber ein neues Problem. Wie Sie sehen, hat die Zahl im Dezimalsystem einen ganz anderen Wert als im Sedezimalsystem. Woher wissen wir denn nun, ob es sich um eine dezimale oder sedezimale Zahl handelt, und noch schlimmer, wie machen wir das dem Compiler klar?

Glücklicherweise sind für den Compiler alle Zahlen erst einmal dezimale Zahlen. Möchten wir ihm zu verstehen geben, daß es sich bei der Zahl um eine sedezimale handelt, schreiben wir einfach 0x davor. 123 wäre dann dem Dezimalsystem und 0x123 wäre dem hexadekadischen System entnommen.

123=123

0x123=291

Zur Darstellung dezimaler Zahlen brauchen wir 10 Ziffern, weil das Dezimalsystem die Basis 10 hat. Nun hat das Sedezimalsystem aber die Basis 16. Die 16 Ziffern bestehen aus 0-9 und A-F. Wobei 0-9 mit den dezimalen Werten 0-9 korrespondieren und die Buchstaben mit den hinter dem Gleichheitszeichen aufgeführten dezimalen Werten gleichzusetzen sind: A=10, B=11, C=12, D=13, E=14, F=15. Welchen Wert hätte dann die Zahl 0x3AF? Versuchen Sie es herauszufinden, bevor sie weiterlesen.

0x3AF = $3*16^2 + 10*16^1 + 15*16^0 = 3*256 + 10*16 + 15*1 = 943$

Wir haben das Sedezimalsystem an dieser Stelle besprochen, weil wir erst jetzt in der Lage waren, die sedezimalen Werte A-F mit *char* in Variablen aufzunehmen. Das Sedezimalsystem hat in der Computerwelt eine große Bedeutung, weil sich mit ihm sehr übersichtlich binäre Zahlen darstellen lassen.

9.6 Das Dualsystem

Das Dualsystem oder Binärsystem hat die Basis 2. Es eignet sich hervorragend zur Darstellung von Zahlen, weil in einem Computer die kleinste Informationseinheit ein Bit ist. Ein Bit kann zwei Zustände annehmen: 0 oder 1. Nun besteht das Dualsystem aber auch nur aus den Ziffern 0 und 1. Daher kann man größere Zahlen ganz leicht durch Aneinanderreihung von Bits darstellen. Welchen Wert hat zum Beispiel die binäre Zahl 1001? Versuchen Sie es einmal mit der Methode aus dem vorigen Kapitel, bevor Sie weiterlesen.

$1001 = 1*2^3 + 0*2^2 + 0*2^1 + 1*2^0 = 1*8 + 0*4 + 0*2 + 1*1 = 9$

Um eine größere Einheit zu bilden, werden immer 8 Bits zu einem Byte zusammengefaßt. Mit der Zeit fanden es die Programmierer ziemlich lästig, immer mit Zahlen wie 11010110 zu arbeiten. Daher mußte eine Vereinfachung her. Bevor Sie weiterlesen überlegen Sie einmal, welches die größte mit 4 Bits darstellbare Zahl ist.

Es ist die 1111, und sie hat den Wert 15. Nun ist aber der größte Wert einer sedezimalen Ziffer auch 15. Daher ist man auf die Idee gekommen, jeweils 4 Bits zu einer sedezimalen Zahl zusammenzufassen. Im oberen Beispiel wäre das 1101 0110 = 0xD6, weil 1101 = 13 = 0xD und 0110 = 6 = 0x6. Daher kann die größte mit zwei hexadekadischen Ziffern darstellbare Zahl, nämlich 0xFF=255, genau noch mit einem Byte dargestellt werden.

Ein *int*-Wert besteht mindestens aus 2 Bytes, das sind 16 Bits, also 4 hexadekadische Ziffern. Daher kann man mit einem vorzeichenlosen *int*-Wert maximal die Zahl 0xFFFF =65535 darstellen. Analog dazu kann man auf die Darstellungsbereiche von *long* und *short* schließen. So schließen sich die Kreise. Die einzige Ausnahme bilden die Fließkommazahlen.

Sie sollten einfach mal ein paar Zahlen von einem System ins andere umrechnen, um ein Gefühl für die sedezimale und binäre Zahlenwelt zu bekommen.

9.7 Kontrollfragen

1. Ginge die Zuweisung *x="B";* an eine *char*-Variable ebenfalls?
2. Welchen binären und welchen sedezimalen Wert hat die Zahl -1 bei einer *int*-Variablen?
3. Wo liegt der Hauptunterschied zwischen positiven und negativen binären Zahlen?
4. Wie kann man in einer *char*-Variablen negative Werte aufnehmen?

9.8 Übungen

1. Schreiben Sie ein Programm, welches Sie nach drei Zahlen fragt, die Sie als Zeichen einlesen. Sorgen Sie dafür, daß nur Zahlen eingegeben werden können. Sollte der Benutzer einen Buchstaben eingeben, so soll der Benutzer erneut aufgefordert werden, die Zahl einzugeben.

Nachdem die drei Zahlen als Zeichen eingelesen wurden, soll aus ihnen eine Ganzzahl berechnet werden[10], die dann einer *int*-Variablen zugewiesen und anschließend ausgegeben wird.

10 Da es sich nur um drei Zahlen handelt, kann die berechnete Zahl nur im Bereich 0-999 liegen.

10 Variablenfelder

Wir werden uns nun mit der Möglichkeit vertraut machen, mehrere Variablen des gleichen Typs zu einer Einheit – einem Feld – zusammenzufassen. Dabei geht es im wesentlichen um folgende Punkte:

- Was sind Felder?
- Wie werden Felder definiert?
- Wie können Felder als Funktionsparameter verwendet werden?
- Wie werden mehrdimensionale Felder definiert?
- Was sind Zeiger?
- Wie ermittelt man die Adresse einer Variablen?
- Wie werden Adressen an Funktionen übergeben?
- Wie werden Zeiger in-/dekrementiert?

10.1 Einführende Gedanken

Die Frage, die wir uns zu Beginn dieses Themas stellen sollten, ist die übliche: Wozu brauchen wir überhaupt Felder?

Stellen Sie sich einmal vor, Sie sollen mit einem Programm zehn Zahlen einlesen. Danach soll jede Zahl mit 2 multipliziert und ausgegeben werden. Die Ausgabe der zehn Zahlen soll aber erst erfolgen, wenn alle Zahlen eingegeben wurden.

Sie würden vermutlich zehn *int*-Variablen definieren (a,b,c,d,...,i,j), dann kämen zehn *cin*-Anweisungen, gefolgt von zehn Multiplikationen und zehn *cout*-Anweisungen. Sicher, das Programm würde laufen, könnte aber keinen Anspruch darauf erheben, sonderlich elegant zu sein.

Viel angenehmer wäre es doch, wenn wir nicht jeden Wert in einer gesonderten Variablen gespeichert hätten, sondern jeden der zehn

Werte durch seine Position ansprechen könnten (z.B. das 5. Element).

Und genau diese Möglichkeit bieten uns Felder.

10.2 Definition eines Feldes

Ein Feld[1] wird auf die folgende Art und Weise definiert:

Syntax

```
typ name[anzahl];
```

Diese Anweisung definiert ein Feld namens *name*, welches eine Menge von *anzahl* Feldern des Typs *typ* zur Verfügung stellt. Angenommen, Sie machen folgendes:

```
int x[10];
```

Hinter dem Namen x verbergen sich jetzt 10 *int*-Werte. Angenommen, Sie wollten den ersten *int*-Wert mit 4 und den letzten mit 23 initialiseren, dann funktioniert dies so:

```
x[0]=4;
x[9]=23;
```

Der Feldindex beginnt mit 0. Der Index eines n-elementigen Feldes reicht von 0 bis n-1.

Wie Sie sehen fängt der Feldindex bei 0 an. Bei einer Feldgröße *n* reichen die Indizes von 0 bis *n-1*. Sehen wir uns nun das Programm an, welches das zu Anfang des Kapitels beschriebene Problem löst:

```
#include <iostream>

using namespace std;

int main()
{
  int x[10],y;

  for(y=0;y<10;y++)
    {
      cout << "Bitte Zahl " << y+1 << " eingeben:";
      cin >> x[y];
    }

  for(y=0;y<10;y++)
    {
```

1 Felder werden häufig auch mit dem englischen Begriff "Array" bezeichnet.

```
        cout << x[y] << " multipliziert mit 2 ist ";
        cout << x[y]*2 << endl;
    }
}
```

Den Quellcode dieses Beispiels finden Sie auf der Diskette unter \KAP10\BSP01.CPP.

Dieses Programm dürfte nicht schwer zu verstehen sein. Es werden zuerst ein 10 Einträge großes Feld namens *x* und eine *int*-Variable namens *y* definiert. Danach läuft eine Schleife von 0 bis 9 (weil der Index eines Feldes mit 0 anfängt) und fragt nach den einzelnen Werten.

Innerhalb der *cout*-Anweisung wird immer *y+1* ausgegeben, damit bei der ersten Zahl nicht steht „Bitte Zahl 0 eingeben". Für den Menschen ist es einfach besser, mit 1 anzufangen.

Initialisierung bei der Definition

Mit der nächsten Schleife werden dann die Zahlen sowie die Ergebnisse der Multiplikation mit 2 ausgegeben. Natürlich können Sie ein Feld auch gleichzeitig mit der Definition initalisieren, hier zwei Beispiele:

```
int x[6]={5, -89, 3, 63, 0, -17};

float a[4]={34.678, 2.5, 78.2, -75.11};
```

Diese einfache Form der Wertezuweisung funktioniert allerdings nur im Zusammenhang mit der Definition. Wollen Sie innerhalb des Programms mehrere oder alle Werte des Programms ändern, so müssen Sie dies durch einzelne Zuweisungen an jedes Element realisieren[2].

10.3 Zeiger

Das eigentliche Thema dieses Abschnitts ist die Problematik, wie man Felder einer Funktion übergeben kann. Da C++ als Funktionsparameter aber nur elementare Datentypen wie Adressen, *char*, *int*, *float*, *short*, etc. unterstützt, müssen wir uns etwas einfallen lassen.

Die Lösung unseres Problems wurde in der oberen Aufzählung bereits angedeutet. Wir müssen einfach die Adresse des Feldes übergeben. Doch wie stellt man das an?

2 Oder mit einer Schleife, wenn die Werte, die zugewiesen werden sollen, in einer Weise vorliegen, die dies zuläßt.

Um das Arbeiten mit Adressen zu verstehen, müssen wir uns erst mit dem Variablentypen beschäftigen, der Adressen speichern kann: dem *Zeiger.*

Adreßoperator &

Daten einer Variablen

Fangen wir mit ein paar Grundlagen an. Eine Variable ist eindeutig definiert durch vier Angaben: Position(Adresse), Größe(benötigter Speicherplatz), Name und Inhalt.

Für die Erklärung der Zeiger können wir die Größe einer Variablen zunächst vernachlässigen. Abbildung 10.1 zeigt eine typische Variable. In unserem Fall heißt die Variable *x*, beinhaltet den Wert 24 und liegt an der Speicheradresse 0xA0000000[3].

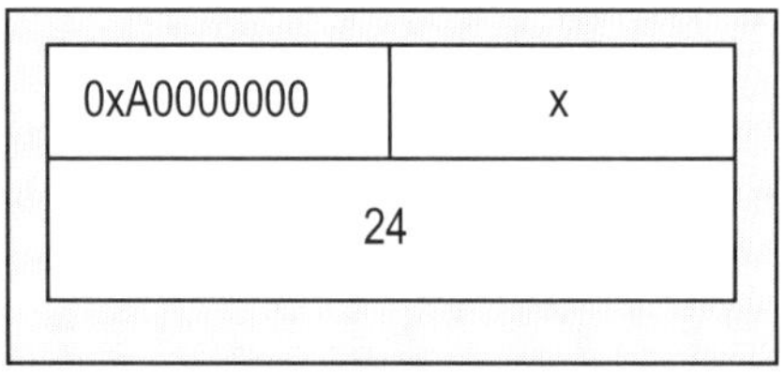

Bild 10.1: Eine Variable

Wenn wir nun den Variablennamen *x* im Programm verwenden, weiß das Programm, daß die Variable *x* an Adresse 0xA0000000 liegt. Er liest den dort gespeicherten Wert aus und ersetzt den Variablennamen durch den ausgelesenen Wert. Deswegen steht der Name einer Variablen für den Inhalt derselben.

&

Wenn *x* aber für den Inhalt der Variablen steht, wie kommen wir dann an die Adresse? Dafür gibt es den sogenannten Adreßoperator &, der die Adresse einer beliebigen Variablen ermittelt.

Steht in unserem Programm also &*x*, dann wird nicht der Inhalt, sondern die Adresse der Variablen ausgelesen, in unserem Fall konkret 0xA0000000. Schauen wir uns dazu einmal ein Beispiel an:

```
#include <iostream>

using namespace std;

int main()
{
int x;
```

3 Es hat sich so eingebürgert, daß Speicheradressen immer in sedezimaler Form geschrieben werden.

```
  x=100;
  cout << "x hat den Wert " << x << " und die Adresse ";
  cout << &x << endl;

  x=800;
  cout << "x hat den Wert " << x << " und die Adresse ";
  cout << &x << endl;

  return(0);
}
```

Den Quellcode dieses Beispiels finden Sie auf der Diskette unter \KAP10\BSP02.CPP.

Dieses Beispiel benutzt den Adreßoperator. Wie Sie an der Ausgabe sehen können, ist die Adresse einer Variablen immer dieselbe, auch wenn sich deren Inhalt ändert. Die Adresse einer Variablen wird bei ihrer Erzeugung bestimmt und bleibt für ihre Lebensdauer konstant[4]. Dies bedeutet aber auch, daß sich die Adresse bei jedem Neustart des Programms verändern kann.

Vektor

Der Wert, den der Adreßoperator liefert, ist ein Vektor[5], weil die Adresse der Variablen nicht geändert werden kann.

Der Adreßoperator liefert immer einen Vektor.

Nun liegt im allgemeinen der einzige Sinn einer Konstanten, wie es der Vektor ja ist, darin, sie einer Variablen zuzuweisen.

Dereferenzierungsoperator *

*

Solch eine Variable, die eine Adresse aufnimmt, nennt man, wie zu Anfang des Kapitels schon erwähnt, Zeiger. Ein Zeiger wird folgendermaßen definiert:

Syntax

```
typ *name;
```

name ist der Name des Zeigers und *typ* der Variablentyp auf den der Zeiger zeigt. Ein Beispiel:

4 Für lokale Variablen gilt die Konstanz der Adresse ebenfalls, aber nur für einen Lebenszyklus. Benutzen sie z.B. eine lokale Variable in einer Funktion, kann diese Variable bei jedem Aufruf an einer anderen Adresse liegen, weil sie bei jedem Aufruf erneut erzeugt und beim Verlassen der Funktion wieder gelöscht wird.

5 Konstante Adressen bezeichnet man als Vektor, wohingegen variable Adressen (bzw. Variablen, die Adressen aufnehmen können) als Zeiger bezeichnet werden.

```
int x=24,*z;

z=&x;
```

In diesem Fall wird *z* als Zeiger auf *int*-Werte und *x* als ganz normale Ganzzahlvariable definiert. Danach wird die Adresse von *x* der Variablen *z* zugewiesen. Einem Zeiger wurde also ein Vektor zugewiesen. Das ist genau so, als würde man einer Variablen eine Konstante zuweisen. Nach diesem Programmfragment ist die Situation wie in Abbildung 10.2 dargestellt.

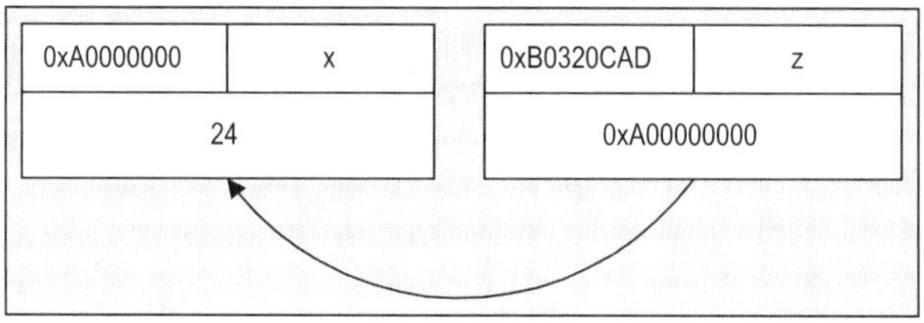

Bild 10.2: Ein Zeiger zeigt auf eine Variable

Die Wahl der Adressen ist in diesem Beispiel natürlich willkürlich. Es geht lediglich darum, daß *z* anstelle eines Wertes eine Adresse aufgenommen hat, nämlich die Adresse von *x*. Daher „zeigt" *z* nun auf *x*.

Wenn sie nun folgendes machen[6]:

```
cout << "Adresse von x :" << &x << endl;
cout << "Wert von z    :" << z << endl;
```

Sie sehen, *z* hat als Wert genau die Adresse von *x*.

Zeiger speichern Adressen, wohingegen Variablen Werte speichern.

Das allein macht Zeiger noch nicht interessant. Hat man aber einmal die Adresse von *x* in *z* gespeichert, kann man darüber auf den Inhalt von *x* zugreifen:

```
#include <iostream>

using namespace std;

int main()
{
int x,*z;
```

6 Dem Zeiger *z* wird in der *cout*-Anweisung kein Adreßoperator vorangestellt, denn wir wollen nicht die Adresse von *z*, sondern deren Inhalt, der ja die Adresse von *x* ist.

```
    x=10;
    cout << "x = " << x << endl;

    z=&x;
    *z=20;
    cout << "x = " << x << endl;

    x=30;
    cout << "x = " << x << ", dereferenziertes z = ";
    cout << *z << endl;
}
```

Den Quellcode dieses Beispiels finden Sie auf der Diskette unter \KAP10\BSP03.CPP.

Es wird wieder eine *int*-Variable namens *x* und ein Zeiger auf *int* Variablen namens *z* definiert. Der Variablen *x* wird der Wert 10 zugewiesen, und deshalb wird dieser Wert mit der nachfolgenden *cout*-Anweisung auch ausgegeben.

Dereferenzierung

Danach wird die Adresse von *x* dem Zeiger *z* zugewiesen. Und jetzt kommt das Interessante: Durch die Dereferenzierung mit dem Stern (*z) wird nun nicht die in *z* gespeicherte Adresse angesprochen, sondern der Wert, der an der Adresse, die in *z* enthalten ist, steht.

z enthält aber in diesem Fall die Adresse von *x*, deswegen wird mit dieser Dereferenzierung der Wert von *x* angesprochen. Nun wird *z der Wert 20 zugewiesen, was nach der letzten Erklärung bedeutet, daß *x* den Wert 20 zugewiesen bekommt.

Eins muß klar sein: Der Inhalt von *z* wird durch diese Zuweisung nicht verändert, denn *z* enthält immer noch die Adresse von *x*. Es wird der Wert geändert, der an der Adresse steht, die in *z* enthalten ist. Daher gibt die folgende *cout*-Anweisung für *x* auch den Wert 20 aus.

Danach wird *x* der Wert 30 zugewiesen. Die darauffolgende *cout*-Anweisung gibt für *x* dann logischerweise 30 aus. Und für das dereferenzierte *z*, welches ja immer noch auf den Wert von *x* zeigt, wird auch 30 ausgegeben.

Abbildung 10.3 zeigt anhand des Beispiels aus Abbildung 10.2 die drei Zugriffsmöglichkeiten, die ein Zeiger bietet.

Zeigerinhalt

Der erste Fall ist der herkömmliche Zugriff über den Namen. Dadurch bekommt man wie auch bei normalen Variablen den Inhalt des Zeigers, der eine Adresse ist. Hier konkret 0xA0000000.

Variableninhalt Mit *z bekommt man den Inhalt der Variablen, die sich an der im Zeiger gespeicherten Adresse befindet. Hier ist dies 24.

Zeigeradresse Und letztlich noch &z. Hier liefert der Adreßoperator die Adresse des Zeigers. Interessant ist, daß die Adresse des Zeigers einem anderen Zeiger zugewiesen werden könnte. Man hätte dann einen Zeiger auf einen Zeiger.

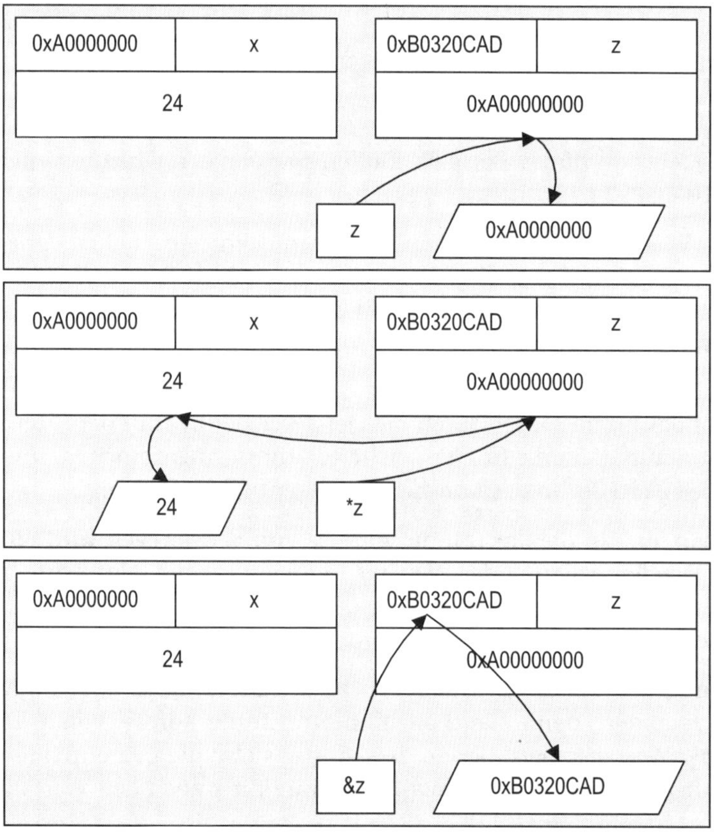

Bild 10.3: Die drei Zugriffsmöglichkeiten bei Zeigern

Adressen als Funktionsparameter

Nun werden Zeiger in der obigen Form eher selten verwendet, weil es einfacher ist, direkt auf die zu verändernde Variable zuzugreifen[7]. Hauptsächlich werden Zeiger benutzt, um Adressen an Funktionen zu übergeben. Diese können über diesen Umweg dann die Variablen

7 Zeiger sind in den Bereichen von Bedeutung, wo variable Adressen benötigt werden oder Adressen übergeben werden müssen.

verändern. Wir wollen uns dazu einmal ein Beispiel mit einer normalen *int*-Variablen ansehen[8]:

```
#include <iostream>

using namespace std;

void cquadrat(int *wert)
{
  *wert=(*wert)*(*wert);
}

int main()
{
int x;
  cout << "Zahl:";
  cin >> x;

  cquadrat(&x);
  cout << "Das Quadrat betraegt " << x << endl;
}
```

Den Quellcode dieses Beispiels finden Sie auf der Diskette unter \KAP10\BSP04.CPP.

Der Funktionsparameter von *cquadrat* wird als Zeiger auf einen *int*-Wert definiert. Die im Anweisungsblock stehende Rechnung dürfte auch keine Probleme bereiten. Weil immer ein Dereferenzierungsoperator vor *wert* steht, wird nicht die Adresse, die in *wert* gespeichert ist, sondern der Wert an der Adresse, die in *wert* gespeichert ist, genommen.

In der *main*-Funktion wird beim Aufruf von *cquadrat* die Adresse von *x* übergeben, weil der Funktionsparameter von *cquadrat* ein Zeiger ist und eine Adresse erwartet. Wie nachher an der Ausgabe zu sehen ist, hat *cquadrat* tatsächlich den Wert von *x* verändert.

Adressen als Rückgabewert

Des weiteren können Funktionen auch Adressen zurückgeben:

```
int *getptr(int *x)
{
  return(x);
}
```

8 Dieses Beispiel dient nur der Anschauung und ist nicht zur Nachahmung empfohlen. Wenn Sie die Originalwerte der Funktionsparameter ändern wollen, dann sollten Sie immer Referenzen verwenden (Kapitel 4.13)

Man übergibt der Funktion die Adresse eines *int*-Wertes, und die Funktion liefert diese Adresse zurück. Sinnlos aber anschaulich. Die Benutzung erfolgt folgendermaßen:

```
int a, *b;

b=getptr(&a);
```

10.4 Felder als Funktionsparameter

Wir haben nun genug Informationen, um das Problem der Felder als Funktionsparameter angehen zu können.

Wir müssen nur noch klären, wie wir an die Adresse des Feldes kommen, denn der Adreßoperator versagt hier:

Der Name eines Feldes ohne eckige Klammern steht für die Startadresse des Feldes. Der Feldname ist ein Vektor.

Teilen wir nun einfach die Aufgaben aus dem vorherigen Programm in Funktionen auf:

```
#include <iostream>

using namespace std;

void input(int *a)
{
int y;

  for(y=0;y<10;y++)
    {
      cout << "bitte Zahl " << y+1 << " eingeben:";
      cin >> a[y];
    }
}

void calc(int *a)
{
int y;

  for(y=0;y<10;y++)
    a[y]*=2;
}

void output(int *a)
{
```

```
int y;

  for(y=0;y<10;y++)
    {
      cout << "Das Ergebnis der " << y+1;
      cout << ". Multiplikation ist " << a[y] << endl;
    }
}

int main()
{
int x[10];

  input(x);
  calc(x);
  output(x);
}
```

Den Quellcode dieses Beispiels finden Sie auf der Diskette unter \KAP10\BSP05.CPP.

Wie Sie sehen, ist die Definition des Feldzeigers in den Funktionen identisch mit der eines normalen Zeigers auf eine Variable.

Der Zeiger auf eine Variable ist identisch mit dem Zeiger auf ein Feld.

Diese Tatsache hat weitreichende Konsequenzen. Denn wenn die Funktion noch nicht einmal den Unterschied zwischen einer *int*-Variablen und einem *int*-Feld erkennt, dann weiß die Funktion erst recht nicht, wieviel Elemente ein *int*-Feld umfaßt.

Doch schauen wir uns an, was wir aus dem vorigen Beispiel noch lernen können:

Bei Zeigern auf Felder darf bei der Benutzung des Indexes kein Dereferenzierungsoperator angewendet werden.

Bei Feldzeigern braucht kein Dereferenzierungsoperator benutzt zu werden, da der reine Feldname für eine Adresse steht, genau wie bei einem Zeiger, dessen Name ebenfalls eine Adresse repräsentiert, nämlich die in ihm gespeicherte.

Daher unterscheidet sich bei Zugriffen auf Felder der Zeiger nicht vom direkten Feldnamen. Es gibt nur einen Unterschied zwischen Feldnamen und Feldzeiger: Der Feldname ist ein Vektor, seine

Adresse kann nicht geändert werden, wohingegen der Feldzeiger ein Zeiger ist, und deshalb unterschiedliche Adressen unterschiedlicher Felder aufnehmen kann.

Wie sie an den Aufrufen innerhalb von *main* sehen können, wird nur der Feldname angegeben, welcher ja, wie schon erwähnt, für die Adresse des Feldes steht. Der Adreßoperator & wird daher nicht benötigt.

Jedoch können Sie bei statischen Feldern auch eine andere Definition benutzen. Statische Felder sind Felder, deren Länge konstant ist und während der Programmierung mit Konstanten angegeben wird. Hier ein Beispiel:

```
int a[17];
funktion(a);
```

In diesem Programmfragment wird ein statisches Feld (mit 17 Elementen) definiert, dessen Adresse an eine Funktion übergeben wird. Wie würde der Funktionskopf aussehen?

```
void funktion(int *x)
```

Es gibt aber einen einfacheren Weg:

```
void funktion(int x[17])
```

Diesem Funktionskopf sieht man es an, daß ihm ein Zeiger auf ein 17 Elemente großes Feld übergeben wird. Die Benutzung innerhalb der Funktion ist identisch mit der ersten Schreibweise.

Sie können diese Schreibweise benutzen, weil Sie wissen, daß das übergebene Feld 17 Elemente hat. Leider können Sie diese Funktion nur für 17-elementige *int*-Felder benutzen, während Sie die Funktion, die mit einem Zeiger deklariert wurde, für *int*-Felder beliebiger Größe verwenden können. Solange Sie aber nur konstante Felder mit einer Funktion bearbeiten wollen, sollten Sie die letztere Variante benutzen, da sie transparenter ist.

10.5 Mehrdimensionale Felder

Die Felder in den bisherigen Beispielen waren alle eindimensionaler Natur, obwohl es in C++ natürlich möglich ist, mehrdimensionale Felder zu benutzen. Angenommen, sie brauchen eine Tabelle mit 4 Spalten und 20 Zeilen. Dies entspricht einem zweidimenionalen Feld und läßt sich in C++ folgendermaßen definieren:

Syntax

```
int tabelle[4][20];
```

Zum Beispiel können Sie folgendermaßen eine 8 in den Eintrag der 2. Spalte und 12. Zeile schreiben:

```
tabelle[1][11]=8;
```

Bildlich gesprochen sieht die Organisation des Feldes so aus, daß ein 4-elementiges Feld definiert wird, dessen einzelne Elemente 20-elementige Felder sind.

Sie können natürlich auch noch mehr Dimensionen benutzen:

```
int raum[80][80][80];
```

Aber bedenken Sie, das allein dieses Feld 80*80*80 *int*-Einträge à 2 Bytes hat. Das kostet knapp 1 Megabyte an Speicher.

Initialisierung bei der Definition

Sie können auch mehrdimensionale Felder bei der Definition initialisieren:

```
int a[2][4]={{4,9,6,4},{-23,67,3,10}};

int x[2][3][4]={{{4,9,6,4}, {-23,67,3,10}, {4,7,3,4}}, {{17,-
23,8,3}, {12,63,7,28}, {9,6,7,5}}};
```

Diese Zuweisungsform funktioniert wie bei den eindimensionalen Feldern nur bei der Definition. Später können Sie die Werte nur durch Einzelzuweisungen verändern.

Interne Verwaltung mehrdimensionaler Felder

C++ verwaltet mehrdimensionale Felder intern als eindimensionales Feld. Wenn Sie ein zweidimensionales Feld benutzen:

```
int a[6][8];
a[x][y]=3;
```

Dann rechnet C++ die zwei Indizes auf einen um:

```
a[x*8+y]=3;
```

Das kommt daher, weil C++ die Elemente des Feldes in folgender Reihenfolge im Speicher ablegt:

```
a[0][0], a[0][1],...,a[0][6], a[0][7], a[1][0], a[1][1],...
```

Mehrdimensionale Felder haben den Nachteil, daß sie nicht mit Zeigern verwaltet werden können. Angenommen sie hätten folgendes Programmfragment:

```
int a[23][12];
funktion(a);
```

Sie können dann im Funktionskopf die folgende Deklaration nicht benutzen:

```
void funktion(int *x)
```

Sie könnten Sie schon benutzen, nur behandelt C++ Ihr zweidimensionales Feld als eindimensionales, daher können Sie nur einen Index angeben.

In diesem Fall können Sie einen Trick anwenden, da Sie oben gelernt haben, daß C++ mehrdimensionale Felder intern eindimensional darstellt. Und das können wir auch:

```
x[index1*12+index2]=3;
```

Da Sie, um diese Rechnung richtig durchführen zu können, die Größe des Feldes kennen müssen, ersparen Sie sich aber viel Arbeit, wenn Sie den Funktionskopf gleich so deklarieren:

```
void funktion(int x[23][12])
```

Mit dieser Deklaration können Sie auf das entsprechende Feld wieder wie üblich, also mit zwei Indizes, zugreifen. Allerdings funktioniert diese Deklaration nur mit statischen Feldern oder dynamischen Feldern, die exakt die in der Deklaration angegebene Größe haben.

10.6 Verwaltung von Feldern

Wie oben bereits erwähnt, werden von C++ nur elementare Datentypen unterstützt. Angenommen, Es lägen Ihnen zwei *int*-Variablen *a* und *b* vor, und Sie möchten gerne *b* nach *a* kopieren, wie machen Sie das?

```
a=b;
```

Das war ziemlich einfach. Stellen Sie sich nun vor, Sie haben zwei eindimensionale *int*-Felder *a* und *b*, und wollten *b* nach *a* kopieren, wie geht denn das?

Falsch!

```
a=b;
```

Das ist eindeutig falsch, denn Feldnamen ohne Index stehen für Adressen (Vektoren). Sie müssen sich selber eine Funktion schreiben, die ein Feld kopiert, weil C++ Ihnen dabei nicht hilft:

```
void copyfeld(int *x, int *y, int n)
{
  for(n-=1;n>=0;n--)
    x[n]=y[n];
}
```

Angenommen, die Felder *a* und *b* besäßen 30 Einträge, dann kopieren Sie Feld *b* nach Feld *a* folgendermaßen:

```
copyfeld(a,b,30);
```

Genau wie bei normalen Variablen hat jeder Feldeintrag einen undefinierten Wert, bis er initialisiert wird. Deswegen ist es günstig, eine Initialisierungsfunktion zu schreiben:

```
void initfeld(int *x, int n, int wert)
{
  for(n-=1;n>=0;n--)
    x[n]=wert;
}
```

Wollen Sie nun alle 100 Einträge des Feldes *a* mit 0 initialisieren, dann schreiben Sie folgendes:

```
initfeld(a,100,0);
```

Dies alles können Sie natürlich auch mit Feldern, die den Variablentyp *float* haben, realisieren. Allerdings müssen Sie dafür wiederum neue Funktionen schreiben[9].

10.7 In-/Dekrementierung von Zeigern

An dieser Stelle ist genug Wissen vorhanden, um noch eine Besonderheit der Inkrement- (++) und Dekrement- (--) Operatoren zu erwähnen. Schauen Sie sich folgendes Programmfragment an:

```
int *x;

x=(int*)(0xa0000000);
cout << "Die gespeicherte Adresse ist " << x << endl;

x++;
cout << "Die gespeicherte Adresse ist " << x << endl;
```

Die erste *cout*-Anweisung wird als gespeicherte Adresse 0xa0000000 ausgeben. Aber was gibt die zweite *cout*-Anweisung aus?

Demzufolge, was wir zuvor über Inkrementierung und Dekrementierung gelernt haben, müßte als Adresse 0xa0000001 ausgegeben werden. Aber dies ist nicht der Fall.

Die Inkrement-/Dekrement-Operatoren inkrementieren/dekrementieren einen Zeiger um die Größe des Variablentyps, auf die der Zeiger zeigt.

9 Wir werden später eine Möglichkeit kennenlernen, wie wir dieses Problem des Abdeckens mehrerer Datentypen mit einer Funktion lösen können. Dies geschieht mit sogenannten Templates oder Schablonen.

In diesem Fall würde also die Adresse 0xa0000002 ausgegeben, weil eine *int*-Variable 2 Bytes groß ist[10]. Diese Besonderheit wurde eingeführt, um eleganter mit Zeigern auf Felder zugreifen zu können. Schauen wir uns noch einmal die Funktion aus dem vorherigen Kapitel an:

```
void calc(int *a)
{
int y;

  for(y=0;y<10;y++)
    a[y]*=2;
}
```

Versuchen sie jetzt einmal, die *for*-Schleife so umzuschreiben, daß Sie einen Inkrement-Operator benutzen.

Die Lösung sieht so aus:

Lösung

```
  for(y=0;y<10;y++)
    {
      *a *= 2;
      a++;
    }
```

Zuerst wird der Inhalt der Adresse, die in *a* steht, mit zwei multipliziert. *a* zeigt auf die erste *int*-Variable im Feld. Danach wird die in *a* enthaltene Adresse erhöht. Durch die Besonderheit des Inkrement-Operators bei Zeigern enthält *a* nun die Adresse der zweiten *int*-Variablen im Feld, weil *a* um die Größe der Variablen, auf die *a* zeigt, erhöht wurde.

a zeigt auf *int*-Werte, also wird *a* automatisch auf den nächsten *int*-Wert gesetzt.

Der Vorteil der Inkrement-/Dekrement-Operatoren liegt darin, daß Sie sich um den Variablentyp keine Gedanken zu machen brauchen. Würden Sie z.B. *float*-Werte bearbeiten, würde durch *a*++ automatisch die Adresse des nächsten *float*-Wertes in *a* stehen.

Natürlich läßt sich die Schleife noch komprimieren:

```
  for(y=0;y<10;y++)
    *a++ *=2;
```

Bitte beachten Sie die Schreibweise. Wollten Sie z.B. den Wert erhöhen, auf den die Adresse in *a* zeigt, müßten sie folgendes schreiben:

10 Die Größe des *int*-Wertes bezieht sich auf die in Kapitel 3.1 angegebene Tabelle. Einige Compiler weichen von diesen Werten ab.

```
(*a)++;
```

Denn Die Inkrement-/Dekrement-Operatoren haben eine stärkere Bindung als der Dereferenzierungs-Operator. Im Übrigen wird so der Wert, auf den die Adresse in *a* zeigt nur um 1 erhöht, weil sich das Inkrement nicht auf einen Zeiger, sondern auf eine normale Variable bezieht (wegen der Dereferenzierung!).

10.8 Kontrollfragen

1. Was kann man mit Zeigern machen, nicht aber mit Vektoren?
2. Welchen Unterschied gibt es bei der Benutzung des Dereferenzierungsoperators bei der Definition und bei der Zuweisung?
3. Was sind die Vor- und Nachteile bei der Verwendung von Adressen als Funktionsparametern?
4. Worin liegt der Unterschied zwischen *int *a* und *int a[]* ?
5. Welchen Index hat das n-te Element eines Feldes?
6. In welchem Zusammenhang wird nur der Feldname ohne Index benutzt?
7. Wollen Sie ein Feld an eine Funktion übergeben, so müssen Sie einen Zeiger übergeben, der auf das Feld zeigt. Wie aber erhalten Sie für die Funktion eine lokale Kopie des Feldes, an der Veränderungen vorgenommen werden können, ohne daß es sich auf das Original auswirkt?
8. Worin unterscheidet sich ein Zeiger auf eine *int*-Variable von einem Zeiger auf ein Feld von *int*-Variablen?
9. Sie haben einen Zeiger auf ein dreidimesionales Feld. Wie muß er aussehen?
10. Worauf müssen Sie bei der Funktionsweise der In- und Dekrementoperatoren achten?
11. Sie haben einen Zeiger auf ein dreidimensionales Feld. Des weiteren haben Sie die Variablen *x*, *y* und *z*, die eine bestimmte Position im Feld angeben. Die Größe der einzelnen Dimensionen steht in *xsize*, *ysize* und *zsize*. Wie sprechen Sie das durch *x*, *y* und *z* definierte Element an?

10.9 Übungen

1. Schreiben Sie eine Funktion namens *summe*, die $\sum x_i$ berechnet. Das Sigma-Zeichen bedeutet die Summe aller *x* in einem Feld. Der Funktionskopf soll folgendermaßen aussehen:

   ```
   long double summe(long double *f, int n)
   ```

   f ist ein Zeiger auf ein Feld mit *long double*-Elementen und *n* die Anzahl der Elemente des Feldes, auf das *f* zeigt.

2. Schreiben Sie eine Funktion namens *average*, die den Durchschnittswert eines Feldes berechnet. Der Durchschnittswert ist definiert als $(1/n) * \sum x_i$, wobei n die Anzahl der Elemente im Feld ist. Der Funktionskopf soll folgendermaßen aussehen:

   ```
   long double average(long double *f, int n)
   ```

   f ist ein Zeiger auf ein Feld mit *long double*-Elementen und *n* die Anzahl der Elemente des Feldes, auf das *f* zeigt. Benutzen Sie zur Implementation die Funktion *summe* aus Übung 1.

11 Strings 1

An dieser Stelle werden wir uns mit Strings beschäftigen. Dabei liegt der Schwerpunkt auf folgenden Themen:

- Was ist ein String?
- Wie kann ein String betrachtet werden?
- Wie wird ein String definiert und initialisiert?
- Welche Funktionen zur Manipulation von Strings gibt es?
- Wie werden Strings an Funktionen übergeben?
- Wie setzt man Funktionsparameter bei *main* ein?

11.1 Einführende Gedanken

Sie haben von Strings schon intensiven Gebrauch gemacht, ohne sich dessen vielleicht bewußt gewesen zu sein. Und zwar haben wir es mit der konstanten Form der Strings zu tun gehabt, den Stringkonstanten. Wenn Sie sich an das erste Kapitel erinnern: Stringkonstanten sind immer in doppelten Anführungsstrichen eingeschlossen. Wir haben also bei jeder Ausgabe von Text auf den Bildschirm mit Strings gearbeitet:

```
cout << "Bitte Zahl eingeben:";
```

In diesem Kapitel wollen wir uns damit beschäftigen, wie man Strings in Variablen speichert[1]. Wenn Sie sich einen String einmal an-

1 Es gibt in C++ zwei Ansätze, Strings zu verwalten. Als erstes ist die aus C stammende Vorgehensweise zu erwähnen, in der Strings als Felder des Typs *char* angesehen werden. C++ hat als objektorientierte Sprache eine weitere Sichtweise eingeführt, und zwar die des Strings als Objekt. Wir werden auf die objektorientierte Sichtweise von Strings später noch zu sprechen kommen. Da aber häufig das Bearbeiten von Strings auf der Ebene der *char*-Felder nötig ist, wollen wir uns zuerst mit den Strings als *char*-Felder und den dazugehörigen Funktionen beschäftigen.

schauen und auf das Wesentliche reduzieren, dann handelt es sich dabei lediglich um eine geordnete Folge von Zeichen. Wenn wir eine geordnete Folge von *int*-Werten hätten (wie im letzten Kapitel), wie würden wir diese dann speichern? Höchstwahrscheinlich in einem *int*-Feld.

char-Feld

Wenn wir dies auf die Strings übertragen, dann speichern wir sie am besten in einem *char*-Feld.

Strings sind also nichts weiter als ein Variablenfeld vom Typ *char*. String heißt übrigens auf deutsch unter anderem „Kette" und meint hier konkret Zeichenkette. Aus dem letzten Kapitel kennen Sie die Möglichkeit, von beliebigen Variablentypen Felder zu erzeugen. Dies geht natürlich auch mit *char*:

```
char [80];
```

Es wurde nichts anderes als ein Feld definiert, das 80 Zeichen speichern kann. Aber gerade das macht einen String aus, nämlich daß er aus einer Folge von Zeichen besteht und im allgemeinen eine Endekennung hat. Diese Endekennung haben wir, ohne es zu wissen, schon bei den Stringkonstanten innerhalb von *cout* benutzt. Wenn wir zum Beispiel im Programm folgendes Segment hätten:

```
"erg"
```

Endekennung

Dann ist dies ein Stringkonstante der Länge 4. Ja richtig, 4: drei Zeichen plus Endekennung. Die Endekennung eines Strings hat in C++ den Wert 0.

> Innerhalb eines Strings dient der Wert 0 als Endekennung desselben.

Steigen wir nun etwas tiefer in die Stringwelt ein.

11.2 Ein- und Ausgabe von Strings

Aufgrund des besonderen Status eines *char*-Feldes wird es auch besonders von den Ein-/Ausgabefunktionen unterstützt. So zum Beispiel von *cout*. Schauen Sie sich einmal folgendes Programm an:

```
#include <iostream>

using namespace std;

int main()
{
```

```
char a[7];

  a[0]='S';
  a[1]='t';
  a[2]='r';
  a[3]='i';
  a[4]='n';
  a[5]='g';
  a[6]=0;

  cout << a << endl;
}
```

Den Quellcode dieses Beispiels finden Sie auf der Diskette unter \KAP11\BSP01.CPP.

Das Programm gibt mit Hilfe der *cout*-Anweisung den String aus, den wir im *char*-Feld erzeugt haben. Es hängt natürlich alles von der eigenen Interpretation ab. Wir können ohne weiteres sagen, daß es sich nur um ein Feld von Zeichen handelt, und es zeichenweise ausgeben:

```
for(x=0;a[x]!=0;x++)
  cout << a[x];
```

Die Schleife gibt solange Zeichen aus, bis sie auf eine Null stößt.

Doch wird gerade diese Form, in der wir das *char*-Feld benutzen, von C++ besonders unterstützt, weil es eben Strings sind. Diese Unterstützung sollten wir daher auch in Anspruch nehmen.

Natürlich werden die Strings auch von *cin* unterstützt, so daß wir auch Strings einlesen können[2]:

```
#include <iostream>

using namespace std;

int main()
{
char a[81];

  cout << "Bitte einen max. 80 Zeichen langen text eingeben:";
  cin >> a;
  cout << "Sie gaben \"" << a << "\” ein.” << endl;
  return(0);
}
```

---

2 Damit Sie nicht verzweifeln, eins vorweg. Das Programm funktioniert nur ordnungsgemäß, wenn sie einen String eingeben, der keine Leerzeichen enthält. Später mehr dazu.

Den Quellcode dieses Beispiels finden Sie auf der Diskette unter \KAP11\BSP02.CPP.

Wenn Sie das Programm schon ausprobiert haben, wird Ihnen vielleicht folgende Eigenheit aufgefallen sein: Geben Sie einen Text ein, der Leerzeichen enthält, gibt die *cout*-Funktion nur den Text aus, der vor dem ersten Leerzeichen stand. Das liegt an einer Eigenschaft von *cin*, die wir bereits im zweiten Kapitel besprochen haben. Wir konnten mit einer *cin*-Anweisung mehrere Werte einlesen, wobei die Trennung der Werte mit einem Leerzeichen durchgeführt wurde. Dies ist eine typische Eigenschaft von *cin*, weswegen die mit Leerzeichen getrennten Wörter als mehrere Strings aufgefaßt werden.

getline

Dieses Problem läßt sich mit einem einfachen *cin* nicht beheben. Wir müssen daher auf eine Eingabefunktion zurückgreifen, die von *cin* speziell für Strings zur Verfügung gestellt wird. Sie heißt *getline* und hat folgenden Funktionskopf:

```
cin.getline(char *string, int groesse, char trennzeichen='\n');
```

getline muß die Adresse des zu beschreibenden Strings sowie dessen Länge übergeben werden. Da das Trennzeichen mit einem *default*-Parameter versehen wurde, braucht es beim Aufruf nur dann angegeben zu werden, wenn ein anderes als das Voreingestellte gewünscht wird. Der eingelesene String wird mit einer Ende-Kennung versehen. Schauen wir uns dazu einmal ein Beispiel an:

```
#include <iostream>

using namespace std;

int main()
{
char a[81];

  cout << "Bitte einen max. 80 Zeichen langen text eingeben:";
  cin.get(a,80);
  cout << "Sie gaben \"" << a << "\" ein." << endl;
}
```

Den Quellcode dieses Beispiels finden Sie auf der Diskette unter \KAP11\BSP03.CPP.

Bitte denken Sie daran, daß die Länge des *char*-Feldes und die Länge des in ihm enthaltenen Strings nicht identisch sein müssen. Im Beispielprogramm 1 hätte das *char*-Feld auch viel größer sein können, es wäre trotzdem nur das eine Wort ausgegeben worden, weil das siebte Element die Endekennung war.

Welche Zeichen noch hinter der Endekennung im Feld stehen, interessiert die Stringroutinen nicht. Jedoch darf ein String niemals größer sein als das Feld, in dem er steht, da sonst Daten, die nicht zum Feld gehören, überschrieben werden würden.

Ein String darf mit Endekennung nur gleich oder kleiner als das ihn beherbergende Feld sein, niemals jedoch größer.

11.3 Die cstring-Funktionen

Um im nächsten Abschnitt einige Probleme klären zu können, behandeln wir hier zuerst einige Funktionen zur Manipulation von Strings.

Die Funktionen sind aus der C-Standardbibliothek übernommen und werden als *cstring* eingebunden. Zuerst wird nur ein Überblick über die wichtigsten Funktionen gegeben. Die genaueren und kompletten Erläuterungen folgen im Anschluß daran.

memchr	Zeichen im Speicherblock suchen
memcmp	Speicherblöcke vergleichen
memcpy	Speicherblöcke kopieren
memmove	sicheres Kopieren von Speicherblöcken
memset	Speicherblock initalisieren
strcat	String an einen anderen hängen
strchr	Zeichen im String suchen
strcmp	zwei Strings vergleichen
strcoll	zwei Strings umgebungsabhängig vergleichen
strcpy	String kopieren
strerror	Umwandlung eines Fehlers in verbale Form
strlen	Länge des Strings ermitteln
strncat	Teil eines Strings an einen anderen hängen
strncmp	Teile von zwei Strings vergleichen
strncpy	Teile eines Strings kopieren
strrchr	Zeichen vom Stringende aus suchen
strstr	prüft daraufhin, ob String Teil eines anderen ist

Tabelle 11.1: Die wichtigsten Funktionen von cstring

Sie haben in Tabelle 11.1 einen kurzen Überblick der zur Verfügung stehenden Funktionen erhalten. Es ist nicht nötig, daß Sie die nun folgende ausführliche Erklärung der Funktionen vom Anfang bis zum Ende durcharbeiten.

Es reicht vielmehr, wenn Sie wissen, welche Funktionen vorhanden sind und die genaue Anwendungsweise erst dann nachschlagen, wenn Sie sie wirklich brauchen.

memchr

```
void *memchr(const void *feldadr, int z, size_t groesse);
```

sucht in einem Feld der Größe *groesse*, beginnend bei *feldadr* nach dem ersten vorkommen des Zeichens z. Bei Erfolg wird die Adresse des Zeichens, bei Mißerfolg 0 zurückgegeben.

memcmp

```
int memcmp(const void *feldadr1, const void *feldadr2,
           size_t groesse);
```

vergleicht zwei Felder der Größe *groesse*, das eine beginnend bei *feldadr1*, das andere beginnend bei *feldadr2*. Bei Gleichheit wird 0 zurückgegeben. Bei Ungleichheit wird ein positiver Wert zurückgegeben, wenn das Element des ersten Feldes größer ist als das des zweiten. Im umgekehrten Fall wird ein negativer Wert zurückgegeben.

memcpy

```
void *memcpy(void *feldadr1, const void *feldadr2, size_t groesse);
```

kopiert *groesse* Elemente des Feldes beginnend bei *feldadr2* in das Feld beginnend bei *feldadr1*. Zurückgegeben wird *feldadr1*.

memmove

```
void *memmove(void *feldadr1, const void *feldadr2,
              size_t groesse);
```

ähnelt in seiner funktionsweise *memcpy*, nur daß bei einer teilweisen Überlappung der Felder ein Verlorengehen von Informationen ausgeschlossen ist.

memset

```
void *memset(void *feldadr, int z, size_t groesse);
```

füllt alle Elemente eines bei *feldadr* beginnenden Feldes der Größe *groesse* mit dem Zeichen *z*.

NULL

ist ein vordefiniertes Makro. Es steht für eine Konstante, die als Nullzeiger benutzt werden kann und den Wert 0 oder (void*)0 hat.

strcat

```
char *strcat(char *ziel, const char *quelle);
```

kopiert den String *quelle* mitsamt der Endekennung hinter den String *ziel*, wobei die Endekennung von *ziel* mit dem ersten Zeichen von *quelle* überschrieben wird. Es wird *ziel* zurückgegeben.

strchr

```
char *strchr(const char *s, int z);
```

liefert die Adresse des ersten in *s* vorkommenden Zeichens *z*, wobei die Endekennung ebenfalls berücksichtigt wird. Bei Mißerfolg wird 0 zurückgegeben.

strcmp

```
int strcmp(const char *s1, const char *s2);
```

vergleicht die beiden Strings *s1* und *s2*. Bei Gleichheit wird 0 zurückgegeben. Ist das erste unterschiedliche Zeichen bei *s1* größer als bei *s2*, wird ein positiver, im umgekehrten Fall ein negativer Wert zurückgegeben.

strcoll

```
int strcoll(const char *s1, const char *s2);
```

hat eine funktionsweise wie *strcmp*, nur daß die Vergleichsregel der Zeichen von der Umgebung abhängig ist.

strcpy

```
char *strcpy(char ziel, const char *quelle);
```

kopiert den String *quelle* mitsamt der Endekennung in den String *ziel*. Es wird *ziel* zurückgegeben.

strcspn

```
size_t strcspn(const char *s, const char *suchstr);
```

liefert den Index des ersten Zeichens von *s*, welches mit einem der Zeichen von *suchstr* übereinstimmt, wobei die Endekennung mit einbezogen wird.

strerror

```
char *strerror(int fehlernummer);
```

liefert die Adresse eines Strings, der den durch Fehlernummer repräsentierten Fehler verbal formuliert.

strlen

```
size_t strlen(const char *s);
```

liefert die Länge des Strings *s* ohne Endekennung zurück.

strncat

```
char *strncat(char *ziel, const char *quelle, size_t n);
```

kopiert die ersten *n* Zeichen des Strings *quelle* mit Hinzufügung einer Endekennung hinter den String *ziel*, wobei die Endekennung von *ziel* mit dem ersten Zeichen von *quelle* überschrieben wird. Es wird *ziel* zurückgegeben. Sollte *quelle* kleiner als *n* Zeichen sein, werden *strlen(quelle)* Zeichen plus Endekennung kopiert.

strncmp

```
int strncmp(const char *s1, const char *s2, size_t n);
```

vergleicht die ersten *n* Zeichen der beiden Strings *s1* und *s2*. Bei Gleichheit wird 0 zurückgegeben. Ist das erste unterschiedliche Zeichen bei *s1* größer als bei *s2*, wird ein positiver, im umgekehrten Fall ein negativer Wert zurückgegeben.

strncpy

```
char *strncpy(char *ziel, const char *quelle,size_t n);
```

kopiert die ersten *n* Zeichen des Strings *quelle* in den String *ziel*. Es wird *ziel* zurückgegeben. Sollte *quelle* kürzer als *n* Zeichen sein, werden *strlen(quelle)* Zeichen kopiert und die restlichen *n-strlen(quelle)* Zeichen mit 0 aufgefüllt.

strpbrk

```
char *strpbrk(const char *s, const char *suchstr);
```

liefert die Adresse des ersten Zeichens von *s*, welches mit einem der Zeichen von *suchstr* übereinstimmt, wobei die Endekennung mit einbezogen wird. Falls kein Zeichen übereinstimmt, wird 0 zurückgegeben.

strrchr

```
char *strrchr(const char *s, int z);
```

liefert die Adresse des letzten in *s* vorkommenden Zeichens *z*, wobei die Endekennung ebenfalls berücksichtigt wird. Bei Mißerfolg wird 0 zurückgegeben.

strspn

```
size_t strspn(const char *s, const char *suchstr);
```

liefert den Index des ersten Zeichens von *s*, welches mit keinem der Zeichen von *suchstr* übereinstimmt, wobei die Endekennung nur für *s* mit einbezogen wird.

strstr

```
char *strstr(const char *s, const char *suchstr);
```

liefert die Adresse der ersten Zeichenfolge von *s*, welche mit *suchstr* ohne Endekennung übereinstimmt. Falls keine Zeichenfolge übereinstimmt, wird 0 zurückgegeben.

strxfrm

```
size_t strxfrm(char *ziel, const char *quelle, size_t n);
```

wandelt die ersten *n* Zeichen des Strings *quelle* nach einer umgebungsspezifischen Regel um und speichert sie in *ziel*. Die Umwandlung erfolgt so, das *strcoll(a1,a2)* gleich mit *strcmp(b1,b2)* ist, wobei *b1* das Ergebnis der Umwandlung von *a1* und *b2* das Ergebnis der Umwandlung von *a2* ist.

11.4 Das Arbeiten mit Strings

Da Strings nicht zu den elementaren Datentypen gehören (wie alle Variablenfelder), werden auch sie in bestimmten Bereichen nicht von C++ unterstützt[3]. Sie können zwar zum Beispiel die Initialisierung eines Strings gleichzeitig mit der Definition vornehmen:

Initialisieruung bei der Definition

```
char a[10]="C++-Kurs";
```

In diesem Fall wird der String a mit „C++-Kurs" initalisiert. Das Feld ist hier größer als der String, da er 9 Zeichen (Endekennung!) lang ist, das Feld aber Platz für 10 Zeichen bietet. Jedoch können Sie eine Zuweisung nicht im Programm vornehmen:

Falsch!

```
a="Kurs";
```

3 Dies bezieht sich speziell auf die Strings als *char*-Felder.

Diese Zuweisung ist nicht erlaubt, weil eine Stringkonstante immer für ihre Adresse steht[4].

Eine Stringkonstante steht immer für ihre Adresse.

strcpy für Zuweisung

Sie müssen sich daher mit einem Trick behelfen, indem sie auf eine Funktion zurückgreifen. Wollen Sie einem String einen neuen Inhalt zuweisen, müssen Sie mit der *strcpy*-Funktion arbeiten:

Syntax

```
strcpy(ziel,quelle);
```

strcpy kopiert den Inhalt des Strings *quelle* in den String *ziel*, einschließlich seiner Endekennung. Der Funktion werden dafür die Adressen der Strings übergeben. In unserem Beispiel:

```
strcpy(a,"Kurs")
```

Der Name eines Strings steht ohne eckige Klammern für seine Adresse, eine Stringkonstante repräsentiert ebenfalls ihre Adresse, so daß dieser Aufruf korrekt ist. Stringzuweisungen außerhalb einer Definition bedürfen immer der *strcpy*- oder einer ähnlichen Funktion.

Strings als Funktionsparameter

Strings werden als Funktionsparameter genauso behandelt wie die anderen Variablenfelder. Es wird einfach die Adresse des Strings an die Funktion übergeben. Diese muß wiederum einen Zeiger auf *char* in ihrem Funktionskopf deklarieren. Ein Beispiel:

```
#include <iostream>
#include <cstring>

using namespace std;

void fkt(char *a)
{
  cout << "In der Funktion   :” << a << endl;
  strcpy(a,"Anton");
  cout << "Nach strcpy       :” << a << endl;
}

int main()
```

4 Würde es sich bei *a* um einen Zeiger auf *char* handeln, wäre die Schreibweise wieder richtig. *a* hätte als Adresse dann den Anfang der Stringkonstanten. Auf diese Weise könnten Sie wärend der Laufzeit Änderungen an der Stringkonstante vornehmen. Dies wäre jedoch unsaubere Programmierung. Wenn Sie Änderungen vornehmen möchten, fertigen Sie sich eine Kopie der Stringkonstanten an und ändern dann diese.

```
{
char x[15]="Willibald";

  cout << "Vor der Funktion  :” << x << endl;
  fkt(x);
  cout << "Nach der Funktion :” << x << endl;
  return(0);
}
```

Den Quellcode dieses Beispiels finden Sie auf der Diskette unter \KAP11\BSP04.CPP.

Wird der String innerhalb der Funktion verändert, hat es auch Auswirkungen auf den String der aufrufenden Funktion, weil die Adresse übergeben wurde und keine Kopie, wie es im Normalfall üblich ist. Wollen Sie den String verändern, aber das Original unverändert lassen, müssen Sie eigenhändig eine Kopie anfertigen, mit der Sie dann arbeiten können:

```
void fkt(char *a)
{
char b[15];

  strcpy(b,a);
  cout << "In der Funktion   :” << b << endl;
  strcpy(b,"Anton");
  cout << "Nach strcpy       :” << b << endl;
}
```

Den Quellcode dieses Beispiels finden Sie auf der Diskette unter \KAP11\BSP05.CPP.

Mit dieser Funktion bleibt der Originalstring unverändert.

Sie haben die Möglichkeit, auf die einzelnen Zeichen eines Strings zuzugreifen:

Zeichenweiser Zugriff

```
a=0;
while(x[a])
  cout << x[a++];
```

Dies ist die naheliegendste Methode, um einen String zeichenweise auszugeben. Die *while*-Schleife bricht bei der Endekennung ab. Wenn Sie jedoch nicht den wirklichen String, sondern einen Zeiger auf ihn zur Verfügung haben, wie es ja bei Funktionsparametern üblich ist, dann gibt es noch eine zweite Variante:

```
char *z;
z=x;
while(*z)
  cout << *z++;
```

Im obigen Beispiel wird ein Zeiger auf *char* definiert, dem die Adresse von *x* zugewiesen wird. Durch die Dereferenzierung wird auf das Zeichen an der Adresse zugegriffen, die der Zeiger gespeichert hat. Diese Form des Zugriffs auf die Zeichen eines Strings kann manchmal ganz nützlich sein, wenn es darum geht, Indizes zu vermeiden.

11.5 Die Parameter von main

Wir haben nun das nötige Wissen über Strings, Felder und Zeiger, um uns mit den Funktionsparametern von *main* zu beschäftigen. *main* ist letztlich eine Funktion wie jede andere, nur besitzt sie das Privileg, automatisch als erste aufgerufen zu werden. Deswegen kann man *main* auch Parameter übergeben und bekommt von ihr Parameter zurück.

Die Frage, die sich hier stellt, ist die, wie wir überhaupt Parameter übergeben können, denn wir rufen die Funktion ja nicht auf. Und was machen wir mit dem Rückgabeparameter? Das Beenden von *main* kommt doch dem Ende des Programms gleich.

Beschäftigen wir uns zunächst mit den Funktionsparametern. Da der Aufruf der Funktion *main* dem Start des Programms gleichkommt, müssen die Funktionsparameter folglich von außen übergeben werden. Starten Sie das Programm in einer Shell[5], werden *main* die hinter dem Programmnamen angegebenen Parameter als Funktionsparameter übergeben. Starten Sie das Programm mit der Maus von einer grafischen Oberfläche, kann es sein, daß Ihnen entsprechende Einstellungen zur Verfügung stehen, bei denen die Funktionsparameter angegeben werden können.

Nun können Sie eine unterschiedliche Anzahl von Parametern übergeben. Schauen Sie sich nur einmal die typischen Befehle zur Anzeige der Verzeichnisstruktur an. Man kann sie sowohl ohne Parameter als auch mit einem oder mit mehreren aufrufen. Deswegen behilft man sich mit einem Trick. Wollen Sie in *main* eventuelle Parameter verarbeiten, muß der Funktionskopf so aussehen:

```
void main(int argc, char **argv)
```

Die integer-Variable *argc* enthält die Anzahl der übergebenen Parameter. Der erste Parameter ist immer der Name des Programms selbst, auch wenn sonst keine Parameter angegeben wurden. Daher kann *argc* nie kleiner als 1 sein. *argv* ist ein Zeiger auf einen *char*-Zeiger. Um genau zu sein, hätte man

5 Zum Beispiel unter MS-DOS.

```
char *argv[]
```

schreiben müssen, denn es handelt sich um einen Zeiger auf ein Feld von *char*-Zeigern. Da ein Zeiger auf ein Element und ein Zeiger auf ein Feld von Elementen das gleiche ist, ist auch die Definitionsweise identisch. Obwohl die zweite Variante aussagekräftiger ist, findet man aber hauptsächlich die ***argv*-Variante.

Ein Feld von *char* ist gleichbedeutend mit einem String, so daß im Feld *argv[]* die Adressen der Strings stehen, in denen die Parameter enthalten sind. Diese Strings sind C++-gemäß mit einer Stringendekennung (0) versehen. Sie können zum Beipsiel mit *argv[0]* auf die Adresse des ersten Strings zugreifen, der den ersten Parameter enthält, also den Programmnamen. Schauen wir uns ein Beispielprogramm an:

```
#include <iostream>

using namespace std;

int main(int argc, char **argv)
{
  int x;

  cout << "Name des Befehls : " << argv[0] << endl;

  if(argc>1)
    {
      cout << "Weitere Parameter:” << endl;
      cout << "------------------” << endl;
      for(x=1;x<argc;x++)
        cout << x << ". \"" << argv[x] << "\"" << endl;
    }
}
```

Den Quellcode dieses Beispiels finden Sie auf der Diskette unter \KAP11\BSP06.CPP.

Das Programm gibt zuerst seinen Befehlsnamen aus[6]. Dann wird geprüft, ob *argc* größer eins ist, was gleichbedeutend damit ist, daß Parameter angegeben wurden. Mit der darauffolgenden Schleife werden die gesamten Parameter ausgegeben.

Nun kann *main* auch einen Parameter zurückgeben:

```
int main(int argc, char **argv)
```

6 Auf manchen Systemen besteht der Befehlsname aus dem kompletten Pfad. Bei anderen wird lediglich der Name selbst übergeben.

Batch-Datei

Bei einem normalen Aufruf des Befehls spielt diese Rückgabe allerdings keine Rolle. Interessant wird es, wenn Sie das selbstgeschriebene Programm in einer sogenannten Batch-Datei[7] benutzen.

Während der Abarbeitung kann mit bestimmten Kontrollstrukturen, die für die benutzte Shell typisch sind, auf die Rückgabe des Programms reagiert werden. Dabei gelten folgende Bestimmungen. Gibt das Programm den Wert 0 zurück, wurde es erfolgreich beendet. Jeder Wert ungleich 0 steht für einen Fehler, was meist einen Abbruch der Batch-Datei zur Folge hat, wenn nicht entsprechende Vorkehrungen getroffen worden sind. Bitte beachten Sie diese Regel, wenn Sie bei *main* einen rückgabewert verwenden.

Bei *main* bedeutet der Rückgabewert 0 einen erfolgreichen Programmablauf. Ein Wert ungleich 0 weist auf einen Fehler hin.

Sie können so bestimmte Fehler, die in ihrem Programm auftreten können („File not found", „Out of memory" etc.) mit Werten belegen. Wenn Sie Ihrem Programm eine Dokumentation dieser Fehlernummern beigeben, dann können Benutzer Ihres Programms ihre Batch-Dateien so entwerfen, daß sie auf bestimmte Fehler reagieren können.

Den Rückgabewert von *main* bestimmen Sie wie bei jeder anderen Funktion auch mit dem Befehl *return*. Das heißt, daß eine *main*-Funktion, die mit *int* als Rückgabewert deklariert wurde, auf jeden Fall mit *return* abgeschlossen werden muß. Und zwar mit einem *return*, das einen Wert zurückliefert[8].

---

7 Eine Batch-Datei ist eine Textdatei, in der hintereinander alle Befehle stehen, die abgearbeitet werden sollen. Üblicherweise bieten Interpreter solcher Batch-Dateien auch Kontrollstrukturen an, die den C++-Konstrukten *if* und *else* sehr ähneln.

8 Deswegen gibt das implizite *return* (Kapitel 1) auch den Wert 0 für fehlerfreien Programmlauf zurück.

11.6 Kontrollfragen

1. Welche zwei Darstellungsmöglichkeiten für Strings gibt es?
2. Was unterscheidet einen String von einem *char*-Feld?
3. Welchen Nachteil hat die Eingabe eines Strings mit *cin*?
4. Bei der Parameterübergabe nach *main* werden die Parameter durch Leerzeichen getrennt. Wie kann man einen Parameter übergeben, der ein Leerzeichen enthält?

11.7 Übungen

1. Schreiben Sie eine Funktion namens *upstring*, die alle Kleinbuchstaben eines Strings in Großbuchstaben umwandelt, Großbuchstaben und andere Zeichen aber unverändert läßt. Die Funktion soll die Anzahl der umgewandelten Buchstaben zurückliefern.

   Zum Beispiel würde die Funktion aus „Andre Willms" den String „ANDRE WILLMS" machen und den Wert 9 zurückliefern.

   Schreiben Sie eine *main*-Funktion, mit der Sie Ihre Lösung überprüfen können.

2. Schreiben Sie eine Funktion namens *reversstring*, die einen String umdreht. Das ursprünglich erste Zeichen steht danach an letzter Stelle, das zweite an vorletzter Stelle usw. Die Funktion soll keinen Rückgabewert haben.

   Zum Beispiel wird aus dem String „Andre Willms" der String „smlliW erdnA".

   Schreiben Sie eine *main*-Funktion, um Ihre Funktion zu testen.

12 Strukturen

Wir werden nun lernen, wie man Daten verschiedenen Typs zu einer Einheit zusammenfassen kann. Im einzelnen geht es dabei um folgende Punkte:

- Was ist eine Struktur?
- Wie wird eine Struktur definiert?
- Wie greift man auf die einzelnen Strukturelemente zu?
- In welcher Form unterscheiden sich Strukturen von elementaren Datentypen?
- Wie definiert man Zeiger auf Strukturen?
- Wie sehen Struktur-Felder aus?
- Wie verschachtelt man Strukturen?
- Was sind Unions und wie definiert man sie?
- Was sind Aufzählungstypen und wozu verwendet man sie?
- Wie definiert man eigene Typen?

12.1 Einführende Gedanken

Blicken wir einmal zurück auf unsere bisherige Reise durch die Welt der Variablen. Ganz am Anfang begegneten wir den ganzzahligen Variablen wie *int*, *long* und *short*. Wir lernten sie mit Vorzeichen versehen und vorzeichenlos kennen.

Später kam dann die Erweiterung des Zahlenbereichs durch die Fließkommazahlen in Form von *float* und *double*. Wir konnten von da ab fast jede beliebige Zahl darstellen.

Dann verließen wir die reine Zahlenwelt und kamen wir zu den Variablen, die ein Zeichen aufnehmen konnten. Es war der Typ *char*. All diese Variablentypen gehören zu den elementaren Datentypen.

Eine erste Zusammenfassung von elementaren Datentypen zu einer Gruppe wurde uns mit Hilfe der Felder möglich. Wir konnten eine Liste von Variablen des gleichen Typs mit einfachen Mitteln verwalten. Des weiteren beschäftigten wir uns mit Variablenfeldern bestehend aus *char*-Variablen, „Strings" genannt, und deren Sonderstellung.

Als nächsten Schritt werden wir Möglichkeiten kennenlernen, mit denen Variablen von unterschiedlichen Typen zu einer Gruppe zusammengefaßt werden können.

Stellen wir uns vor, wir müßten bestimmte Daten einer Person speichern. Der Einfachheit halber nehmen wir den Vornamen, Nachnamen, Bruttogehalt und Alter. Die entsprechenden Variablen sind schnell definiert:

```
char Vorname[40];
char Nachname[40];
int Bruttogehalt;
int Alter;
```

Mit unserem jetzigen Wissen sind wir problemlos in der Lage, ein Programm zu schreiben, das den Benutzer nach den einzelnen Informationen fragt und sie in die Variablen schreibt. Sie können es zur Übung ja einmal programmieren.

Was aber, wenn die Daten von 100 Personen verarbeitet werden sollen? Mit unserem jetzigen Wissen gäbe das eine nicht sehr elegante Lösung. Überlegen Sie einmal, welche.

Genau, wir könnten einfach von jedem Datum ein Feld erzeugen:

```
char Vorname[100][40];
char Nachname[100][40];
int Bruttogehalt[100];
int Alter[100];
```

Das ist möglich. Eleganter wäre es jedoch, einen neuen Datentypen zu entwerfen, der all unsere benötigten Informationen beinhaltet, und dann einfach ein Feld mit diesem Datentyp anzulegen.

12.2 Definition einer Struktur

Diese Eleganz ist in C++ kein Problem und wird als Struktur bezeichnet. Das C++-Schlüsselwort dafür ist *struct*.

Syntax

```
struct Personendaten
  {
    char Vorname[40];
    char Nachname[40];
```

```
    int Bruttogehalt;
    int Alter;
  };
```

Wir haben nun eine Stuktur namens *Personendaten* deklariert[1]. Bitte beachten Sie, daß das Semikolon hinter der geschweiften Klammer kein Schreibfehler ist. Es dient zum ordnungsgemäßen Abschluß der Struktur.

Der Anweisungblock einer Struktur wird hinter der geschlossenen geschweiften Klammer mit Semikolon abgeschlossen.

Member

Die einzelnen Elemente einer Struktur bezeichnet man auch als Member, was auf deutsch soviel wie „Mitglied" heißt.

Wollen wir nun eine Variable diesen Typs definieren, so geschieht dies wie folgt:

Syntax

```
Personendaten person;
```

Wir haben nun eine Variable namens *person* erzeugt, die vom Typ *struct Personendaten* ist. Auf die einzelnen Elemente der Struktur greifen wir wie folgt zu:

Syntax

```
person.Alter=34;
person.Bruttogehalt=6700;
strcpy(person.Vorname,"Joseph");
strcpy(person.Nachname,"Müller");
```

Wie Sie sehen, erfolgt der Zugriff genauso, wie Sie es von den einzelnen Komponenten (String und *int*-Variable) gewohnt sind. Nur muß dem Variablennamen der Name der Strukturvariablen, gefolgt von einem Punkt, vorangehen, damit der Compiler weiß, daß die Variable innerhalb der Struktur gemeint ist.

Gleichnamige Variablen

Da die einzelnen Komponenten innerhalb der Struktur stehen, können Sie den Namen außerhalb der Struktur weiterhin gebrauchen. Sie können zum Beispiel zusätzlich noch eine weitere Variable definieren:

```
int Alter=48;
```

1 Im allgemeinen ist der von einer Struktur benötigte Speicherplatz größer als die Summe des von den einzelnen Elementen verwendeten Speicherplatzes. Unglücklicherweise ist dieses "Mehr" an benötigtem Speicherplatz von Rechner zu Rechner verschieden. Zustande kommt dieses Phänomen, weil einige Prozessoren beispielsweise nur auf Ganzzahlen zugreifen können, wenn sie an einer durch 4 teilbaren Adresse liegen. Ist dies nicht der Fall, dann müssen Füllbytes eingefügt werden, wodurch der Speicherplatzbedarf steigt. Beachten muß man dieses Phänomen, wenn man eine Struktur als Einheit beispielsweise auf Diskette speichert und dann auf einem anderen System wieder einliest.

Sie können dann über den Namen *Alter* auf die einzelne Variable und über den Namen der Strukturvariablen *person.Alter* auf die Variable innerhalb der Struktur zugreifen.

Strukur-Variablen besitzen einen eigenen Bezugsrahmen (nämlich die Struktur).

Die Variablennamen innerhalb der Struktur besitzen also einen lokalen Charakter. Sie könnten auch eine zweite Struktur entwerfen, in der Sie auch Namen benutzen können, die Sie vorher schon in der ersten Struktur benutzt haben. Hier einmal ein vollständiges Beispiel:

```
#include <iostream>
#include <cstring>

using namespace std;

struct Personendaten
  {
    char Vorname[40];
    char Nachname[40];
    int Bruttogehalt;
    int Alter;
  };

int main()
{
Personendaten person, person2;

  person.Alter=34;
  person.Bruttogehalt=6700;
  strcpy(person.Vorname,"Joseph");
  strcpy(person.Nachname,"Mueller");

  cout << person.Nachname << ", " << person.Vorname;
  cout << ". Alter: " << person.Alter;
  cout << ". Bruttogehalt: " << person.Bruttogehalt << endl;

  person2=person;

  cout << person2.Nachname << ", " << person2.Vorname;
  cout << ". Alter: " << person2.Alter;
  cout << ". Bruttogehalt: " << person2.Bruttogehalt << endl;
}
```

Den Quellcode dieses Beispiels finden Sie auf der Diskette unter \KAP12\BSP01.CPP.

Die Struktur wurde außerhalb einer Funktion deklariert. Warum? Damit sie global ist und in jeder Funktion zur Verfügung steht. In *main* wurden zwei Variablen vom Typ *Personendaten* definiert. Der Rest dürfte Ihnen bekannt sein. Wenn Sie sich das Programm genau ansehen, wird Ihnen eine angenehme Eigenschaft von Strukturen auffallen. Erkennen Sie sie?

Strukturen können genauso mit Hilfe des Zuweisungsoperators = kopiert werden wie die elementaren Datentypen.

Obwohl die Strukturen Strings enthalten, werden sie mitkopiert, ohne daß auf die entsprechenden Stringkopierfunktionen zurückgegriffen werden muß.

Strukturen besitzen fast alle Vorzüge elementarer Datentypen.

Strukturen als Funktionsparameter

Dies wirkt sich auch darauf aus, daß Sie Strukturen als Funktionsparameter deklarieren können. Es wird dann automatisch eine Kopie angelegt, die als lokale Variable der Funktion zur Verfügung steht, genauso, wie Sie es von den elementaren Datentypen wie z.B. *int* gewohnt sind. Sie brauchen also nicht – wie es bei den Feldern nötig ist – eine Referenz auf die Struktur zu übergeben[2].

Diesen Vorteil können Sie sich wiederum bei den Feldern zunutze machen. Sie brauchen einfach nur ein Feld in eine Struktur einzubetten und schon können Sie auch ein Feld als Funktionsparameter nutzen. Ein kleiner Nachteil ist es jedoch, daß Sie dann immer über die Struktur auf das Feld zugreifen müssen.

Initialisierung bei der Definition

Im Beispielprogramm wurde die Initialisierung der Struktur nach der Definition vorgenommen. Sie hätten die Initialisierung aber auch – genau wie bei den anderen Variablentypen – direkt bei der Definition vornehmen können:

```
Personendaten person={"Joseph", "Müller",  6700, 34};
```

Die Reihenfolge der Initialisierungswerte muß mit der Reihenfolge der Variablen in der Strukturdeklaration übereinstimmen.

2 Es sei denn, daß die Funktion die Inhalte der Originalstruktur verändern soll. Dann müssen Sie den Funktionsparameter genau wie bei den elementaren Datentypen als Referenz deklarieren (*Personendaten & person*).

12.3 Zeiger auf Strukturen

Um später bei der dynamischen Speicherverwaltung nicht vor ungelösten Problemen zu stehen, müssen wir uns kurz ansehen, wie Zeiger auf Strukturen definiert und verwendet werden. Schauen wir uns erst noch einmal die Definition einer Variablen vom Typ unserer eigenen Struktur an:

```
Personendaten person;
```

Wenn Sie sich noch daran erinnern, wie die Zeiger auf andere Variablentypen definiert wurden, dürfte es Ihnen nicht schwerfallen, einen Zeiger auf eine Struktur vom Typ *Personendaten* zu definieren.

Syntax

```
Personendaten *personptr;
```

Die Zuweisung erfolgt ebenfalls analog. Da ein Zeiger ja die Adresse einer Variablen des Typs speichert, auf die er zeigt, müssen wir einfach die Adresse übergeben:

```
personptr=&person;
```

Der Zugriff auf die einzelnen Komponenten einer normalen Strukturvariablen geschah zum Beispiel wie folgt:

```
person.Alter=34;
```

Der Zugriff über einen Zeiger erfordert eine andere Schreibweise:

```
Personptr->Alter=40;
```

Diese Schreibweise ist sehr intuitiv, weil man sich den aus Bindestrich und Größerzeichen entstehenden Pfeil gut als „zeigt auf" merken kann. Es ist natürlich klar, daß sich durch diese Zuweisung die Variable *Alter* der Strukturvariablen *person* geändert hat, weil ja *personptr* auf die Variable *person* zeigt. Die Anweisung

```
cout << "Alter = " << person.Alter;
```

ergibt demnach als Alter den Wert 40. Schauen Sie sich einmal folgendes Fragment an:

```
struct Personendaten a, b, c, *d, *e;

b=a;
d=&b;
e=&c;
*e=*d;
e=d;
```

Zuerst werden *a,b* und *c* als Strukturvariablen und *d* und *e* als Zeiger auf eine Struktur definiert. Die erste Zeile kopiert den Inhalt der Strukturvariablen *a* komplett in die Strukturvariable *b*.

Die zweite Zeile weist die Adresse von *b* dem Zeiger *d* zu. *d* zeigt somit auf *b*. In der nächsten Zeile wird die Adresse von *c* dem Zeiger *e* zugewiesen, wodurch er auf *c* zeigt.

Dann wird durch die Dereferenzierung von *e* und *d* der Inhalt der Variablen, auf die *d* zeigt, komplett in die Variable kopiert, auf die *e* zeigt. Weil aber *d* auf *b* und *e* auf *c* zeigen, wird der Inhalt von *b* nach *c* kopiert. In der letzten Zeile wird der Inhalt von *d* nach *e* kopiert. Da beide Zeiger sind, wird hier nur eine Adresse kopiert, weil der Dereferenzierungsoperator fehlt. Deshalb zeigt *e* nun auf die gleiche Variable, auf die *d* zeigt, nämlich auf *b*.

12.4 Felder von Strukturen

Da Felder häufig eine elegante Möglichkeit zur Problemlösung bilden, wollen wir hier das Erstellen von Strukturfeldern besprechen. Schauen wir uns die Felder noch einmal an einem bekannten Beispiel an. Eine normale *int*-Variable wird folgendermaßen definiert:

```
int x;
```

Wollten wir ein Feld von 100 Einträgen definieren, sähe dies so aus:

```
int x[100];
```

Bedenken Sie dabei, daß der erste Wert den Index null hat (*x[0]*) und der letzte, sprich hundertste Wert den Index 99 (*x[99]*). Bei Strukturen verläuft die Definition analog. So sieht eine Definition einer einzelnen Strukturvariablen aus:

```
Personendaten person;
```

Wollten Sie nun 100 Personen verwalten, müßten Sie folgendes schreiben:

Syntax

```
Personendaten personen[100];
```

Soll nun das Alter der vierten Person gesetzt werden, dann geschieht dies folgendermaßen:

```
personen[3].Alter=65;
```

Drei deswegen, weil ja die erste Person den Index 0 hat.

12.5 Verschachtelte Strukturen

Genauso wie die Anweisungsblöcke anderer Konstrukte können auch Strukturen verschachtelt werden. Allerdings gestaltet es sich ein wenig anders. Zuerst wird eine innere Struktur deklariert:

```
struct S_Adresse
  {
    char Strasse[100];
    unsigned long PLZ;
    char Ort[80];
  };
```

Dann wird diese als Variable in die andere Struktur eingesetzt:

```
struct Personendaten
  {
    S_Adresse Adresse;

    char Vorname[40];
    char Nachname[40];
    int Bruttogehalt;
    int Alter;
  };
```

Auf die bereits bekannten Komponenten von *Personendaten* wird wie bisher zugegriffen. Angenommen, daß *person* eine Variable vom Typ *Personendaten* sei, werden die Komponenten der inneren Struktur *Adresse* folgendermaßen angesprochen:

```
person.Adresse.PLZ=50000;
```

Da diese verschachelte Struktur nach außen hin wiederum eine Struktur ist, werden bei einem Kopiervorgang erfreulicherweise sowohl die Hauptstruktur als auch die innere Struktur vollständig kopiert:

```
struct Personendaten person, person2;
person2=person;
```

person2 ist nun eine 1:1 Kopie von *person*.

12.6 Unions

Stellen Sie sich vor, Sie bräuchten eine Struktur, in der entweder ein String oder eine Ganzahl oder eine Fließkommazahl gespeichert werden müßte, aber nie zwei oder drei der verschiedenen Typen zusammen. Entwerfen Sie einmal einen Datentyp, der diesen Anforderungen gerecht wird. Ich vermute, daß er so oder so ähnlich wie dieser hier aussehen wird.

```
struct block
  {
    char string[10];
    int integer;
    double dbl;
  };
```

Nun ist dies aus der Sicht des Speichers eine äußerst verschwenderische Variante. Würden Sie einen *int*-Wert speichern, hätten Sie mindestens 14 Bytes verschwendet (wegen des Strings und der *double*-Variablen). Etwas weniger aber immer noch genug wird verschwendet, wenn Sie einen String oder eine Fließkommazahl speichern.

Deswegen hat man sich für den Fall, daß immer nur ein Wert von mehreren gespeichert werden muß, eine Variante der Struktur ausgedacht, die *union*, was auf deutsch „Zusammenschluß" heißt.

Syntax

```
union block
  {
    char string[10];
    int integer;
    double dbl;
  };
```

Nun ist die Umwandlung der Struktur in eine *union* denkbar einfach. Es muß nur das Wort *struct* gegen das Wort *union* ausgetauscht werden. In diesem Fall ist die union 10 Bytes groß, weil das größte Datenelement in ihr der String ist[3]. Schreiben Sie in die *union* einen String, können Sie ihn natürlich auch auslesen. Sollten Sie danach aber einen *int*-Wert speichern, wird der String überschrieben. Dazu ein kleines Beispiel:

```
#include <iostream>
#include <cstring>

using namespace std;

union block
  {
    char string[10];
    int integer;
    double dbl;
  };

int main()
```

3 Es ist jedoch sehr wichtig, sich immer vor Augen zu halten, daß durch die Speicherplatzeinsparung nur immer einer der in der *union* enthaltenen Datentypen gespeichert werden kann.

```
{
block sammlung;

  sammlung.integer=20;
  cout << "int = " << sammlung.integer << endl;

  strcpy(sammlung.string, "Johann");
  cout << "string = " << sammlung.string << endl;
  cout << "int = " << sammlung.integer << endl;

  sammlung.dbl=3.1415926535;
  cout << "double = " <<sammlung.dbl <<endl;
  cout << "string = " << sammlung.string << endl;
  cout << "int = " << sammlung.integer << endl;
}
```

Den Quellcode dieses Beispiels finden Sie auf der Diskette unter \KAP12\BSP02.CPP.

Schauen wir uns einmal die *main*-Funktion an. Zuerst wird dem *int*-Wert 20 zugewiesen. Die nachfolgende Ausgabe bestätigt die Speicherung.

Die folgende Anweisung kopiert „Johann" in den String hinein. Auch dies wird von der folgenden Ausgabe bestätigt. Doch bei der darauffolgenden Ausgabe, die eigentlich 20 ausgeben müßte, tritt etwas überraschendes auf. Eine andere Zahl erscheint, aber nicht 20. Das liegt daran, daß alle drei Komponenten der *union* denselben Speicherplatz benutzen.

Es ist darum nicht verwunderlich, daß, nachdem die Fließkommazahl zugewiesen wurde, sie auch korrekt ausgeben wird. Nicht korrekt ist jedoch die folgende Ausgabe des Strings und des *int*-Wertes. Sie kann es auch nicht, weil sie durch die Fließkommazahl überschrieben wurden.

Während bei einer Struktur jedes Element seinen eigenen Speicherplatz bekommt, benutzen bei einer union alle Elemente denselben Speicherplatz. Die Größe des Speicherplatzes richtet sich nach dem größten Element der *union*.

Mit *unions* kann all das gemacht werden, was auch mit Strukturen gemacht werden kann. Abgesehen natürlich von den Einschränkungen, die die Tatsache mit sich bringt, daß nur immer ein Variablentyp gleichzeitig in einer *union* gespeichert werden kann.

Mit der zunehmenden Größe des Arbeitsspeichers im Computer werden die praktischen Anwendungen der *union* immer mehr eingegrenzt. Sie ist jedoch in einigen Fällen immer noch sinnvoll.

12.7 Der Aufzählungstyp enum

Ein weiterer Datentyp, den wir jetzt kennenlernen werden, ist der Aufzählungstyp **enum**. *enum* ist die Abkürzung von „enumeration", was auf deutsch soviel wie „Aufzählung" heißt. *enum* ist ein Ganzzahltyp, dessen Zahlenmenge aber eingeschränkt ist, zum Beispiel:

Syntax

```
enum Woche{MO,DI,MI,DO,FR,SA,SO};
```

Es wurde nun ein Variablentyp namens *Woche* deklariert, der genau sieben Werte annehmen kann (MO,DI,MI,DO,FR,SA,SO). Der Name Aufzählungstyp kommt daher, daß C++ den sieben Konstanten Werte zuweist. MO hat den Wert 1, DI=2 usw. bis SO=7. Wir können nun eine Variable definieren:

```
Woche tag;

tag=MI;
```

In diesem Beispiel hätte *tag* den Wert 3. Folgendes wäre jedoch nicht erlaubt:

```
tag=10;
```

Da *tag* nur für die Werte 1 bis 7 definiert ist, wird diese Anweisung einen Fehler bei der Kompilation hervorrufen[4]. Sie können die Werte auch zur Schleifensteuerung benutzen. Für den Fall, daß Sie alle Wochentage durchgehen möchten:

```
for(tag=MO; tag<=SO; tag++)
```

Zuweisung an Ganzzahlvariable

Zuweisungen an andere Ganzzahl-Variablen sind möglich:

```
int x;
short y;

x=DO;
x=tag;
y=tag;
```

---

4 Genaugenommen ist der Fehler keine Folge einer ungültigen Zahl, sondern deshalb, weil eine Ganzzahl als *const int* angenommen wird und der Compiler keine implizite Umwandlung von int nach enum Woche vornimmt. Hätte man tag=(Woche)(10) geschrieben, dann wäre die Zuweisung fehlerllos kompiliert worden, obwohl 10 nicht nur Menge des Aufzählungstyps gehört.

Falsch!

```
tag=x;
```

Wie Sie sehen, können die Aufzählungstypen anderen Ganzzahl-Variablen zugewiesen werden. Die letzte Anweisung jedoch wird wieder einen Fehler bei der Kompilation hervorrufen, weil *x* eine größere Zahlenmenge repräsentiert als *tag*. Es könnte daher sein, daß *x* einen Wert besitzt, der für *tag* nicht zulässig ist. Deswegen moniert der Compiler dies als Fehler. Sie können jedoch mit einer expliziten Typumwandlung[5] eine Zuweisung erzwingen.

```
tag=(Woche)(x);
```

Sie sollten jedoch sicherstellen, daß *x* tatsächlich immer einen für *tag* gültigen Wert annimmt[6]. Sie können die einzelnen Werte des Aufzählungstyps auch selbst bestimmen:

```
enum Monate{JAN=3, FEB, MAR, APR=20, MAI,  JUN,  JUL=100,
AUG=35, SEP, OKT, NOV, DEZ=0};
```

Die einzelnen Werte wurden wie folgt vergeben: JAN=3, FEB=4, MAR=5, APR=20, MAI=21, JUN=22, JUL=100, AUG=35, SEP=36, OKT=37, NOV=38, DEZ=0. Daraus läßt sich folgende Regel ableiten:

Ist der Wert einer Konstanten nicht explizit angegeben, ist er um 1 höher als der Wert ihrer Vorgängerin. Ist der Wert der ersten Konstanten nicht explizit angegeben, dann ist er 1.

12.8 Eigene Typen mit typedef

In C++ hat man die Möglichkeit, eigene Variablentypen zu deklarieren. Dies hat den Vorteil, daß der tatsächliche Variablentyp im Programm nicht vorkommt und entsprechende Änderungen nur an der Typendefinition vorgenommen zu werden brauchen. Nehmen wir zum Beispiel die Struktur *Adresse* aus dem vorherigen Kapitel. Wir deklarieren nun einen neuen Variablentyp namens *TAdresse*[7].

Syntax

```
typedef struct Adresse TAdresse;
```

Nun können Sie eine Variable vom neuen Typ definieren:

```
TAdresse adr;
```

---

5 Die explizite Typumwandlung wird mit dem *cast*-Operator vorgenommen.

6 Um dies sicherzustellen, definieren sie *x* am besten auch als vom Typ *Woche*. Dann brauchen Sie auch keine explizite Typumwandlung mehr.

7 Der Name mit führendem T ist für die Deklaration nicht zwingend. Es bietet sich aber an, den Namen selbstdeklarierter Typen mit einem T oder T_ beginnen zu lassen, um das Programm lesbarer zu gestalten.

Dies läuft auf dasselbe hinaus als schrieben Sie *struct Adresse adr;*. Die Variante mit der Typendeklaration ist jedoch die elegantere[8]. Sie können die Typendeklaration auch direkt mit der Strukturdeklaration verbinden:

```
typedef struct Adresse
  {
    int isprivat;
    union Pinfo pinfo;
  } TAdresse;
```

Dies hat die gleiche Wirkung wie das getrennte Deklarieren der Struktur mit anschließender Typendeklaration. Auch mit den anderen Datentypen kann ein neuer Typ erzeugt werden:

```
typedef int integer;
typedef unsigned int UINT;
typedef char Name[40];
```

Die erste Anweisung erzeugt einen Variablentyp mit Namen *integer*, der sich genauso verhält wie *int*. Die zweite Zeile deklariert *UINT*. Die dritte Zeile deklariert den Datentyp *Name*, welcher gleichbedeutend ist mit einem Feld von 40 *char*-Werten. Eine Definition sähe folgendermaßen aus:

```
Name vorname;
```

vorname ist nun ein 40-elementiges *char*-Feld. Sie können auch von mit Aufzählungstypen eine neue Typendeklaration entwerfen:

```
typedef enum Woche{MO=0,DI,MI,DO,FR,SA,SO};

Woche tag;
```

8 Die Typendeklaration ist nicht zu vergleichen mit der *#define* Anweisung des Präprozessors, mit der ähnliche Effekte zu erzielen wären. *typedef* ist ein Element der Sprache C++, wohingegen *#define* sich lediglich auf der Textebene auswirkt und nicht im Kontext betrachtet wird.

12.9 Kontrollfragen

1. Kann man erst bei der Variablendefinition die Struktur deklarieren? Wie sähe das aus?
2. Nennen Sie den Hauptunterschied zwischen Unions und Strukturen.
3. Verbraucht eine Struktur mehr Speicherplatz als die Summe ihrer Elemente? Wenn ja, warum?
4. Wird auch bei *unions* Alignment angewandt?
5. Nennen Sie Pro-Argumente zur Benutzung von *typedef*.
6. Gibt es Situationen, in denen man auf Strukuren verzichten sollte?

13 Die bitweisen Operatoren

Wir wollen in diesem Kapitel die binären Operatoren besprechen. Weil sie für das weitere Verständnis nicht erforderlich sind, können Sie dieses Kapitel auch überspringen und erst bei Bedarf durcharbeiten.

Wir besprechen dabei im Wesentlichen die folgenden Bereiche:

- Was sind bitweise Verknüpfungen?
- Welche bitweisen Verknüpfungen gibt es?
- Wie kann man einzelne Bits setzen oder löschen?
- Wie können Bits verschoben werden?
- Was sind Bitfelder?

Wir haben in Kapitel 5.6 die logischen Operatoren kennengelernt, die zwei Bedingungen aufgrund einer logischen Verknüpfung zu einer Bedingung verbinden. Nun gibt es auch noch die bitweisen Operatoren, die zwei Zahlen bitweise aufgrund einer logischen Verknüpfung zu einer Zahl verknüpfen. Wichtig zum Verständnis der Arbeitsweise dieser Operatoren ist das Kaptiel 9.6 über das binäre Zahlensystem.

13.1 Der AND-Operator

Schauen wir uns noch einmal die AND-Verknüpfung an:

Bit1	Bit2	(Bit1&Bit2)
0	0	0
0	1	0
1	0	0
1	1	1

Tabelle 13.1: Die bitweise UND-Verknüpfung

&

Wenn Sie das Wort „Bit" gegen „Bedingung", „0" gegen „falsch" und „1" gegen „wahr" eintauschen, haben Sie die gleiche Verknüpfung wie für den Operator „&&", nur daß der bitweise AND-Operator mit einem & geschrieben wird. Schauen wir uns ein Beispiel an:

```
x=54&155;
```

x hat nach dieser Zuuweisung den Wert 18. Um die beiden Werte bitweise zu verknüpfen, werden jeweils zwei positionsgleiche Bits entsprechend der Verknüpfungstabelle 13.1 miteinander verknüpft. Dieser Vorgang ist in Abbildung 13.1 dargestellt.

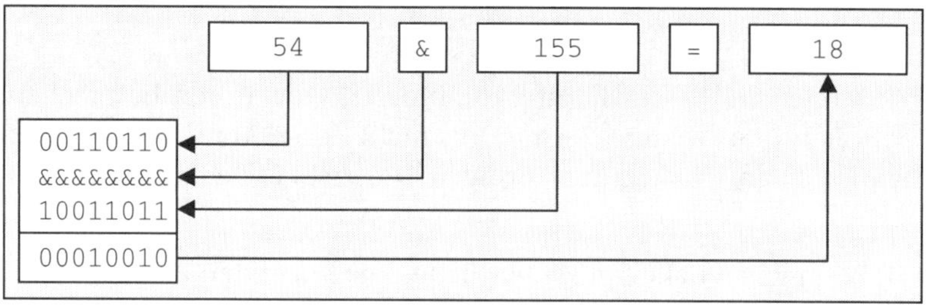

Bild 13.1: Beispiel einer bitweisen UND-Verknüpfung

Bits ausmaskieren

Mit der AND-Verknüpfung können Sie einfach und effektiv einzelne Bits einer Zahl auf null setzen (ausmaskieren). Sie bilden einfach eine Maske, in der Sie die Bits, die Sie beibehalten wollen, mit 1 belegen und die,die gelöscht werden sollen mit 0.

Sie müssen dazu natürlich die Bitbreite einer Variablen kennen. Da ein Byte aus acht Bits besteht, brauchen sie den *sizeof()*-Wert der Variablen nur mit 8 zu multiplizieren. Wollten Sie zum Beisiel in einem *char*-Wert das erste und letzte Bit löschen, alle anderen aber beibehalten, benutzen Sie als Maske 01111110. Dezimal ist dies 126. Also nach der Operation *x=x&126* sind bei *x* das erste und letzte Bit gelöscht und die anderen sind unverändert.

Mit dieser Ausmaskierung von Bits können Sie ganz einfach feststellen, ob eine Zahl gerade oder ungerade ist.

Welche Eigenschaft haben alle geraden Zahlen gemeinsam und welche die ungeraden Zahlen? Denken Sie einmal bitweise.

Bei allen geraden Zahlen ist Bit0 = 0 und bei allen ungeraden Zahlen ist Bit0 gesetzt. Das heißt, wenn die Verknüpfung x&1 den Wert 1 hat, war x eine ungerade Zahl. Kommt der Wert null heraus, war x gerade.

Für den AND-Operator gibt es auch einen Zuweisungesoperator. &=

```
x&=7
```

Er ist äquivalent zu:

```
x=x&7
```

13.2 Der inclusive-OR-Operator

Das Zeichen für den inklusiven ODER-Operator ist |. Er ist die einfache Variante des logischen OR-Operators ||. Hier die Verknüpfungstabelle:

Bit1	Bit2	(Bit1|Bit2)
0	0	0
0	1	1
1	0	1
1	1	1

Tabelle 13.2: Die bitweise inklusive ODER-Verknüpfuung

Diese Verknüpfungstabelle entspricht der des logischen Operators ||, nur daß der binäre Inklusiv-ODER-Operator | bitweise arbeitet. Daher die ähnliche Schreibweise. |

Bits setzen

Mit dem Inklusiv-ODER-Operator können Sie bequem Bits in einer Variablen setzen. Die dafür nötige Maske muß für die zu setztenden Bits eine 1 enthalten und für die beizubehaltenden Bits eine 0. *x|129* würde also das erste und letzte Bit einer *char*-Variablen setzen und die anderen beibehalten.

Es gibt auch hier einen Zuweisungsoperator: |=

```
x|=7
```

Er ist äquivalent zu:

```
x=x|7
```

13.3 Der exclusive-OR-Operator

^ Der Exklusiv-ODER-Operator ^ ist eine Art Ungleichheitsoperator. Die Verknüpfung liefert nur dann eine 1, wenn die beiden verknüpften Bits unterschiedlich sind. Hier die Verknüpfungstabelle:

Bit1	Bit2	(Bit1^Bit2)
0	0	0
0	1	1
1	0	1
1	1	0

Tabelle 13.3: Die bitweise exklusive ODER-Verknüpfung

^= Auch hier gibt es wieder einen Zuweisungsoperator:

```
x^=7
```

Dieser ist äquivalent zu:

```
x=x^7
```

13.4 Der NOT-Operator

~ Der NOT-Operator ~ wirkt sich auf eine Zahl in der Form aus, daß er jedes Bit umdreht.

Bit1	~Bit1
0	1
1	0

Tabelle 13.4: Der bitweise NOT-Operator

Der Operator wird in der Form x=~x oder x=~7 benutzt.

13.5 Die Verschiebeoperatoren

In C++ gibt es sogenannte Verschiebeoperatoren, die die Bits einer Zahl nach links oder rechts verschieben können. Der Rechtsverschiebe-Operator ist >> und der Linksverschiebe-Operator ist <<.

Linksverschiebuung

Beim Verschieben nach links werden alle Bits innerhalb einer Variablen nach links geschoben. Die rechts freiwerdenden Bits bekommen den Wert 0. Die Bits, die links rausgeschoben werden, sind verloren.

Schieben Sie zum Beispiel den *char*-Wert 160 einmal nach links, kommt der Wert 64 heraus. Da 160 binär geschrieben 10100000 ist, kommt nach einer einmaligen Verschiebung nach links der Wert 01000000 heraus und das ist dezimal 64.

Die beiden in C++ möglichen Schreibweisen wären: <<

```
x=x<<1;
```

oder <<=

```
x<<=1;
```

Rechtsverschiebung

Die Verschiebung nach rechts verläuft ähnlich. Allerdings muß bei der Bestimmung der Bits, die links frei werden, unterschieden werden, ob der zu verschiebende Wert positiv oder negativ ist. Ist der Ursprungswert positiv wird von links mit 0-Bits gefüllt. Ansonsten hängt das Ergebnis vom Compiler ab.

C++ erlaubt auch hier zwei Schreibweisen: >>

```
x=x>>1;
```

oder >>=

```
x>>=1;
```

Die drei Fälle des Verschiebens sind in Abbildung 13.2 dargestellt.

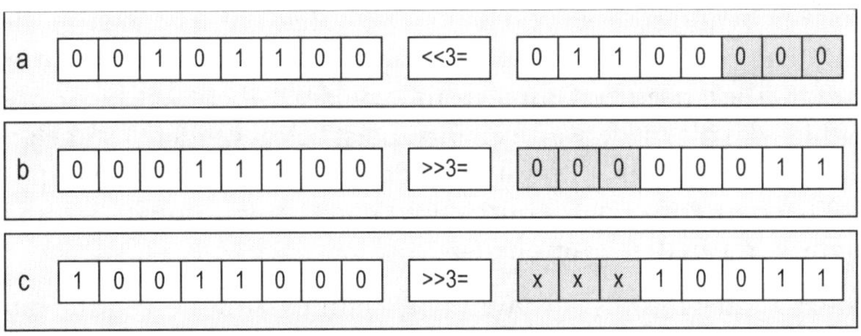

Bild 13.2: Die unterschiedlichen Fälle beim bitweisen Verschieben

Die durch das Verschieben der Bits nach links freiwerdenden Bitpositionen auf der rechten Seite werden mit Nullbits aufgefüllt (Abb.13.2a).

Bei der Verschiebung nach rechts müssen zwei Fälle unterschieden werden. Sollte der nach rechts zu verschiebende Wert positiv sein, dann werden die auf der linken Seite freiwerdenden Bitpositionen mit Nullbits aufgefüllt (Abb.13.2b). Handelt es sich um einen negativen Wert, dann ist die Wertigkeit der Füllbits compilerabhängig (Abb.13.2c).

13.6 Bitfelder

In C++ hat man die Möglichkeit, einzelne Bits oder Bitgruppen zu sogenannten Bitfeldern zusammenzuschließen. Ein Bitfeld wäre zum Beispiel folgendes:

Syntax

```
struct MeineBits
  {
    unsigned int wert1:1,wert2:1,wert3:2,wert4:4;
  };
```

Sie können nun eine Variable dieses Typs definieren:

```
MeineBits a;
```

Auf die einzelnen Felder greifen Sie dann so zu:

```
a.wert1=1;
a.wert4=5;
```

Das Bitfeld muß immer Teil einer Struktur sein. Die Bitgruppen *wert1* und *wert2* bestehen jeweils aus einem Bit und können daher die Werte von 0 bis 1 annehmen. Bitgruppe *wert3* besteht aus 2 Bits und kann Werte von 0 bis 3 annehmen. Bitgruppe *wert4* besteht aus 4 Bits und kann Werte von 0 bis 15 annehmen.

Insgesamt benötigt das Bitfeld 8 Bits. Das Bitfeld selbst ist so groß wie der Datentyp *unsigned int*. Wäre das Bitfeld vom Typ *char*, wäre es 8 Bits groß. Die einzelnen Gruppen sind von der Reihenfolge her so angeordnet, das die niederwertigen Bits zuerst belegt werden. Das heißt, daß Gruppe *wert1* an Bitposition 0 der *int*-Variablen liegt. Gruppe *wert2* liegt an Position 1, Gruppe *wert3* an den Positionen 2-3 und Gruppe *wert4* an den Positionen 4-7.

Benutzt werden die Bitfelder, wenn bestimmte Hardware-Register bitweise angesprochen werden müssen. Sie definieren dann einfach einen Zeiger vom Typ Ihres Bitfeldes und geben als Adresse die Adresse des Registers im Speicher an.

Wie Sie sehen, können sie nur die Gruppen des Bitfeldes einzeln ansprechen, nicht aber den Gesamtwert, den alle Gruppen zusammen bilden würden. Doch dazu gibt es einen Trick. Sie bilden einfach eine *union* mit dem Bitfeld und einer normalen *unsigned int*-Variablen:

```
union Zugriff
  {
    unsigned int zahl1;
    struct MeineBits zahl2;
  };
```

Wenn Sie jetzt eine Variable diesen Typs definieren,

```
Zugriff x;
```

ermöglicht Ihnen die folgende Anweisung den Zugriff auf das gesamte Feld, das dann als eine Zahl interpretiert wird[1]:

```
x.zahl1=0;
```

Der Zugriff auf die einzelnen Gruppen des Bitfeldes kann folgendermaßen realisiert werden:

```
x.zahl2.wert3=2;
```

13.7 Kontrollfragen

1. Worin unterscheiden sich die bitweisen Verknüpfungen von den logischen?
2. Welche Verwendung finden die bitweisen Operatoren hauptsächlich?
3. Worin unterscheidet sich die inklusive ODER-Verknüpfung von der exklusiven?
4. Was muß man bei der Rechtsverschiebung beachten?

13.8 Übungen

1. Schreiben Sie eine Funktion *deztobin*, die einen übergebenen *unsigned long*-Wert binär ausgibt. Denken Sie dabei an die Berücksichtigung eventuell auftretender Sonderfälle.

   Verzichten Sie auf führende Nullen! Sie schreiben ja im allgemeinen nicht 00033, sondern 33.

   Ergänzend dazu sollten Sie noch eine *main*-Funktion schreiben, mit der Sie die Ausgabe überprüfen können.

1 Zum Beispiel zum Initialiseren des gesamten Feldes.

2. Schreiben Sie eine Funktion *groupSize*, der Sie einen *unsigned long*-Wert übergeben, und die dann die Bitanzahl der größten Gruppe nebeneinander stehender 1-Bits zurückgibt.

   Schreiben Sie eine passende *main*-Funktion und benutzen Sie zusätzlich die Ausgabe von *deztobin*, um *groupSize* zu überprüfen. Die Ausgabe könnte zum Beispiel so aussehen:

   ```
   Wert:115
   Die groesste 1-Bit-Gruppe von 115 (Binaer:1110011) hat 3 Bit(s)
   ```

14 Objektorientierte Programmierung

Obwohl wir die Landschaft von C++ schon weit bereist haben, sind wir bei der wirklichen Objektorientierung noch nicht angelangt. Das soll sich in diesem Kapitel ändern. Konkret geht es dabei um folgende Punkte:

- Was ist Abstraktion?
- Welche Möglichkeiten der Abstraktion gibt es?
- Was ist „prozessorientierte Sichtweise"?
- Was ist „objektorientierte Sichtweise"?
- Was sind Klassen, Instanzen, Methoden, Attribute?
- Was ist Vererbung?
- Was ist Datenkapselung?

14.1 Einführende Gedanken

Bevor wir uns mit den Möglichkeiten der objektorientierten Programmierung[1] vertraut machen, sollten wir uns erst einmal über die Motivation Gedanken machen, die hinter der Entwicklung der OOP steht. Denn man könnte sich ja Fragen stellen wie: „Warum wurde die OOP überhaupt erfunden?" oder „Warum waren die Programmierer nicht mehr mit der alten Programmierweise zufrieden?".

Informatik

Doch lassen wir uns erst zu der Daseinsberechtigung der Informatik kommen. Was ist die Aufgabe eines Informatikers oder eines Programmierers, der sich ja die Erkenntnisse der Informatik zunutze macht? Eine komprimierte Antwort auf diese Frage wäre die folgende:

1 Der Einfachheit halber wird im weiteren Verlauf der Ausdruck "objektorientierte Programmierung" durch die übliche Abkürzung "OOP" ersetzt.

Die Aufgabe der Informatik ist die Bewältigung von Komplexität.

Komplexität

Doch wie wird die Komplexität bewältigt? Das der ganzen Informatik und darüber hinaus auch allen anderen Bereichen der Komplexitätsbewältigung zugrundeliegende Prinzip ist das der Abstraktion.

Das beste Mittel zur Bewältigung von Komplexität ist die Abstraktion.

Diese beiden Aussagen gemeinsam definieren dann den Aufgabenbereich der Informatik:

Die Informatik bewältigt Komplexität mit Hilfe von Abstraktion unter Einsatz von Computern.

Abstraktion

Aber was genau ist Abstraktion? Man abstrahiert zum Beispiel, wenn man Objekte unterschiedlicher Art, die aber alle in einem Teilbereich Gemeinsamkeiten haben, in einer Gruppe zusammenfaßt und diese Gruppe dann anstelle der einzelnen Objekte erwähnt oder benutzt. Jeder Mensch abstrahiert bei der täglichen Kommunikation mit seinen Mitmenschen. Man kann grob zwei Arten der Abstraktion unterscheiden:

Beginnen wir mit einem Beispiel zur ersten Art. Angenommen Sie wären am Wochenende in der Natur spazierengegangen. Wenn Sie dieses Erlebnis jemand anderem erzählen, werden Sie mit Sicherheit nicht sagen: „Ich bin am Wochenende durch einen wunderschönen Buchen-, Birken-, Eichen-, Fichten-, Eschen- und Lindenwald spazierengegangen." Sie würden eher etwas sagen wie „Ich bin am Wochenende durch einen wunderschönen Laubwald gegangen." oder „Ich bin am Wochenende in einem wunderschönen Wald spazierengegangen". Diese Form der Abstraktion faßt Individuen verschiedener Arten zu einer übergeordneten Art zusammen, die die Gemeinsamkeiten der Individuen repräsentiert.In unserem Beispiel sind die Individuen die Bäume, die unterschiedlichen Arten angehören können. Die übergeordnete Art wären die Laubbäume, deren Gemeinsamkeit es ist, Laubblätter zu besitzen.

Und nun ein Beispiel zur zweiten Art: Angenommen, Sie hätten einen Zoobesuch hinter sich und auf der Affeninsel wäre heute der Teufel losgewesen. Wenn Sie dies einem anderen Menschen erzählen, werden Sie sich wohl kaum folgendermaßen ausdrücken: „Der Affe mit der Narbe am Arm, der Affe mit dem dunklen Fell, das Affenweibchen mit den zwei Affenjungen und der Affe mit dem langen Fell waren heute ziemlich aufgedreht." Vielmehr würden sie etwas der folgenden Art sagen:"Die Affen auf der Affeninsel waren heute ziemlich aufgedreht." Diese Form der Abstraktion faßt Individuen der gleichen Art zusammen. Obwohl jeder Affe auf der Affeninsel ein eigenständiges Individuum ist und jeder sein eigenes Aussehen, seine eigenen Eigenschaften und seine eigenen Erfahrungen besitzt, fassen Sie sie zu der Gruppe „Die Affen auf der Affeninsel" zusammen, weil die Tatsache, daß sie auf der Affeninsel im Zoo hausen, all diesen Affen gemeinsam ist.

Modell

Zusätzlich zum Prozeß der Abstraktion muß die Informatik sich noch mit folgendem Problem auseinandersetzen: Wie stellt man ein reales Problem so dar, daß es vom Computer verabeitet werden kann?

Die Informatik stellt ein reales Problem oder einen realen Sachverhalt mit Modellen dar.

Dieser Modellierung eines realen Problems sehen Sie sich bei nahezu jedem Programm, das sie schreiben wollen, gegenübergestellt. Nun kann man ein Problem aber auf verschiedene Weisen betrachten. Sehen wir uns diese Betrachtungsweisen im folgenden genauer an.

14.2 Die prozedurale Sichtweise

Kommen wir zuerst zum konventionellen Vorgehen bei der Entwicklung eines Modells, nämlich der prozeduralen Sichtweise, bei der die Prozedur oder der Prozeß im Mittelpunkt steht.

Reale Objekte

Kommen wir zur ersten Frage: Was macht ein reales Objekt aus? Grundsätzlich kann man sagen, daß ein Objekt bestimmte Eigenschaften besitzt und daß es für das Objekt typische Prozesse gibt, die diese Eigenschaften manipulieren.

Da reale Objekte gewöhnlich eine sehr große Anzahl von Eigenschaften und Prozessen haben, müssen wir zur Darstellung eines realen Objekts die Abstraktion zu Hilfe nehmen. Von den unzählig vielen Eigenschaften eines Objekts berücksichtigen wir nur die, die für unser Problem wichtig sind. Dadurch entsteht ein Modell, welches die Realität vereinfacht beschreibt. Sie sollten sich darüber im klaren sein, daß jedes entworfene Modell eine Vereinfachung der Realität sein muß, weil Ihnen nie alle Parameter bekannt sein werden. Und selbst wenn sie Ihnen theoretisch bekannt wären, würde die Komplexität der Realität nicht zu bewältigen sein.

Kartoffeln als Beispiel

Nehmen wir zum Beispiel „Kartoffeln". Für unseren Zweck betrachten wir als Eigenschaften einer Kartoffelpflanze folgende Parameter: *Knollenanzahl, Knollendicke, Blütenanzahl* und die *Größe* der Pflanze. Als die Kartoffelpflanze manipulierenden Prozesse betrachten wir *blühen* und *wachsen.*

In der Realität sind die Prozesse fest an die Kartoffelpflanze gebunden. Unser Modell muß jedoch die Eigenschaften der Pflanze als Struktur zusammenfassen und jeden einzelnen Prozeß als eine Funktion definieren, die die entsprechenden Eigenschaften der Pflanze manipuliert. Der Prozeß *wachsen* verändert die Knollengröße, die Knollenanzahl und die Größe der Pflanze, wohingegen der Prozeß *blühen* nur die Blütenanzahl beeinflußt. Abbildung 14.1 stellt diesen Sachverhalt grafisch dar.

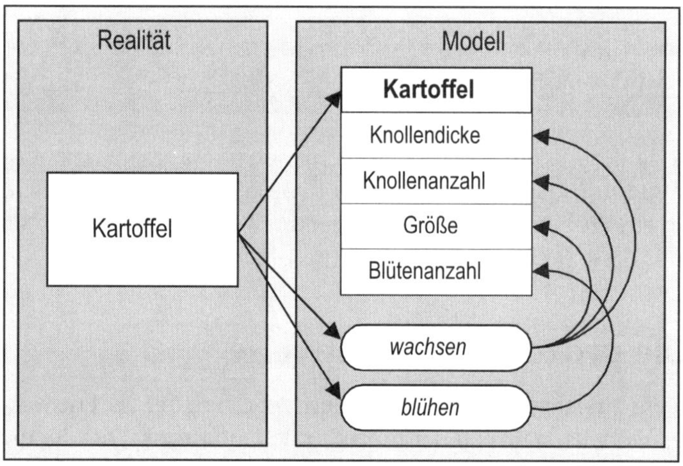

Bild 14.1: Prozessorientierte Modellierung einer Kartoffelpflanze

Schweine als Beispiel

Als zweites Beispiel betrachten wir das Objekt *Schwein.* Wir geben dem Schwein die Eigenschaften *Größe, Gewicht* und *Sättigungsgrad.* Der Sättigungsgrad soll angeben, wie satt das Schwein oder wie stark sein Hunger ist. Als Prozesse definieren wir *wachsen,* welcher sich auf die Größe und den Sättigungsgrad auswirkt, und *bewegen,* der sich auf das Gewicht und den Sättigungsgrad auswirkt. Abbildung 14.2 stellt die Zusammenhänge grafisch dar.

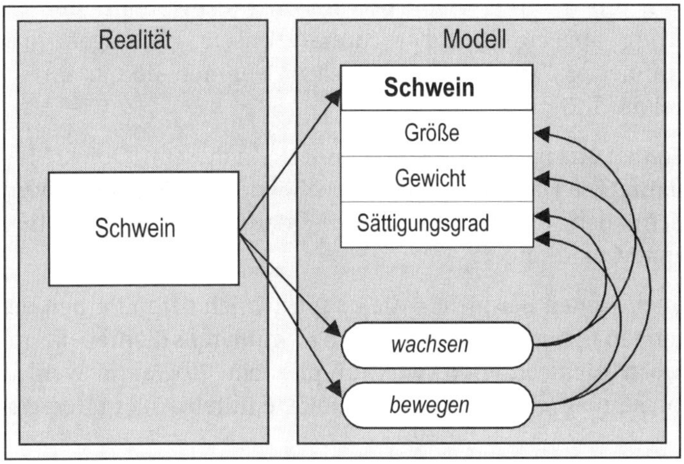

Bild 14.2: Prozessorientierte Modellierung eines Schweins

Sie sehen, daß unser Modell eine sehr starke Vereinfachung der Realität ist. Diese Vereinfachung genügt unserem Vorhaben jedoch vollauf.

Der Prozeß „fressen"

Entwerfen wir nun einen Prozeß, der beide Objekte manipuliert. Dafür bietet sich *fressen* an: Das Schwein frißt eine Kartoffelknolle. In der prozeßorientierten Sichtweise wäre dies eine Funktion, der wir Verweise auf ein Schwein und eine Kartoffelpflanze übergeben, und die dann die entsprechenden Manipulationen der Kartoffelpflanze vornimmt. Betroffen sind die Eigenschaften *Knollenanzahl* der Kartoffel und *Gewicht* und *Sättigungsgrad* des Schweins. Abbildung 14.3 zeigt den Prozeß *fressen* eingebettet in unser bisheriges Modell.

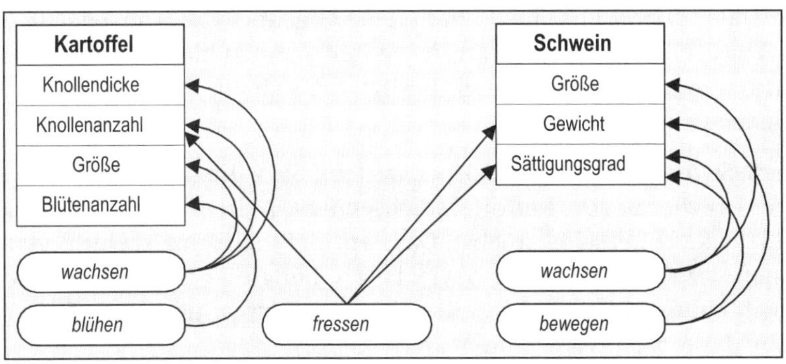

Bild 14.3: Prozessorientierte Modellierung des Prozesses „fressen"

Bereits an diesem einfachen Beispiel läßt sich sehr schön erkennen, wie komplex die Beziehungen zwischen den Prozessen und den Eigenschaften der zu manipulierenden Objekte werden.

Obwohl wir uns natürlich nicht bewußt die prozessorientierte Programmierung angeeignet haben, waren unsere bisherigen Programme immer prozessorientiert ausgelegt. Nehmen Sie nur einmal als Beispiel die Strings.

Wir haben den String als *char*-Feld definiert. Zu diesem „Objekt" haben wir dann eine Funktion (einen Prozeß) wie beispielsweise *reversstring* geschrieben, die das Objekt *String* dann entsprechend ihrer Funktionalität manipuliert.

Bei diesen einfachen Beispielen, die hauptsächlich dem Erlernen der grundlegenden Fertigkeiten des C++-Programmierens dienten, konnten wir noch nicht absehen, wie komplex ein Programm werden würde, sobald mehrere verschiedene Objekte miteinander interagieren.

Und genau hier kommt nun der Gedanke ins Spiel, eine Sichtweise zu entwerfen, bei der die natürliche Ordnung der Zusammenhänge stärker berücksichtigt wird, um damit die Beziehungen zwischen Prozessen und Eigenschaften auf ein Minimum zu reduzieren.

14.3 Die objektorientierte Sichtweise

Rekapitulieren wir noch einmal: Die prozeßorientierte Sichtweise faßt die Eigenschaften eines Objektes in einer Datenstuktur zusammen und entwirft die Prozesse als Funktionen, die auf dieser Datenstruktur operieren, sie also manipulieren.

Nun ist man bei der objektorientierten Sichtweise davon ausgegangen, daß die auf den Objekten operierenden Prozesse nichts weiter sind, als dynamische Eigenschaften des Objekts selbst. Dies bedeutet, daß das Objekt sowohl die Eigenschaften als auch die die Eigenschaften manipulierenden Prozesse besitzt, die sich auf diese Eigenschaften auswirken.

Diese Sichtweise ist viel natürlicher, denn Sie würden nie sagen, daß es etwas gibt, das die Kartoffel wachsen läßt. Nein, sie würden sagen, daß die Kartoffel selbst wächst. Das Kartoffelwachstum ist eine Eigenschaft der Kartoffel, genauso wie die Knollengröße. Schauen wir uns in Abbildung 14.4 die Modellierung von *Schwein* und *Kartoffel* mit Hilfe dieser Sichtweise einmal an.

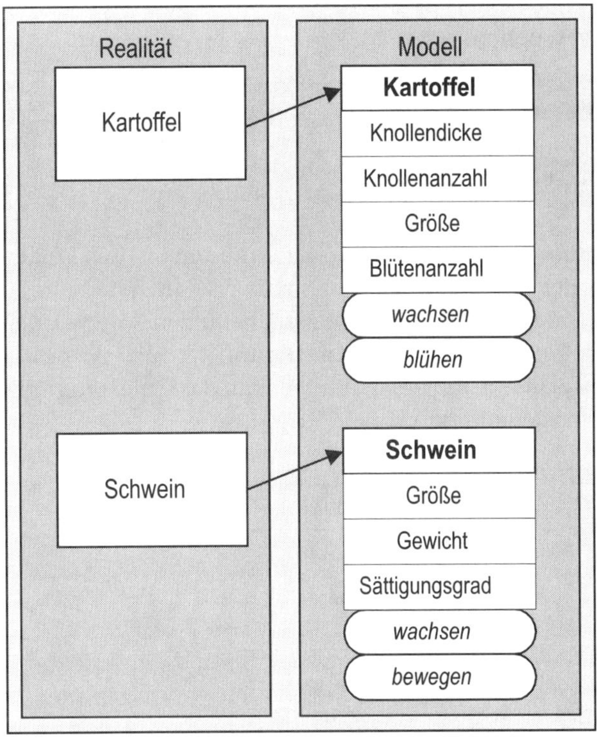

Bild 14.4: Objektorientierte Modellierung von „Kartoffel" und „Schwein"

Datenkapselung

Sie sehen die Vereinfachung auf den ersten Blick: Die Prozesse sind Eigenschaften des Objekts geworden. Dadurch findet die Manipulation der Eigenschaften durch die Prozesse „innerhalb" des Objekts statt. Ein Außenstehender wird nicht mehr mit der konkreten Manipulation konfrontiert, sondern sieht nur noch die manipulierenden Prozesse. Diese Form des „innerhalb Ablaufens" nennt man Kapselung.

Attribute

Kommen wir nun erst einmal zu ein paar Begriffsdefinitionen. Die Eigenschaften eines Objekts nennt man in der OOP Attribute.

Die Eigenschaften eines Objekts nennt man Attribute.

Methoden

Und die zu einem Objekt gehörenden Prozesse heißen Methoden.

Die Prozesse eines Objekts nennt man Methoden.

Die optimale Form der Datenkapselung ist gegeben, wenn der Benutzer eines Objekts keinen direkten Zugriff auf die Attribute mehr hat, sondern jegliche Art der Manipulation und jede Abfrage über Methoden des Objekts geschehen.

Die optimale Form der Datenkapselung ist gegeben, wenn jeglicher Zugriff auf Attribute eines Objekts nur noch über Methoden des Objekts möglich ist.

Schauen wir nun noch analog zur prozeßorientierten Sichtweise den Prozeß *fressen* in der objektorientierten Sichtweise an. Wie würden Sie die Methode *fressen* im Sprachgebrauch benutzen? Sie würden vermutlich sagen:"Das Schwein frißt die Kartoffel". Also ist *fressen* eine Methode von *Schwein,* die Auswirkungen auf das Objekt *Kartoffel* hat. Abbildung 14.5 zeigt dies.

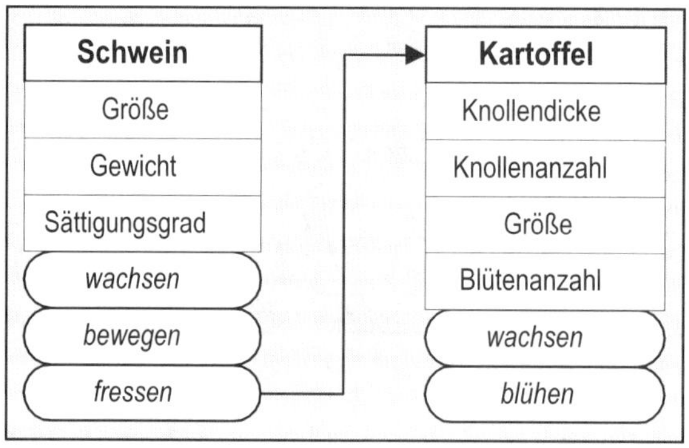

Bild 14.5: Objektorientierte Modellierung des Prozesses „fressen"

Wegen der Datenkapselung manipuliert die Methode *fressen* nicht direkt das Attribut *Knollenanzahl,* sondern wendet sich an das Objekt, welches eine Methode zur Manipulation von *Knollenanzahl* bereitstellen muß.

14.4 Objekte, Instanzen, Klassen

Klassen

Kommen wir nun wieder zu ein paar Begriffsdefinitionen. Die Gesamtheit von Objekten einer Art bezeichnet man als Klasse.

Eine Klasse faßt Objekte der gleichen Art zusammen.

Instanzen

Ein Objekt einer bestimmten Klasse ist eine Instanz dieser Klasse. Das Erzeugen einer Instanz von einer Klasse nennt man Instanziierung.

Objekte gleicher Art sind Instanzen der gleichen Klasse.

Erinnern Sie sich noch an die Abstraktion der zweiten Art mit den Affen auf der Affeninsel? Mit unseren neuen Begriffen gesprochen, wären die „Affen auf der Affeninsel" eine Klasse und jeder einzelne Affe eine Instanz dieser Klasse.

Genauso sind die einzelnen Schweine eine Instanz der Klasse *Schwein*. Die Attribute der einzelnen Schweine ist durch die Klasse vorgegeben. Lediglich die Werte der Attribute können und werden individuell verschieden sein. Abbildung 14.6 zeigt diese Zusammenhänge.

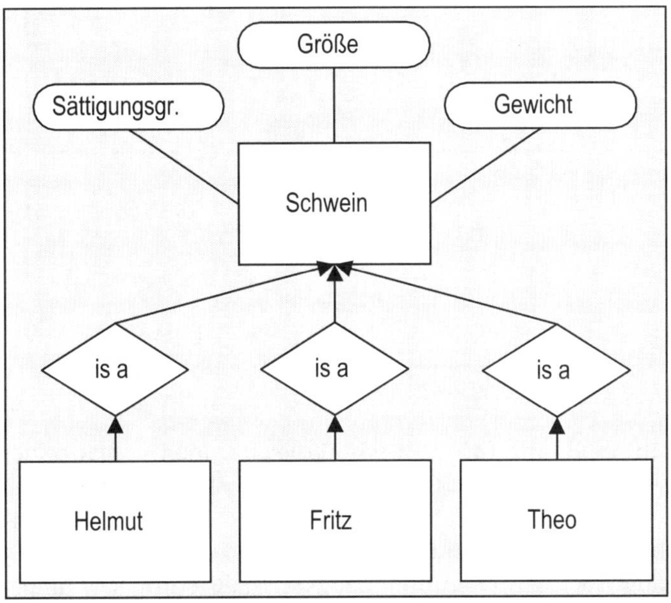

Bild 14.6: Die statischen Beziehungen zwischen „Objekt", Instanz" und „Attribut"

Die Objekte *Helmut, Fritz* und *Theo* sind eine Instanz der Klasse *Schwein*. Dies wird im Diagramm üblicherweise mit dem „is a"-Symbol gekennzeichnet, was auf deutsch soviel wie „ist ein(e)" bedeutet. Die Klasse *Schwein* hat die Attribute *Sättigungsgrad, Größe* und *Gewicht*. Darum besitzen die Objekte *Helmut, Theo* und *Fritz* als Instanz dieser Klasse diese Attribute ebenfalls.

14.5 Vererbung

Kommen wir nun noch auf die erste Abstraktionsart zu sprechen, die am Anfang des Kapitels vorgestellt wurde. Es ging dabei um das Zusammenfassen von Objekten verschiedener Arten zu einer übergeordneten Art, die die Gemeinsamkeiten der Objekte beinhaltet.

Vererbung

Dieses Abstrahieren entspräche in der OOP einer übergeordneten Klasse, die die Gemeinsamkeiten anderer Klassen beinhaltet. Im allgemeinen wird in der OOP jedoch zuerst eine Hauptklasse entworfen, von der dann andere Klassen abgeleitet werden. Dieses Ableiten nennt man Vererbung. Schauen wir uns dazu Abbildung 14.7 an.

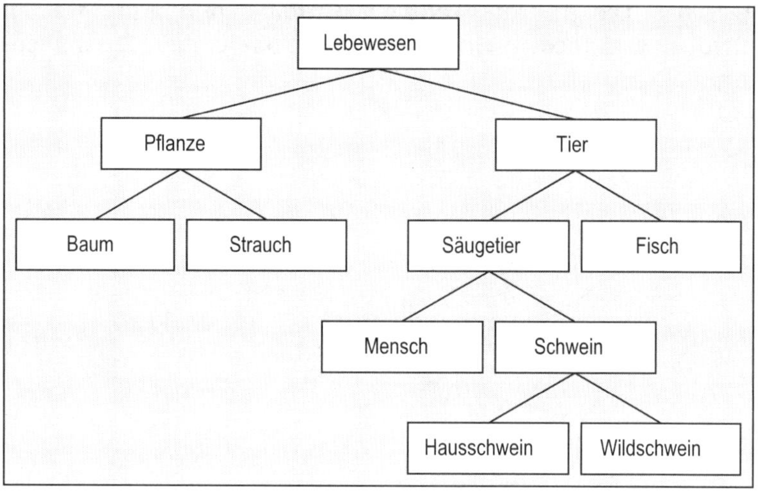

Bild 14.7: Beziehungen zwischen Klassen

Spezialisierung, Generalisierung

Wir sehen in Abbildung 14.7 sehr schön die einzelnen Vorgänge der Vererbung. Die Abbildung zeigt zwei Vorgänge – die Generalisierung und die Spezialisierung. Geht aus einer Klasse eine andere Klasse hervor, die nur einen Teilbereich der Ursprungsklasse abdeckt (z.B. vom Tier zum Säugetier), dann nennt man dies Spezialisierung. Der umgekehrte Vorgang heißt Generalisierung. Üblicherweise wird der Vorgang der Spezialisierung als Vererbung bezeichnet. Schauen wir uns dazu Abbildung 14.8 an.

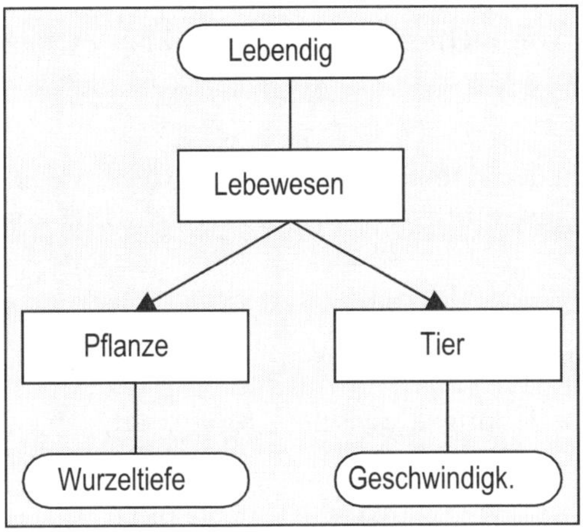

Bild 14.8: Der Vorgang der Vererbung

Wenn eine Klasse von einer anderen erbt, nennt man die Klasse, von der geerbt wurde, Basisklasse der erbenden Klasse.
Die erbende Klasse ist eine von der Basisklasse abgeleitete Klasse.

In Abbildung 14.8 bedeuten die Pfeile damit „ist Basisklasse von". *Lebewesen* ist Basisklasse von *Pflanze* und von *Tier. Lebewesen* hat als Attribut *Lebendig,* welches aussagt, ob das entsprechende Lebewesen noch lebt oder schon tot ist. Da *Pflanze* und *Tier* von *Lebewesen* erben, besitzen sie automatisch das Attribut *Lebendig.* Darüberhinaus wird die abgeleitete Klasse *Pflanze* noch um das Attribut *Wurzeltiefe* und die abgeleitete Klasse *Tier* noch um das Attribut *Geschwindigkeit* erweitert. Die Attribute der einzelnen Klassen werden noch einmal in Abbildung 14.9 gezeigt.

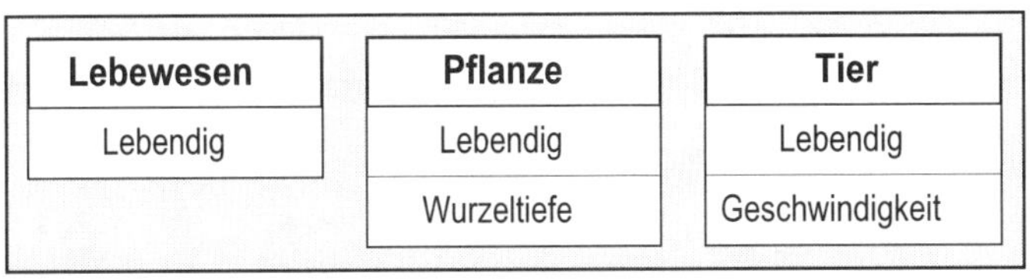

Bild 14.9: Die Attribute der Klassen „Lebewesen", „Pflanze" und „Tier"

Wichtig ist, daß zusätzlich zu den Attributen auch eventuell vorhandene Methoden vererbt werden.

Bei der Vererbung werden sowohl die Attribute als auch die Methoden vererbt.

Mehrfachvererbung Eine weitere Form der Vererbung ist die sogenannte Mehrfachvererbung, bei der eine Klasse von mehreren Klassen erbt. Zum Beispiel könnte eine Klasse *Hund* sowohl von der Klasse *Säugetier* als auch von der Klasse *Vierbeiner* erben.

Wir wissen nun genug von der objektorientierten Sichtweise, so daß wir langsam damit beginnen können, dieses Wissen mit Hilfe von C++ umzusetzen.

14.6 Kontrollfragen

1. Beschreiben Sie die Beziehungen zwischen Klasse, Art, Objekt und Instanz.
2. Als was würden Sie Attribute und Methoden bezeichnen?
3. Wann ist Vererbung als Abstraktionsmethode sinnvoll?

15 Klassen

In diesem Kapitel werden wir einige der im letzten Kapitel vorgestellten Techniken der OOP in C++ anwenden. Dabei beschäftigen wir uns mit folgenden Punkten:

- Was ist eine Klasse?
- Wie unterscheiden sich Klassen von Strukturen?
- Wie definiert man Attribute und Methoden von Klassen?
- Worin unterscheiden sich private und öffentliche Elemente einer Klasse?
- Was sind Konstruktoren und Destruktoren?
- Wie überlädt man Konstruktoren?
- Was sind inline-Methoden?
- Was ist eine Elementinitialisierungsliste?
- Wann verwendet man statische Attribute?
- Worauf verweist der *this*-Zeiger?
- Welche Möglichkeiten der Konstanz bei Klassen gibt es?

15.1 Einführende Gedanken

Wie wir bereits an den theoretischen Darlegungen des vorherigen Kapitels gesehen haben, spielt der Begriff Klasse in der OOP eine zentrale Rolle. Aus diesem Grund findet sich die Klasse auch als Datenstruktur in C++ wieder.

Klasse und Struktur

Begrifflich[1] unterscheidet sich eine Klasse von einer Struktur insofern, daß die Struktur als ein auf die Prozeßorientierung ausgerichteter Datentyp einzelne elementare Datentypen zu einer Gesamtstruktur zusammenfaßt, die dann von Funktionen bearbeitet werden kann.

1 Die tatsächlichen Unterschiede zwischen Klasse und Struktur sind in C++ weitaus geringer.

Die Klasse hingegen ist ein Konstrukt der OOP und beinhaltet neben den elementaren Datentypen, mit denen die Attribute realisiert werden, auch noch die Funktionen, die als Methoden die Attribute der Klasse manipulieren können.

Dieser doch recht große Unterschied zwischen Klasse und Struktur wird in C++ nicht vollzogen.

15.2 Klassen und Attribute

Als erstes Beispiel wollen wir das in Kapitel 14 modellierte Schwein als Klasse formulieren. Klassen und Strukturen sind in C++ sehr ähnlich, weswegen wir uns zuerst einmal das Schwein als Struktur anschauen:

```
struct sSchwein
{
  int groesse;
  int gewicht;
  int saettigung;
};
```

Dies dürfte Ihnen von Kapitel 12 her bekannt sein. Eine Klasse sieht nun ganz genauso aus, nur daß anstelle des Schlüsselwortes *struct* das Schlüsselwort *class* steht. Hier einmal ein vollständiges Beispiel:

```
#include <iostream>

class kSchwein
{
  int groesse;
  int gewicht;
  int saettigung;
};

int main()
{

kSchwein kschwein;

  kschwein.groesse=75;
}
```

Den Quellcode dieses Beispiels finden Sie auf der Diskette unter \KAP15\BSP01.CPP.

Es wird die vorher vorgestellte Klasse *kSchwein* deklariert, deren Atttribute den Elementen von *sSchwein* entsprechen. Dann wird eine Variable *kschwein* vom Typ *kSchwein* definiert. Danach wird die Größe von *kschwein* auf 75 gesetzt.

So weit, so gut. Bevor Sie weiterlesen sollten Sie jedoch dieses Programm einmal kompilieren. Sie werden überrascht sein.

15.3 Öffentliche und private Attribute

Bei der Kompilation des vorigen Beispiels werden sie eine Fehlermeldung erhalten, die den folgenden oder einen gleichbedeutenden Wortlaut wie „cannot access private member" enthält.

Wenn Sie sich noch einmal den Abschnitt über Datenkapselung in Kapitel 14 in Erinnerung rufen, wird Ihnen einiges klarer. Dort hieß es, daß das Optimum der Datenkapselung erreicht ist, wenn man von außen nicht mehr auf die Attribute einer Klasse zugreifen kann. Und genau dieses Optimum ist in unserem Beispiel erreicht. Wir können dem Attribut *groesse* von *kSchwein* keinen Wert zuweisen, weil wir dies von außen versuchen.

Wenn nicht anders definiert, sind Attribute einer Klasse privat.

Nun kann es aber in einigen Ausnahmen nützlich sein, wenn diese strikte Forderung der Datenkapselung gelockert wird. Daher gibt es in C++ die Möglichkeit, die Datenkapselung komplett aufzuheben. Dies erreicht man dadurch, daß man die Attribute als öffentlich deklariert.

public

Dazu benutzen wir das Schlüsselwort *public*, welches übersetzt soviel wie „öffentlich" heißt. Hier nun die abgeänderte Klasse *kSchwein*:

```
class kSchwein
{
  public:
  int groesse;
  int gewicht;
  int saettigung;
};
```

Mit dieser Klassendeklaration wird sich das vorherige Beispiel erfolgreich kompilieren lassen.

private

Die bloße Wahl zwischen entweder „Alle Attribute privat" oder „Alle Attribute öffentlich" wäre eine sehr starke Einschränkung, so daß man in C++ die Möglichkeit hat, sowohl private als auch öffentliche Attribute zu benutzen. Um Attribute explizit als privat zu deklarieren, benutzt man das Schlüsselwort *private*, was auf deutsch soviel wie „privat" heißt:

```
class beispiel
{
  private:
  int a;
  float b;

  public:
  char c[8];
  int d;
  double e;

  private:
  unsigned int f;
  long g;

  public:
  short h;
};
```

Sie sehen, daß Sie die Schlüsselwörter *private* und *public* in beliebiger Reihenfolge und beliebig oft benutzen können. Sie sollten sich jedoch der Übersicht halber angewöhnen, immer Attribute mit gleichem Zugriffsrecht zu einer Gruppe zusammenzufassen und dabei mit der Gruppe der privaten Attribute zu beginnen.

> Fassen Sie immer Attribute mit gleichem Zugriffsrecht zusammen, und beginnen Sie mit dem kleinsten Zugriffsrecht.

```
class beispiel
{
  private:
  int a;
  float b;
  unsigned int f;
  long g;

  public:
  char c[8];
  int d;
  double e;
  short h;
};
```

Doch warum sollte man überhaupt Attribute als privat deklarieren, wenn man sowieso nicht an sie herankommt? Ganz einfach: Wir benutzen Methoden.

15.4 Methoden

Wie wir vorher schon besprochen haben, sind Methoden die zu einer Klasse gehörigen Funktionen[2]. Und gerade weil die Methoden zu einer Klasse gehören, können sie auch auf die privaten Atttribute der Klasse zugreifen. Hier ein Beispiel einer Klassendefinition:

```
class testklasse
{
  private:
  int x;

  public:
  int veraendern(int);
  int aktwert(void);
};
```

Wir müssen die Methoden *veraendern* und *aktwert* explizit als *public* deklarieren, weil Methoden genau wie Attribute privat oder öffentlich sein können. In der Klassendefinition befinden sich nur die Deklarationen der Methode, deswegen müssen wir noch ihre Definitionen hinzufügen. Schauen wir uns zunächst die Methode *aktwert* an:

Syntax

```
int testklasse::aktwert(void)
{
  return(x);
}
```

Um dem Compiler anzugeben, daß dies die Definition der Methode *aktwert* der Klasse *testklasse* ist[3], wird dem Namen der Methode der Klassenname gefolgt vom Bezugs-Operator vorangestellt. Da sowohl die Methoden einer Klasse als auch deren Attribute den gleichen Bezugsrahmen besitzen[4], braucht beim Zugriff auf *x* innerhalb der Methode *aktwert* kein Bezugsoperator benutzt zu werden. Schauen wir uns nun die Funktion *veraendern* an:

```
int testklasse::veraendern(int a)
{
  if((a>=0)&&(a<=10))
    {
      x=a;
      return(1);
    }
  return(0);
}
```

2 Methoden werden in C++ häufig auch als "Elementfunktionen" bezeichnet.

3 Da jede Klasse ihren eigenen Bezugsrahmen besitzt, können Methoden unterschiedlicher Klassen durchaus gleiche Namen haben.

4 Nämlich den Bezugsrahmen der entsprechenden Klasse.

Da das Attribut *x* in der Klasse gekapselt ist, kann *x* von einem Benutzer der Klasse nur über die Methode *veraendern* verändert werden. Zwangsläufig muß er sich dann auch an die Beschränkungen halten, die ihm *veraendern* auferlegt. Er hat daher keine Chance, dem Attribut *x* einen Wert außerhalb des Intervalls [0,10] zuzuweisen.

Hier sehen Sie sehr schön, warum daß oft vorgebrachte Argument „Wenn man ein Attribut sowieso über eine Methode verändern kann, dann könnte man das Attribut auch gleich direkt verändern" nicht gilt. Dieses Argument gilt selbst dann nicht, wenn die Mehode *veraendern* folgendermaßen aussähe:

```
int testklasse::veraendern(int a)
{
  x=a;
}
```

Obwohl die Methode nun identisch ist mit einer direkten Zuweisung an *x*, muß ein Benutzer Veränderungen über die Methode *veraendern* vornehmen. Dies hat den Vorteil, daß Sie auch im nachhinein noch Abfragen bezüglich der Bereichsüberschreitung von *x* implementieren können, ohne daß sich für den Benutzer der Klasse die Schnittstelle ändert.

Wäre dagegen das Attribut *x* zuerst direkt zugänglich gewesen – also öffentlich – und erst bei der Einführung einer Bereichsprüfung privat geworden, müßten alle Benutzer der Klasse ihre Programme abändern.

Die Implementation von *testklasse* finden Sie mitsamt einer *main*-Funktion zum Testen auf der Diskette unter \KAP15\BSP02.CPP.

Wir wollen an dieser Stelle einmal eine kleine Übung einschieben.

Die ursprüngliche Form der Methode *veraendern* benutzt als Funktionsparameter die Variable *a*. Schreiben Sie *veraendern* einmal so um, daß der Name des Funktionsparameters nicht mehr *a*, sondern *x* lautet.

Hier ist die Lösung:

Lösung

```
int testklasse::veraendern(int x)
{
  if((x>=0)&&(x<=10))
    {
      ::x=x;
      return(1);
    }
  return(0);
}
```

Der Trick besteht darin, den Scope-Operator zu verwenden. Die Verwendung des Scope-Operators ist in diesem Fall nur als Übung zu verstehen. Der Lesbarkeit wegen sollten Sie die alte Version mit *a* als Funktionsparameter beibehalten.

Wir sind nun an einem Punkt angelangt, an dem wir in der Lage sind, das im vorigen Kapitel entworfene Modell von Schweinen und Kartoffeln in C++ auszudrücken.

Bevor Sie sich nun den Klassenentwurf ansehen, sollten Sie zuerst einmal selbst versuchen, die Klassen in C++ zu formulieren. Es reicht, wenn Sie nur die Klasse entwerfen, ohne die Methoden wirklich zu implementieren.

Gut, dann vergleichen wir einmal die Ansätze. Zuerst die Klasse *Kartoffel*:

Lösung

```
class Kartoffel
{
  private:
  int knollendicke;
  int knollenanzahl;
  int groesse;
  int bluetenanzahl;
  void calcgroesse(void);

  public:
  void wachsen(void);
  void bluehen(void);
  int pfluecken(void);
  void init(int, int, int, int);
};
```

Das einzig Interessante an diesem Klassenentwurf könnten die Methoden *pfluecken*, *init* und *calcgroesse* sein, denn sie kamen in unserem Modell überhaupt nicht vor. Wenn Sie sich noch einmal das Modell anschauen, werden Sie sehen, daß sich die Methode *fressen* von *Schwein* nicht direkt an den Attributen von *Kartoffel* zu schaffen macht, sondern sich an das Objekt wendet. Damit dies aber möglich wird, benötigen wir die Methode *pfluecken*, über die die Klasse *Schwein* eine Knolle von *Kartoffel* „pflücken" kann.

Die Methode *init* wird benötigt, weil bei der Definition einer Instanz von *Kartoffel* die einzelnen Attribute noch undefiniert sind. Mit *init* sind wir dann in der Lage, die Attribute zu definieren.

Die Methode *calcgroesse* wird benutzt, um die Größe der Kartoffelplanze zu berechnen. In unserem stark vereinfachten Modell wurde die Größe von der Knollendicke und der Knollenanzahl abhängig gemacht. *calcgroesse* wurde deswegen als privat deklariert, weil es keinen Sinn macht, sie außerhalb der Klasse aufzurufen.

Die Methode *init* wird als Verwaltungsmethode und *calcgroesse* als Hilfsmethode bezeichnet. Lippman teilt die Methoden sinnvollerweise in folgende Gruppen ein (vgl. Lippman, S. 245):

- **Verwaltungsmethoden:** Zu dieser Gruppe zählen alle Funktionen, die technische Aufgaben der Klasse, wie zum Beispiel Initialisierungen und Speicherreservierungen erledigen. Hierzu gehören auch die Konstruktoren und Destruktoren, die wir im nächsten Abschnitt kennenlernen werden.
- **Implementierungsmethoden:** Hierzu zählen alle Methoden, die die Funktionalität der Klasse ausmachen. Die Implementierungsmethoden von Kartoffel sind *wachsen, bluehen* und *pfluecken.*
- **Hilfsmethoden:** Hier werden die Methoden zusammengefaßt, die für andere Methoden unterstützend kleinere Aufgaben bewältigen. Im allgemeinen werden Hilfsmethoden als privat deklariert, weil sie nur im Zusammenhang mit den sie aufrufenden Methoden sinnvoll sind. In unserem Beispiel ist *calcgroesse* eine typische Hilfsmethode.
- **Zugriffsmethoden:** Als Zugriffsmethoden bezeichnet man die Methoden, die die privaten Attribute der Klasse verändern dürfen. Sinnvollerweise sollte man die Anzahl der Zugriffsmethoden gering halten, um eine eventuelle Fehlersuche zu vereinfachen. In unserem Beispiel wurden keine besonderen Zugriffsmethoden definiert.

Schauen wir uns nun eine mögliche Implementation der Methoden von *Kartoffel* an[5]:

```
void Kartoffel::init(int kd, int ka, int gr, int ba)
{
  knollendicke=kd;
  knollenanzahl=ka;
  groesse=gr;
  bluetenanzahl=ba;
}

void Kartoffel::calcgroesse(void)
{
  groesse=knollenanzahl*knollendicke;
```

5 Dieses Modell stellt einige Zusammenhänge zwischen den Blüten der Pflanze un der Anzahl und Dicke ihrer Knollen dar. Diese Zusammenhänge sind vollständig aus der Luft gegriffen und dienen nur dazu, die Methoden möglichst einfach und übersichtlich zu halten. Das gleiche gilt für die Klasse *Schwein.*

```
}

void Kartoffel::bluehen(void)
{
  bluetenanzahl++;
}

void Kartoffel::wachsen(void)
{
  if(!bluetenanzahl)
    {
      cout << "Keine Blueten vorhanden!\n\n";
      return;
    }
  bluetenanzahl--;
  if(knollendicke<20)
    knollendicke++;
  knollenanzahl++;
  calcgroesse();
}

int Kartoffel::pfluecken(void)
{
  if(!knollenanzahl) return(0);

  knollenanzahl--;
  calcgroesse();
  return(knollendicke);
}
```

Als nächstes kommt die Klasse *Schwein* an die Reihe:

```
class Schwein
{
  private:
  int groesse;
  int gewicht;
  int saettigungsgrad;

  public:
  void wachsen(void);
  void bewegen(void);
  void fressen(Kartoffel&);
  void init(int, int, int);
};
```

Auch hier findet sich wieder eine Methode namens *init*, die für die Initialisierung der Attribute zuständig ist.

Referenz

Wichtig ist auch die Tatsache, daß bei der Methode *fressen* der Verweis auf *Kartoffel* nicht als Zeiger oder lokale Kopie, sondern als Referenz auf eine Instanz implementiert wurde. Dies hat den Vorteil, daß weder Speicherplatz noch Zeit damit verschwendet wird, eine lokale Kopie des Objekts anzulegen, was insbesondere bei größeren Klassen enorme Laufzeitvorteile mit sich bringt.

Verweise auf Klassen sollten – wenn möglich- immer als (konstante) Referenz und nicht als Zeiger implementiert werden.

Schauen wir uns nun noch eine mögliche Implementation der Methoden von *Schwein* an:

```
void Schwein::init(int gr, int ge, int sg)
{
  groesse=gr;
  gewicht=ge;
  saettigungsgrad=sg;
}

void Schwein::wachsen(void)
{
  if(saettigungsgrad>=8)
    {
      saettigungsgrad-=8;
      if(groesse<30)
        groesse++;
      if(gewicht<40)
        gewicht++;
    }
  else
    cout << "Schwein zu hungrig!\n\n";
}

void Schwein::bewegen(void)
{
  if(saettigungsgrad>=4)
    {
      saettigungsgrad-=4;
      return;
    }
  if(gewicht>10)
    {
      gewicht--;
      return;
    }
```

```
  cout << "Schwein hat keine Energiereserven mehr!\n\n";
}

void Schwein::fressen(Kartoffel &k)
{
  int naehrwert=k.pfluecken();
  if(!naehrwert)
    {
      cout << "Kartoffel besitzt keine Knollen!\n\n";
    }
  else
    {
      saettigungsgrad+=naehrwert;
      if(saettigungsgrad>100)
        {
          gewicht+=(saettigungsgrad-100)/2;
          saettigungsgrad=100;
        }
    }
}
```

Auf der Diskette unter \KAP15\BSP03.CPP finden Sie beide Klassenentwürfe sowie die Implementation ihrer Methoden. Sie sollten dazu nun eine *main*-Funktion schreiben, mit Hilfe derer Sie ein wenig mit den Klassen spielen können. Versuchen Sie, einige Instanzen[6] der Klassen zu erzeugen. Denken Sie daran, die Attribute vor dem ersten Benutzen mit *init* zu initialisieren.

Modulare Programmierung

Wir haben in Kapitel 4.5 die Vorgehensweise der modularen Programmierung kennengelernt. Natürlich sollte dieses Konzept auch bei der OOP befolgt werden. Die Beispiele waren jedoch nicht in Module aufgeteilt, um den Blick auf das Wesentliche zu konzentrieren.

Beim Entwurf einer Klasse ist es normalerweise üblich, die Klassendeklaration in eine Header-Datei (KLASSE.H) und die Klassendefinition bzw. die Definition der Methoden in eine Quellcode-Datei (KLASSE.CPP) zu schreiben.

---

6 Instanzen sind individuelle Objekte einer Klasse. Wenn Sie zum Beispiel eine Variable *helmut* vom Typ *Schwein* definieren, dann ist das Objekt *helmut* eine Instanz der Klasse *Schwein*.

inline

Wir haben in Kapitel 4.14 die Möglichkeit der *inline*-Deklaration von Funktionen kennengelernt. Natürlich ist dies auch bei Methoden möglich. Es gibt jedoch einen Spezialfall:

Steht die Methodendefinition unmittelbar in der Klassendeklaration, so wird die Methode automatisch *inline*.

Am Beispiel unserer Testklasse sähe das so aus:

```
class testklasse
{
  private:
  int x;

  public:
  int veraendern(int);
  int aktwert(void)
    {
      return(x);
    }
};
```

Die Methode *aktwert* wurde direkt in die Klassendeklaration aufgenommen und wird somit automatisch zu einer *inline*-Funktion[7]. Für den Fall, daß eine Methode innerhalb der Klassendeklaration definiert wird, kann auf die Erwähnung des Klassennamens (*testklasse::*) im Methodennamen verzichtet werden, weil die Klassenzugehörigkeit der Methode eindeutig ist.

15.5 Konstruktoren und Destruktoren

Vielleicht haben Sie sich ein wenig Gedanken über die Methode *init* gemacht. Eigentlich paßt dieses Initialisieren nach dem Definieren gar nicht in das objektorientierte Modell. Denn in der realen Welt hat ein Objekt bereits bei seiner Entstehung/Erschaffung alle Parameter, die es definieren, festgelegt. Die Reihenfolge des „zuerst Erschaffen und dann Paramter festlegen" ist in gewisser Weise nicht gerade elegant und erst recht nicht sonderlich realisitisch. Schlimmer wird es noch, wenn Sie später für ein Objekt dynamisch Speicher reservieren müssen. Dann brauchen sie nicht nur eine *init*-Methode, die den

7 Es sei denn, es gäbe gute Gründe für den Compiler, sie nicht als *inline* zu deklarieren. Sie erinnern sich: Die Deklaration als *inline* ist für den Compiler nur eine Empfehlung, kein Zwang.

Speicher reserviert, sondern auch noch eine *destroy*-Methode, die den Speicher wieder freigibt, und zwar bevor das Objekt selbst gelöscht wird.

Diese Beobachtung, daß sowohl bei der Erschaffung als auch bei der Zerstörung von Objekten bestimmte dynamische Prozesse ablaufen, haben auch die Entwickler von C++ gemacht und eine Möglichkeit gefunden, dies elegant in den Griff zu bekommen.

Konstruktor

Es wurden für jede Klasse zwei besondere Methoden eingeführt. Die eine wird automatisch bei der Erschaffung aufgerufen und heißt Konstruktur.

Destruktor

Die andere wird automatisch vor der Löschung des Objekts aufgerufen und heißt Destruktor. Um die Wirkungsweise von Konstruktoren und Destruktoren an einem einfachen Beispiel zu veranschaulichen, werden wir die Klasse *testklasse* aus Kapitel 5.4 um ebensolche erweitern:

```
class testklasse
{
  private:
  int x;

  public:
  int veraendern(int);
  int aktwert(void);
  testklasse(void);
  ~testklasse();
};
```

Schauen wir uns zuerst die Regel der Namensvergabe an.

Konstruktoren haben denselben Namen wie ihre Klasse. Destruktoren haben denselben Namen wie ihre Klasse zuzüglich einer vorangestellten Tilde.

Des weiteren ist es ganz wichtig, zu beachten, daß weder der Konstruktor noch der Destruktor einen Rückgabewert besitzt.

Konstruktoren und Destruktoren besitzen keinen Rückgabewert. Nicht einmal *void* ist erlaubt.

Zudem besitzen Destruktoren auch keine Funktionsparameter.

Destruktoren besitzen keine Funktionsparameter.

Lediglich der Konstruktor kann mit Funktionsparametern versehen werden, die dann bei der Definition des Objekts übergeben werden müssen.

Schauen wir uns nun einmal den Konstruktor und den Destruktor für die Klasse *testklasse* an:

```
testklasse::testklasse(void)
{
  cout << "Objekt wurde erzeugt.\n\n";
}

testklasse::~testklasse()
{
  cout << "Objekt wurde geloescht.\n\n";
}
```

Konstruktor und Destruktor erledigen in diesem Fall keine sinnvollen Aufgaben. Jedoch können Sie sich auf der Diskette unter \KAP15\BSP04.CPP die Verhaltensweisen einmal anschauen.

Interessant werden die Funktionsparameter des Konstruktors bei unseren Klassen *Schwein* und *Kartoffel*. Dort ersetzen sie auf elegante Weise die *init*-Methoden. Schauen wir uns einmal die neue Klassendefinition mitsamt ihrer Konstruktoren an:

```
class Kartoffel
{
  private:
  int knollendicke;
  int knollenanzahl;
  int groesse;
  int bluetenanzahl;
  void calcgroesse(void);

  public:
  void wachsen(void);
  void bluehen(void);
  int pfluecken(void);
  Kartoffel(int, int, int, int);
};

Kartoffel::Kartoffel(int kd, int ka, int gr, int ba)
{
  knollendicke=kd;
  knollenanzahl=ka;
  groesse=gr;
  bluetenanzahl=ba;
}
```

```
class Schwein
{
  private:
  int groesse;
  int gewicht;
  int saettigungsgrad;

  public:
  void wachsen(void);
  void bewegen(void);
  void fressen(Kartoffel&);
  Schwein(int, int, int);
};

Schwein::Schwein(int gr, int ge, int sg)
{
  groesse=gr;
  gewicht=ge;
  saettigungsgrad=sg;
}
```

Eine Definition eines Objekts vom Typ *Schwein* könnte wie folgt aussehen:

```
Schwein s1(25,20,80);
```

Zum Experimentieren finden Sie die Klassen *Schwein* und *Kartoffel* mitsamt ihren Konstruktoren auf der Diskette unter \KAP15\BSP05.CPP.

Private Konstruktoren

So wie Attribute und andere Methoden, können auch Konstruktoren sowohl privat als auch öffentlich sein. Allerdings sind private Konstruktoren – wie normale Methoden auch – nicht von außen benutzbar.

Nur eine Methode der Klasse kann mit Hilfe eines privaten Konstruktors eine neue Instanz erzeugen.

Überladene Konstruktoren

Wir haben in Kapitel 4.11 die Möglichkeit kennengelernt, Funktionen zu überladen. Dabei mußten sich zwei gleichnamige Funktionen mit demselben Bezugsrahmen eindeutig über ihre Parameterlisten unterscheiden.

Dieses Überladen funktioniert auch bei Konstruktoren. Zum Beispiel könnte man der Klasse *Schwein* noch einen Konstruktor der folgenden Art hinzufügen:

```
Schwein::Schwein(const Schwein &Schwein)
```

Dieser Konstruktor könnte dann von dem als Parameter übergebenen Schwein eine Kopie anfertigen. Das *const* vor dem Datentyp in der Parameterliste wurde deshalb eingefügt, damit die Funktion das als Referenz übergebene Schwein als konstant betrachtet und damit keine Möglichkeit hat, Veränderungen vorzunehmen.

Würde auf das *const* verzichtet, dann könnte der Konstruktor über die Referenz auch Änderungen am anderen Schwein vornehmen.

Destruktoren können nicht überladen werden, da sie keine Parameterliste besitzen und daher auch nicht unterschieden werden könnten.

Destruktoren können nicht überladen werden.

15.6 Die Elementinitialisierungsliste

Wir haben mit den Konstruktoren eine elegante Möglichkeit gefunden, die Attribute einer Klasse zu initialisieren. In den Fällen, die wir bisher kennengelernt haben, stießen wir auch auf keine Probleme. Schauen wir uns jedoch nun als Beispiel die Klasse *Referenz* an:

```
class Referenz
{
  private:
  int &a;
  int b;

  public:
  Referenz(int&);
  void print(void);
};
```

Der Konstruktor ist so deklariert, daß ihm eine Referenz vom Typ *int* übergeben wird. Der Konstruktor selbst soll nun mit dieser Referenz das Attribut *a* initialisieren. Das Attribut *b* soll immer fest mit 3 initialisert werden. Der Konstruktor würde folgendermaßen aussehen:

Falsch!

```
Referenz::Referenz(int &r)
{
  a=r;
  b=3;
}
```

Den Quellcode dieses Beispiels finden Sie auf der Diskette unter \KAP15\BSP06.CPP.

Fällt Ihnen etwas auf? Wenn Ihnen noch nichts aufgefallen sein sollte, wird Sie wohl spätestens die folgende Übung stutzig machen.

Bevor Sie weiterlesen, versuchen Sie einmal, die Klasse mitsamt ihres Konstruktors zu kompilieren. Es wird ein Fehler auftreten. Wenn Ihnen die Ursache des Fehlers nicht klar sein sollte, lesen Sie noch einmal den Abschnitt über Referenzen nach.

Der Fehler tritt deswegen auf, weil Referenzen bei ihrer Definition initialisert werden müssen. Für die Zuweisung von *r* an *a* ist es im Konstruktor bereits zu spät.

Elementinitialisierungsliste

Glücklicherweise kann man von jeder Variablen explizit einen Konstruktor aufrufen, der die Initialisierung vornimmt. Damit beim Aufruf des Konstruktors *Referenz* auch der Konstruktor von *a* aufgerufen wird, muß dieser in der Elementinitialisierungsliste von *Referenz* stehen.

Die Elementinitialisierungsliste folgt dem Funktionskopf und ist durch einen Doppelpunkt von ihm getrennt.

Der neue Konstruktor sieht dann folgendermaßen aus:

Syntax

```
Referenz::Referenz(int &r) : a(r)
{
  b=3;
}
```

Diesen Konstruktor können Sie einwandfrei kompilieren. Da die Elementinitialisierungsliste mehrere Parameter besitzen kann, läßt sich die Initialisierung von *b* ebenfalls dorthin versetzen.

Die einzelnen Parameter der Elementinitialisierungsliste werden durch Kommata voneinander getrennt.

Der endgültige Konstruktor sieht dann so aus:

Syntax

```
Referenz::Referenz(int &r) : a(r),b(3)
{
}
```

Die Klasse mitsamt Konstruktor und *main*-Funktion zum Ausprobieren finden Sie auf der Diskette unter \KAP15\BSP07.CPP.

15.7 Statische Attribute

Wenn Sie mehrere Instanzen einer Klasse erzeugen, dann hat jede Instanz ihre eigenen Attribute. Zum Beispiel können Sie vier Objekte vom Typ *Schwein* erzeugen und jedem einzelnen Objekt ein eigenes Gewicht, eine eigene Größe etc. zuweisen.

static

Manchmal kann es jedoch nützlich sein, wenn bestimmte Attribute einer Klasse für alle Instanzen gleich sind, also sich alle Instanzen bestimmte Attribute teilen. Ein einfaches Beispiel für ein solches Attribut wäre zum Beispiel ein Zähler, der festhält, wieviel Instanzen einer Klasse erzeugt wurden. Das Schlüsselwort, um ein solches Attribut zu definieren, heißt *static*.

Mit *static* deklarierte Attribute existieren nur ein einziges Mal und gelten für alle Instanzen einer Klasse.

Schauen wir uns dazu einmal eine Klasse an:

```
class Counter
{
  private:
  static int anzahl;
  int wert;

  public:
  Counter(void);
  ~Counter();
  void print(void);
};
```

Die Klasse *Counter* beinhaltet ein statisches Attribut *anzahl*, welches die exitierenden Instanzen zählt. Zudem kann jede Instanz noch einen individuell unterschiedlichen Wert aufnehmen. Der Konstruktor und der Destruktor der Klasse sehen folgendermaßen aus:

```
Counter::Counter(void)
{
  anzahl++;
}

Counter::~Counter()
{
  anzahl--;
}
```

Ein Punkt ist jedoch bis jetzt unberücksichtigt geblieben: Wie wird das statische Attribut initialisiert? Es darf weder in der Klassendefinition noch in einer Methode der Klasse initialisiert werden, weil statische Attribute nur einmal initialisiert werden dürfen. Wir müssen es daher von außen initialisieren:

Syntax

```
int Counter::anzahl=0;
```

Statische Attribute dürfen nicht in der Deklaration initialisiert werden. Ihre Initialisierung sollte global in der Klassendefinition stattfinden.

Bei der Erzeugung eines Objekts vom Typ *Counter* erhöht der Konstruktor das Attribut *anzahl* um eins. Sollte das Objekt wieder gelöscht werden, vermindert der Destruktor *anzahl* um eins. Eine *main*-Funktion zum Testen könnte so aussehen:

```
void main(void)
{
  Counter v1;
  v1.print();

  Counter v2[5];
  v1.print();
}
```

Sollten Sie die Klasse in ihre Deklaration und in ihre Definition aufteilen, dann darf die Initialisierung der statischen Variablen auf keinen Fall bei der Klassendeklaration stehen, weil diese bei größeren Projekten häufiger vom Compiler bearbeitet werden könnte. Wenn die Initialisierung bei den Definitionen der Methoden steht, kann nichts passieren.

Die Klasse *Counter* mitsamt ihrem Konstruktor und ihrem Destruktor sowie die oben angeführte *main*-Funktion finden Sie auf der Diskette unter \KAP15\BSP08.CPP.

15.8 this

this

Alle Klassen und Strukturen besitzen in C++ automatisch den Zeiger **this**. *this* ist ein C++-Schlüsselwort und zeigt immer auf die eigene Klasse. Dazu zuerst ein Beispiel, welches davon ausgeht, daß die Klasse *TestKlasse* ein Attribut namens *a* besitzt:

```
void TestKlasse::funktion(void)
{
  a=20;
  this->a=30;
}
```

Die erste Anweisung weist dem Attribut *a* den Wert 20 zu. Die zweite Anweisung weist *this->a* den Wert 30 zu. Da *this* ein Zeiger auf die eigene Klasse ist, wird über *this->a* das *a* der eigenen Klasse angesprochen. Deswegen beziehen sich sowohl die erste als auch die zweite Anweisung auf das *a* von *TestKlasse*.

this wird hauptsächlich dann benötigt, wenn man eine Referenz oder einen Zeiger auf die eigene Klasse an andere Methoden oder Funktionen übergeben will.

15.9 Konstante Klassen und Methoden

const

Wir sind nun fast am Ende des Kapitels über Klassen angekommen und werden uns nun noch mit der erweiterten Bedeutung von *const* beschäftigen.

Wir wissen bereits, wie man eine konstante *int*-Variable, also eine Konstante, definiert:

```
const int x=20;
```

Eine Konstante namens *x* wurde definiert und mit dem Wert 20 initialisiert.

Da der Wert einer Konstanten, wie der Name schon sagt, konstant ist, kann er auch nicht verändert werden. Folgende Anweisung erzeugt einen Kompilierungsfehler:

Falsch!

```
x=30;
```

Man kann allerdings eine *int*-Variable definieren und ihr den Wert der Konstanten zuweisen:

```
int y;
y=x;
```

Weil *y* eine Kopie von *x* enthält, kann *y* ohne weiteres verändert werden:

```
y=40;
```

Man kann auch einen Zeiger auf den Typ *int* definieren:

```
int *ptr;
```

Man kann durch Zuweisen der Adresse von *y* über *ptr* den Wert von *y* ändern:

```
ptr=&y;
*ptr=10;
```

Man könnte auch auf die Idee kommen, dem Zeiger die Adresse von *x* zuzuweisen:

```
ptr=&x;
```

Falsch!

Allerdings wird diese Anweisung bei der Kompilierung einen Fehler erzeugen. Durch die Zuweisung der Adresse der Konstanten an einen Zeiger auf den Variablentyp *int*, wäre man in der Lage, den Wert von *x* zu verändern. Da *x* aber eine Konstante ist, muß dieser Manipulationsversuch vom Compiler verhindert werden.

Man kann aber einen Zeiger auf *int*-Konstanten definieren:

```
const int *cptr;
```

Diesem kann man dann die Adresse von x zuweisen:

```
cptr=&x;
```

Nur ist man dann auch nicht in der Lage, den Wert von *x* zu ändern, weil es ja ein Zeiger auf eine *int*-Konstante ist. Deswegen erzeugt die folgende Anweisung einen Kompilierungsfehler:

```
*cptr=50;
```

Falsch!

Man kann aber zwecks weiterer Verarbeitung des Wertes die Konstante über den Zeiger einer Variablen zuweisen:

```
*ptr=*cptr;
y=*cptr;
```

Bei den Klassen kommen dem Schlüsselwort *const* noch andere Bedeutungen zu. Als Beispiel nehmen wir das folgende Grundgerüst:

```
class test
{
  private:
    int wert;
    const int cwert;
```

```
  public:
    test(int w) : wert(w), cwert(w) {}

};
```

Die Klasse hat einen variablen und einen konstanten *int*-Wert als Attribute. Ein konstanter Wert kann nur in der Elementinitialisierungsliste des Konstruktors initialisiert werden. Folgender Konstruktor würde einen Fehler erzeugen:

Falsch!

```
test(int w) : wert(w) {cwert=w;}
```

Der variable Wert könnte natürlich ohne weiteres im Anweisungsblock initialisiert werden.

Nehmen wir als erstes Anschauungsmaterial folgende Methode:

```
int get(void) {return(wert);}
```

Wir können den von *get* zurückgelieferten Wert ganz normal Variablen und Konstanten zuweisen:

```
const int x=t.get();
int y=t.get();
```

Wir können auch eine Methode implementieren, die uns den konstanten Wert liefert:

```
const int getc(void) {return(cwert);}
```

Auch hier ist eine Zuweisung an Konstanten und Variablen möglich:

```
const int x=t.getc();
int y=t.getc();
```

Man hätte die Methode aber auch so definieren können:

```
int getc(void) {return(cwert);}
```

Wieso ist das erlaubt? Nun, der von Funktionen zurückgelieferte Wert ist nur eine Kopie des Originalwertes. Deswegen trifft die Eigenschaft der Konstanz des Originalwertes nicht auf die Kopie zu. Aus diesem Grund spielt es keine Rolle, ob die Kopie ein konstanter oder ein variabler Wert ist.

Selbst wenn der zurückgelieferte Wert einer Variablen oder Konstanten zugewiesen wird, spielt es keine Rolle, denn dort wird von der Kopie eine Kopie angefertigt. Und die Kopie der Kopie muß nicht die gleichen Eigenschaften besitzen wie die Kopie.

Anders sieht es aus, wenn wir Zeiger auf die Werte zurückliefern. Gehen wir zunächst von folgender Methode aus:

```
int *getptr(void) {return(&wert);}
```

Mit Hilfe dieser Methode sind folgende Zuweisungen durchaus zulässig:

```
const int *x=t.getptr();
int *y=t.getptr();
```

Allerdings ist man mit *x* in der Zugriffsvielfalt eingeschränkt. Von den beiden folgenden Anweisungen wird die zweite einen Kompilierungsfehler erzeugen:

```
*y=60;
*x=70;
```

Obwohl *wert* eine Variable ist, wurde ihre Adresse einem Zeiger auf konstante *int*-Werte zugewiesen. Deswegen sind Änderungen über *x* nicht möglich.

Als nächstes ist die Konstante *cwert* an der Reihe. Wir schreiben dazu folgende Methode:

Falsch!

```
int *getcptr(void) {return(&cwert);}
```

Diese Methode wird sich nicht einwandfrei kompilieren lassen. Das liegt daran, daß *cwert* eine Konstante ist. Wir können ihre Adresse nicht als Adresse einer Variablen zurückliefern, weil dadurch einer Manipulation Tür und Tor geöffnet wäre. Wir müssen also den Rückgabewert als Adresse einer Konstanten definieren:

```
const int *getcptr(void) {return(&cwert);}
```

Aus dem gleichem Grund wird von den beiden folgenden Anweisungen die zweite einen Fehler bei der Kompilierung erzeugen:

```
const int *x=t.getcptr();
int *y=t.getcptr();
```

Wäre die zweite Anweisung fehlerfrei kompiliert worden, dann hätten wir die Konstante ändern können.

Gehen wir noch einen Schritt weiter, und definieren wir Zeiger auf Klassen:

```
test t(123);
test *ptr=&t;
```

Wir definieren noch eine kleine Ausgabe-Funktion:

```
void print(void)
  {
    cout << wert << "/" << cwert << endl;
  }
```

Und schon könnten wir mit folgender Anweisung die beiden Werte ausgeben:

```
ptr->print();
```

Wir können auch einen Zeiger auf eine konstante Klasse definieren:

```
const test *cptr=&t;
```

Der Zeiger zeigt nun auf eine konstante Klasse. Alle Werte dieser Klasse können nicht geändert werden, auch wenn es sich um ursprüngliche Variablen wie *wert* handelt. Allerdings können wir die Werte weiterhin ausgeben, da das Ausgeben keine Veränderung verursacht:

```
cptr->print();
```

Irrtum! Die vorige Anweisung wird bei der Kompilation einen Fehler verursachen. Da Methoden einer Klasse grundsätzlich auch variable Attribute verändern können, ist es nicht gewährleistet, daß die Konstanz der Instanz eingehalten wird.

Um diesem Dilemma zu entgehen, muß man eine Methode, die keine Änderungen an den Attributen der Klasse vornimmt, grundsätzlich als solche deklarieren. Nur Methoden, die als nichts verändernde Methoden gekennzeichnet sind, dürfen bei einer konstanten Klasse verwendet werden:

```
void print(void) const
  {
    cout << wert << "/" << cwert << endl;
  }
```

Die *print*-Methode ist nun als konstant deklariert und kann deshalb auch von einer konstanten Instanz verwendet werden. Es ist auch möglich, konstante Methoden von variablen Instanzen zu benutzen.

Es ist jedoch nicht möglich, eine Methode, die Änderungen an den Attributen vornimmt, als konstant zu deklarieren:

```
void vermindern(void) const
  {wert--;}
```

Dies führt zwangsläufig zu einer Fehlermeldung.

15.10 Freunde

Manchmal wäre es von Vorteil, Elemente einer Klasse zwar des Zugriffsschutzes wegen als privat zu deklarieren, bestimmten Klassen oder Funktionen aber ruhig unbegrenzten Zugriff auf die privaten Elemente zu gewähren.

Dies könnte sich beispielsweise anbieten, wenn Klassen programmiert werden, die sich inhaltlich sehr nahe stehen.

In C++ gibt es diese Möglichkeit in Form von Freunden der Klasse. Solche Freunde haben dann die gleichen Zugriffsrechte auf die Klasse wie die Klasse selbst. Das heißt, daß für Freunde sogar die privaten Elemente frei zugänglich sind. Die Deklaration eines Freundes sieht folgendermaßen aus:

Syntax

```
friend class Klasse;
```

Die Klasse *Klasse* ist nun ein Freund der Klasse, in der die *friend*-Deklaration stand.

> Freunde einer Klasse haben die gleichen Zugriffsrechte wie die Methoden der Klasse selbst.

Es ist auch möglich, nur einzelne Funktionen als Freund zu deklarieren. Diese Funktion muß keine Methode sein. Jede Funktion, ob sie nun einer Klasse angehört oder nicht, kann von einer Klasse als Freund deklariert werden. Die Schreibweise sieht dann so aus:

```
friend int max(int, int);
```

Die Funktion *max*, die keiner Klasse angehört, ist nun ein Freund der Klasse, die die *friend*-Deklaration beinhaltet.

Die *friend*-Deklaration kann an jeder beliebigen Stelle innerhalb der Klasse stehen. Es empfiehlt sich jedoch, sie an den Anfang zu schreiben, um auch rein optisch keine Zugehörigkeit zu den *private*- oder *public*-Bezugsrahmen nahe zu legen.

friend-Deklarationen sollten immer am Anfang der Klassendeklaration stehen.

Für eine beliebige Klasse sähe das so aus:

```
class Testklasse
{
  friend class FreundKlasse;
  private:
...
  public:
...
};
```

15.11 Kontrollfragen

1. Zählen Sie Unterschiede zwischen *struct* und *class* auf.
2. Zählen Sie die Vorteile privater Attribute auf.
3. Wo sollte die Initialisierung eines statischen Attributes im Programm stehen, und wo nicht?
4. Welche Bedingung muß berücksichtigt werden, wenn Funktionen überladen werden sollen, und welche Unterschiede reichen für ein Überladen nicht aus?
5. Dürfen Konstruktoren und Destruktoren überladen werden?
6. Welchen Sinn sehen Sie in privaten Methoden?
7. Der Konstruktor einer Klasse wird bei der Erzeugung einer Instanz aufgerufen. Weil ihm dabei eventuelle Parameter übergeben werden, haben wir ihn als öffentlich deklariert. Machen auch private Konstruktoren Sinn?
8. Besitzen Strukturen auch den impliziten Zeiger *this*?

15.12 Übungen

1. Schreiben Sie eine Klasse *Bruch*, die als Attribute die *long*-Variablen *Zaehler* und *Nenner* besitzt. Die Klasse soll folgenden Konstruktor haben:

   ```
   Bruch(long zaehler, long nenner);
   ```

   Um mit der Klasse arbeiten zu können, werden die folgenden Methoden benötigt:

   ```
   long Zaehler(void);
   long Nenner(void);
   double Wert(void);
   ```

   Zaehler liefert den Zähler des Bruches. Analog dazu liefert *Nenner* den Nenner des Bruches und *Wert* den reellen Wert des Bruches, der sich aus Zähler und Nenner ergibt.

Überlegen Sie sich, welche Zugriffsrechte den einzelnen Attributen und Methoden zugewiesen werden sollten.

Schreiben Sie dazu eine *main*-Funktion, die eine Bruch-Variable definiert, die mit dem Bruch 22/7 initialisiert wird. Danach sollen Zähler, Nenner und resultierender Wert ausgegeben werden können.

2. Erweitern sie die Klasse *Bruch* aus der vorigen Übung um die folgenden Konstruktoren:

```
Bruch(long);
```

```
Bruch(double);
```

Bedenken Sie, daß die Methoden *Zaehler* und *Nenner* immer noch funktionieren müssen.

Die Schwierigkeit dieser Übung besteht darin, daß Sie sich ein Verfahren ausdenken müssen, mit dem Sie eine rationale Zahl in die Zähler/Nenner-Schreibweise umwandeln können.

16 Dynamische Speicherverwaltung

Wir werden uns in diesem Kapitel mit der Möglichkeit vertraut machen, Speicher während des Programmlaufs zu reservieren. Dabei geht es um folgende Punkte:

- Was ist dynamische Speicherverwaltung?
- Was bedeuten new und delete?
- Was sind Stacks?
- Was sind explizite Konstruktoren?

16.1 Einführende Gedanken

Die dynamische Speicherverwaltung gibt uns eine der größten Freiheiten, die man sich als Programmierer wünscht. Natürlich wächst mit dieser Freiheit auch die Verantwortung.

Schauen wir einmal zurück: Eine Form der Speicherverwaltung haben wir die ganze Zeit über benutzt, ohne es zu wissen: Die statische Speicherverwaltung. Statisch bedeutet in diesem Fall, daß die benötigte Speichermenge beim Start des Programms bekannt ist, und somit belegt werden kann. Auch eine Form der dynamischen Speicherverwaltung haben wir schon kennengelernt: lokale Variablen. Der Speicherplatz lokaler Variablen wird erst zur Laufzeit des Programms belegt und dann wieder freigegeben. Allerdings entzieht sich bei den lokalen Variablen die Verwaltung unserer Kontrolle. Lernen wir also nun die aktive dynamische Speicherverwaltung kennen.

Zu erst einmal die Frage der Motivation. Wozu brauchen wir überhaupt die dynamische Speicherverwaltung. Ein paar Beispiele:

- Im Kapitel über Strukturen haben wir eine Adreßstruktur entworfen. Was aber, wenn Sie wirklich einmal eine Adreßverwaltung programmieren wollen? Sie müssen ja die Anzahl der zu verwaltenden Adressen vorher wissen. Für den einen Benutzer sind 200 Adressen schon zu viel und für den anderen dagegen 10000 noch zu wenig.
- Sie wollen einen Texteditor programmieren. Wie groß sollte die maximale Größe der zu bearbeitenden Datei sein?

16.2 Reservieren von Speicherblöcken

new, delete

Sie sehen, worauf es hinausläuft. Wir brauchen ein Werkzeug, mit dem wir Speicher anfordern können, wenn wir ihn brauchen, und ihn wieder freigeben können, wenn wir ihn nicht mehr brauchen. Glücklicherweise bietet C++ auch hier Hilfe.

Der Befehl zur Reservierung heißt *new* und derjenige zum Freigeben des Speichers heißt *delete*. Bei beiden Anweisungen handelt sich um direkte Bestandteile der Sprache und damit um Schlüsselwörter. Die Verwendung von *new* kann beispielsweise so aussehen:

Syntax

```
int *ptr=new (int);
int *ptr2=new (int[10]);

delete(ptr);
delete[](ptr2);
```

Dem Zeiger *ptr* wird die Adresse eines Speicherblocks von der Größe einer *int*-Variablen und dem Zeiger *ptr2* die Adresse eines Speicherblocks von der Größe eines zehn-elementigen *int*-Feldes zugewiesen.

> Der Datentyp des Rückgabewertes von *new* ist ein Zeiger auf den zu reservierenden Datentyp.

Eine weitere Besonderheit von *new* und *delete* läßt sich an diesem Beispiel nicht erkennen.

> *new* ruft automatisch den passenden Konstruktor und *delete* den Destruktor der Instanz auf.

Aus diesem Grund wurden dem zweiten *delete* auch die eckigen Klammern hinzugefügt. Damit wird dem Compiler mitgeteilt, daß es sich um ein Feld handelt, und er sorgt dafür, daß von jedem einzelnen Element der Destruktor aufgerufen wird.

Sie erinnern sich, daß wir im letzten Kapitel für die Klasse *Schwein* zwei Konstruktoren definiert hatten:

```
Schwein::Schwein(int gr, int ge, int sg)
Schwein::Schwein(const Schwein &Schwein)
```

Daher haben wir zwei Möglichkeiten, eine Instanz von *Schwein* dynamisch zu erzeugen:

```
Counter *ptr, *ptr2;

ptr=new(Schwein)(20,40,60);
ptr2=new(Schwein)(Theo);
```

Wobei *Theo* eine Instanz vom Typ *Schwein* ist.

16.3 Stacks

Als erste Anwendung der dynamischen Speicherverwaltung wollen wir uns ein Beispiel ansehen, bei dem der Speicher als Block reserviert wird.

Ein schönesn Beispiel für diese Art von Speicherreservierung ist eine einfache Variante eines Stacks. „Stack" heißt auf deutsch „Stapel". Und genauso verhält sich der Stack auch. Wenn Sie Daten auf den Stack legen, können Sie dies nur obenauf tun. Genauso können Sie auch nur von oben die Daten wieder wegnehmen.

Push, Pop

Den Vorgang des auf den Stack Legens nennt man *Push* und den des vom Stack Holens *Pop*. Abbildung 16.1 stellt die beiden Vorgänge grafisch dar. Und zwar wird zu einem vier-elementigen Stack ein fünftes Element mit *Push* hinzugefügt. Mit *Pop* wird von dem nun fünf-elementigen Stack ein Element weggenommen.

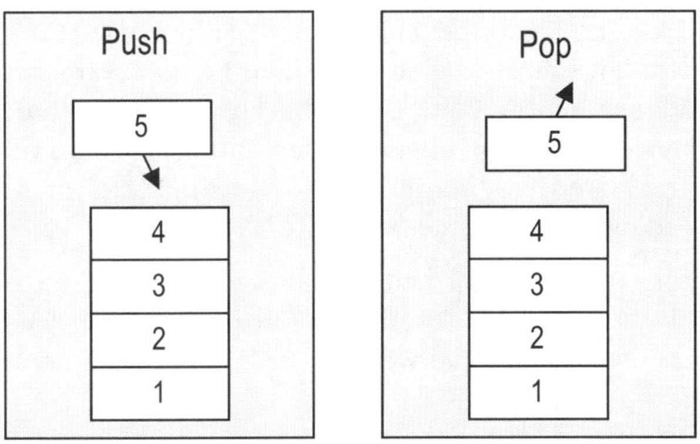

Bild 16.1: push und pop bei Stacks

LIFO

Weil das zuletzt auf dem Stack gespeicherte Element auch das erste ist, welches wieder vom Stack heruntergeholt wird, bezeichnet man Stacks auch als LIFO[1]-Struktur. Wir werden anhand der Implementierung des Stacks auch die Aufteilung der Klasse in eine Headerdatei und eine Programmdatei zum ersten Mal anwenden. Schauen wir uns zunächst die Datei „STACK.H" an:

```
#ifndef __STACK_H
#define __STACK_H

class Stack
{
  private:
    int *data;
    unsigned long anz;
    unsigned long maxanz;

  public:
    Stack(unsigned long);
    ~Stack();

    bool Push(int);
    int Pop(void);
    bool isEmpty(void);
};

#endif /* __STACK_H */
```

Den Quellcode dieses Beispiels finden Sie auf der Diskette unter \KAP16\STACK\STACK.H.

Die Klassendeklaration ist von Präprozessorbefehlen eingerahmt. Wir haben den Grund bereits in Kapitel 4.5 besprochen. Wenn die Konstante *__STACK_H* bisher nicht definiert wurde, dann wird sie definiert und die Klassendeklaration abgearbeitet. Sollte *__STACK_H* schon definiert worden sein, was gleichbedeutend damit wäre, daß die Klassendeklaration schon vom Compiler abgearbeitet wurde, dann wird die Klassendeklaration übersprungen. Auf diese Weise verhindert man bei größeren Programmen, daß dieselbe Klasse mehrfach deklariert wird, was einen Fehler zur Folge hätte.

Alte Kommentare

Der Kommentar hinter *#endif* benutzt absichtlich die alte C-Notation, weil bei C++-Compilern häufig ein C-Präprozessor für die Abarbeitung der Präprozessorbefehle verwendet wird. Und dieser kennt die C++-Kommentare (//) nicht.

1 LIFO steht für "Last In First Out" und heißt zu deutsch soviel wie "zuletzt hinein, zuerst heraus".

Benutzen Sie bei Bemerkungen hinter Präprozessorbefehlen immer die alte C-Notation (/* ... */).

Die Klasse wurde so entworfen, daß mittels eines Konstruktors bestimmt wird, wie viele Elemente der Stack maximal verwalten kann. Diese Lösung ist nur bedingt dynamisch, weil wir zwar während der Laufzeit einen Stack variabler Größe erzeugen können, leider aber die Größe des Stacks, nachdem er einmal erzeugt wurde, nicht mehr verändert werden kann. Später werden wir andere Datenstukturen kennenlernen, mit denen auch echte dynamische Stacks möglich sind.

Als Methoden sind die stack-typischen Funktionen *Pop* und *Push* sowie zusätzlich noch eine Methode *isEmpty* implementiert, mit deren Hilfe festgestellt werden kann, ob sich noch Elemente im Stack befinden oder er leer ist.

Als Attribute enthält *Stack* einmal einen Zeiger auf das dynamisch zu erzeugende Variablenfeld sowie *maxanz*, welches die maximale Größe des Stacks repräsentiert, und *anz*, welches die aktuelle Größe des Stacks beinhaltet.

Schauen wir uns nun die Implementation der Methoden an:

```
#include "stack.h"

Stack::Stack(unsigned long s)
{
  data=new(int[s]);
  if(data)
    {
      anz=0;
      maxanz=s;
    }
  else
    {
      anz=maxanz=0;
    }
}

Stack::~Stack()
{
  if(data) delete[](data);
}

bool Stack::Push(int w)
{
  if(anz<maxanz)
```

```
    {
      data[anz++]=w;
      return(true);
    }
  else
    {
      return(false);
    }
}

int Stack::Pop(void)
{
  if(anz>0)
    return(data[--anz]);
  else
    return(0);
}

bool Stack::isEmpty(void)
{
  return(anz==0);
}
```

Den Quellcode dieses Beispiels finden Sie auf der Diskette unter \KAP16\STACK\STACK.CPP.

Die Klassendefinition bindet zuerst die Deklaration ein, um zur Klasse gehörende Methoden und Attribute zu bestimmen. Die tatsächliche Implementation der Methoden *Push*, *Pop* und *Size* sowie Konstruktor und Destruktor werden hier nicht ausführlich erklärt, weil die Programme ziemlich leicht nachzuvollziehen sind. Schauen wir uns nun einmal ein spielerisches Anwendungsbeispiel an:

```
#include <iostream>
#include "stack.h"

using namespace std;

int main()
{

const unsigned long SIZE=100;
Stack stack(SIZE);
char str[SIZE];
unsigned int x;

  cout << "Bitte String eingeben:";
  cin.get(str,SIZE);
```

```
  for(x=0;x<strlen(str);x++)  stack.Push(str[x]);
  cout << endl;
  while(!stack.isEmpty()) cout << (char)(stack.Pop());
  cout << endl;
}
```

Den Quellcode dieses Beispiels finden Sie auf der Diskette unter \KAP16\STACK\MAIN.CPP.

Auch hier wird die Klassendeklaration – aber nur die Deklaration – von *Stack* eingebunden, um Informationen über die zur Verfügung stehenden Methoden und Attribute zu erhalten. Der Vorteil dieser modularen Programmierung liegt in der Trennung der *main*-Funktion von der Klassendefinition begründet. Eventuelle Änderungen der Klassendefinition haben keine erneute Kompilation der *main*-Funktion zur Folge[2] und umgekehrt.

Die explizite Umwandlung des Rückgabewertes von *Pop* in einen *char*-Wert ist notwendig, weil der Stack *int*-Werte verwaltet, und die Ausgabefunktion *cout* diese Werte auch als *int*, sprich als Zahl ausgeben würde.

16.4 Explizite Konstruktoren

Wir haben nun einen funktionsfähigen Stack programmiert. Leider hat dieser Stack noch einen kleinen Schönheitsfehler. Was wird Ihrer Meinung nach bei folgendem Programmfragment passieren?

```
Stack stack(20);

stack=30;
```

Zuerst wird ein Stack mit 20 Elementen definiert. Dann wird diesem Stack der Wert 30 zugewiesen. Abgesehen davon, daß allein der Vorgang der Zuweisung eines Wertes an einen Stack sinnlos ist[3], muß der Compiler einen Fehler melden, denn *stack* ist vom Typ *Stack* und 30 ist vom Typ *const int*.

Aber verblüffenderweise wird dieses Fragment anstandslos kompiliert. Sie können es selbst ausprobieren.

---

2 Es sei denn, die Änderung ist so gravierend, daß sogar die Klassendeklaration in "STACK.H" davon betroffen wäre. In diesem Fall müßten alle Module, die die Klasse *Stack* benutzen, neu kompiliert werden.

3 Werte können nur mittels *Push* an den Stack übergeben werden.

Dies liegt in der eigentlich recht praktischen Eigenschaft des Compilers begründet, daß er Konstruktoren mit nur einem Parameter zur impliziten Typumwandlung verwendet. Er betrachtet unseren Stack-Konstruktor als Umwandlungsvorschrift von *int* nach *Stack*. Im allgemeinen erfüllen einparametrige Konstruktoren diesen Zweck auch. Leider ist unser Stack-Konstruktor aber für diese Typumwandlung nicht zu gebrauchen.

> Konstruktoren mit nur einem Parameter werden vom Compiler zur impliziten Typumwandlung verwendet.

explicit

Wir müssen daher dem Compiler mitteilen, daß er diesen Konstruktor nicht zur impliziten Typumwandlung verwenden soll. Die geschieht mit dem Schlüsselwort *explicit*, was auf deutsch soviel wie „explizit" heißt und dem Compiler sagt, daß dieser Konstruktor nur explizit verwendet werden darf:

```
class Stack
{
  private:
    int *data;
    unsigned long anz;
    unsigned long maxanz;

  public:
    explicit Stack(unsigned long);
    ~Stack();

    bool Push(int);
    int Pop(void);
    bool isEmpty(void);
};
```

16.5 Kontrollfragen

1. Welche Aufgabe erledigen *new* und *delete* neben dem Reservieren und Freigeben von Speicher noch?
2. Was muß man beachten, wenn man mit *delete* ein Feld freigeben will?
3. Welchen besonderen Status besitzen explizite Konstruktoren?
4. Auf was sollte geachtet werden, wenn Kommentare hinter Präprozessorbefehlen stehen sollen?

16.6 Übungen

1. Schreiben Sie eine Klasse *Queue*, die eine Queue repräsentiert. „Queue" bedeutet zu deutsch „Schlange" oder „Warteschlange". Genau wie bei den Warteschlangen in den Ämtern kommt immer derjenige zuerst dran, der auch als erster da war. Man bezeichnet eine Queue daher auch als FIFO-Struktur[4].

   Die beiden Operationen einer Queue heißen *Enqueue*, um ein Element an die Queue zu hängen, und *Dequeue*, um ein Element aus der Queue zu entfernen. Abbildung 16.2 stellt die Wirkungsweise der beiden Methoden dar.

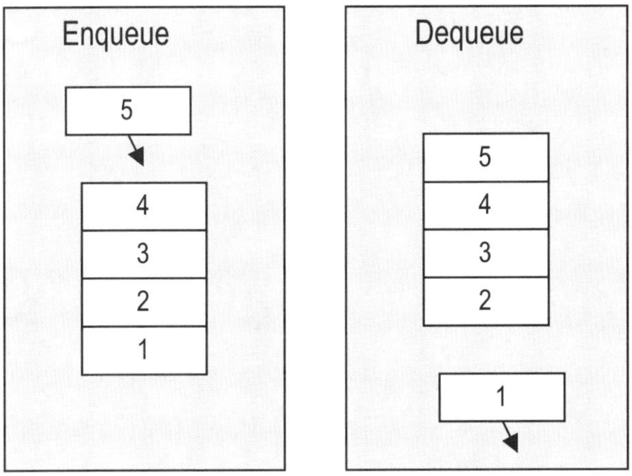

Bild 16.2: Enqueue und Dequeue bei Queues

   Die Queue soll *int*-Werte verwalten können und neben den beiden Methoden *Enqueue* und *Dequeue* noch die Methode *isEmpty* besitzen, die einen booleschen Wert zurückliefert, der Auskunft darüber gibt, ob die Queue leer ist oder noch Elemente beherbergt.

   Der Konstruktor soll einen Parameter besitzen, der es ermöglicht, die maximale Größe der Queue festzulegen. Der benötigte Speicher soll dynamisch angefordert werden.

---

4 FIFO ist die Abkürzung für "First In First Out". Übersetzt bedeutet es "zuerst hinein, zuerst heraus".

17 Vererbung

Wir werden uns nun mit der Vererbung vertraut machen, einem mächtigen Werkzeug der OOP. Dieses Kapitel umfaßt folgende Punkte:

- Wie unterscheidet sich ein Ansatz mit Vererbung von der herkömmlichen Vorgehensweise?
- Was sind Listen, und wie sind sie aufgebaut?
- Wie sieht Vererbung in C++-Syntax aus?
- Was sind geschützte Klassenelemente?
- Welche Vererbungstypen gibt es?
- Was ist Polymorphismus?
- Was sind virtuelle und rein-virtuelle Funktionen?
- Wie funktioniert die dynamische Typüberprüfung?
- Was sind abstrakte Klassen?
- Wozu verwendet man Zugriffs-Deklarationen?

17.1 Einführende Gedanken

Nehmen wir einmal an, Sie wollten die vier Klassen *Säugetier, Mensch, Hund* und *Dackel* entwerfen. Das Ergebnis wären vier Klassen, die keine direkten Beziehungen untereinander haben, wie in Abbildung 17.1 dargestellt. Nun wissen wir aber, daß Menschen und Hunde zu den Säugetieren gehören. Deshalb müssen die Attribute und Methoden der Klasse *Säugetier* auch in den Klassen *Mensch* und *Hund* vorhanden sein. Des weiteren ist ein Dackel ein Hund und auch ein Säugetier, so daß die Klasse *Dackel* mindestens alle Methoden und Attribute enthalten muß, mit denen auch die Klassen *Hund* und *Säugetier* ausgestattet sind. Unterm Strich sind die Methoden und Attribute von *Säugetier* in allen vier Klassen vorhanden. Abgesehen davon, daß diese Klassenelemente für alle vier Klassen entworfen werden müssen, sind zudem etwaige Änderungen an allen vier Klassen vorzunehmen.

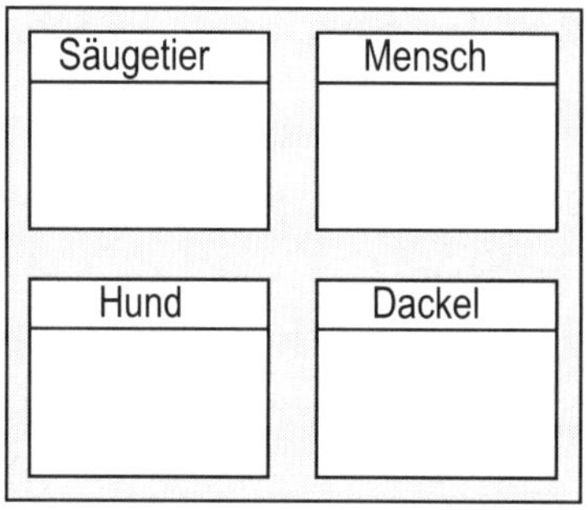

Bild 17.1: Herkömmlicher Entwurf von Datenstrukturen

Hier kommt nun die Vererbung ins Spiel. Vererbung ist dann anwendbar, wenn zwei Klassen in der Beziehung „X ist ein(e) Y" zueinander stehen. Da die Klassen *Hund* und *Mensch* beide auch Säugetiere repräsentieren, können alle zu *Säugetier* gehörenden Elemente geerbt werden. *Dackel* kann von *Hund* erben, wodurch automatisch auch die Elemente von *Säugetier* geerbt werden[1]. Abbildung 17.2 stellt diese Beziehungen grafisch dar.

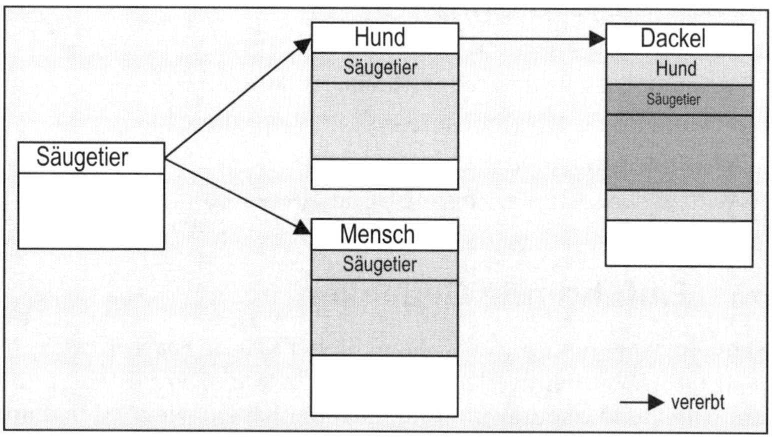

Bild 17.2: Entwurf mit Hilfe der Vererbung

Ein Hund ist damit nichts anderes als ein Säugetier, welches um spezielle Eigenschaften ergänzt wurde. Und ein Dackel ist ein Hund, der sich ebenfalls wieder durch zusätzliche Eigenschaften (z.B. Schlappohren) von seiner Oberklasse *Hund* unterscheidet.

1 Weil *Hund* zuvor schon die Elemente von *Säugetier* geerbt hat und diese dann weiter an *Dackel* vererbt.

Der gewaltige Vorteil liegt darin, daß die Klasse *Säugetier* nur einmal entworfen wird. Alle Klassen, die dann von *Säugetier* erben, besitzen automatisch die komplette Funktionalität und Struktur und brauchen diese nur zu erweitern. Sind einmal Änderungen an *Säugetier* nötig[2], werden diese auch bei allen Klassen wirksam, die von *Säugetier* geerbt haben.

17.2 Listen

Um das Beispiel der Vererbung direkt praktisch anzuwenden, wollen wir uns einmal ansehen, wie der Datentyp *Liste* aufgebaut ist.

Bei den Stacks hatten wir die dynamische Speicherverwaltung derart eingesetzt, daß wir den kompletttten vom Stack benötigten Speicher in einem Block reservierten. Der Nachteil besteht darin, daß ein einmal erzeugtes Feld eine feste Größe besitzt. Es kann daher passieren, daß das Feld voll ist, obwohl wir noch einen Wert speichern möchten. Für diesen Fall könnten wir folgendermaßen Abhilfe schaffen:

1. Erzeuge ein Feld, welches um x Elemente größer ist als das bereits bestehende.
2. Kopiere alle Daten des alten Feldes in das neue, und passe die Attribute dem neuen Feld an.
3. Lösche das alte Feld.

Dieses Verfahren hat jedoch entscheidende Nachteile:

- Der benötigte Speicher für das neue Feld muß aus einem Stück sein. Das bedeutet, die maximale Stackgröße ist gleich dem größten verfügbaren Speicherbereich, der im Verhältnis zum gesamten zur Verfügung stehenden Speicher sehr klein sein kann.
- Da zum Zeitpunkt des Kopierens von einem Feld in das andere beide Felder gleichzeitig Speicher belegen, kann die tatsächliche Größe des Stacks/der Queue im Optimalfall nie größer sein als die Hälfte des zur Verfügung stehenden Speicherplatzes.
- Wenn einmal eine große Datenmenge verwaltet wurde, belegt der Datentyp für den Rest seiner Lebensdauer den für dieses maximale Datenaufkommen benötigten Speicherplatz.

Der letztgenannte Nachteil kann dadurch behoben werden, daß ein kleineres Feld belegt wird, wenn im aktuellen Feld eine entsprechende Anzahl leerer Elemente vorhanden ist.

---

2 Erweiterung der Funktionalität oder Behebung von Fehlern.

Aber alles in allem erscheint die Implementation mit Hilfe eines Feldes nur für bestimmte Situationen angemessen. Für Fälle, in denen der Datentyp eine hohe Dynamik beweisen muß, ist eine Ineffizienz nicht vermeidbar.

Die „Starrheit" des Feldes entsteht letztlich dadurch, daß der benötigte Speicher immer an einem Stück zur Verfügung stehen muß. Des weiteren können wir nicht flexibel genug auf notwendige Größenänderungen reagieren.

Eine Lösung wäre es zum Beispiel, nicht mehr nur ein Feld, sondern mehrere Felder zu benutzen. Anstatt dann das existierende Feld zu vergrößern, wird einfach ein neues angelegt. Ist dieses dann voll, wird das nächste angelegt. Nimmt der Datenbestand dermaßen ab, daß eines der Felder komplett leer ist, kann sein Speicher freigegeben werden. Wenn Sie einmal über diese Idee nachdenken, werden Sie feststellen, daß die Implementation umso dynamischer – und damit flexibler – wird, je kleiner die einzelnen Felder sind. Das Optimum an Flexibilität ist dann erreicht, wenn jedes Feld nur noch ein Element aufnehmen kann.

Und genau das ist die Grundidee einer verketteten Liste. Analog zu unserer vorherigen Betrachtung ist ein Element einer Liste ein Container für genau ein Nutzdatenelement. Um eine Verkettung zu ermöglichen, muß dieser Container noch einen Verweis auf einen anderen Container beinhalten. Schauen wir uns dazu einmal Abbildung 17.1 an.

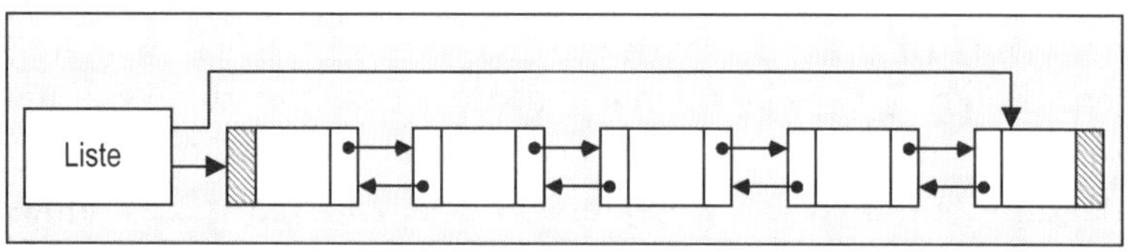

Bild 17.3: Eine doppelt verkettete Liste

Die Implementation sieht dann so aus, daß eine Klasse namens *Liste* enworfen wird, die einen Zeiger auf das erste und einen Zeiger auf das letzte Listenelement besitzt. Die Listenelemente selbst werden als eigene Klasse *ListenElement* definiert, die einen Zeiger auf den Vorgänger und einen Zeiger auf den Nachfolger besitzen:

```
class ListenElement
{
  friend class Liste;

  private:
    ListenElement *previous;
```

```
    ListenElement *next;
    ListenElement(ListenElement *p=0, ListenElement *n=0) :
      previous(p),next(n){}
};
```

Vielleicht wndern Sie sich, daß der Konstruktor als privat deklariert wurde. Aber das ist durchaus beabsichtigt, denn die einzige Instanz, die ein Listenelement erzeugen sollte, ist die Liste, und die ist als Freund deklariert.

Die einzelnen Instanzen der Klasse *ListenElement* können jetzt zwar miteinander verkettet und von der Klasse *Liste* verwaltet werden, Nutzdaten sind aber in ihnen noch nicht enthalten.

17.3 Einfache Vererbung

Mit der oben angedeuteten Liste wollen wir nun *int*-Werte verwalten. Wir werden die neue Klasse *IntElement* nennen. Um die Klassen *IntElement* und *ListenElement* in eine Vererbungshierachie zu bringen, können wir sagen, daß *IntElement* ein *ListenElement* ist, welches *int*-Werte verwaltet. Und die Beziehung „ X ist ein(e) Y" deutet auf Vererbung hin.

Schauen wir uns zunächst an, wie die Klasse *IntElement* ohne Vererbung aussehen müßte:

```
class IntElement
{
  private:
    int data;
  public:
    IntElement(int);
};
```

Wollen wir nun, daß *IntElement* von *ListenElement* erbt, dann geben wir den Namen der Klasse, von der geerbt werden soll, einfach hinter dem Klassennamen, von ihm durch einen Doppelpunkt getrennt, an:

Syntax

```
class IntElement : ListenElement
{
  private:
    int data;
  public:
    IntElement(int, ListenElement*, ListenElement*);
};
```

Der Name der Basisklasse steht – durch einen Doppelpunkt von ihm getrennt – hinter dem Namen der zu definierenden Klasse.

Der Konstruktor von *IntElement* ist um die beiden Parameter von *ListenElement* erweitert worden. Schauen wir uns nun den *IntElement*-Konstruktor an:

```
IntElement::IntElement(int d, ListenElement *p=0,
                              ListenElement *n=0) :
         data(d), ListenElement(p,n)
  {
  }
```

Wie Sie sehen, muß der Konstruktor der Basisklasse[3] explizit in der Elementinitialisierungsliste aufgerufen werden.

In der Elementinitialisierungsliste der abgeleiteten Klasse muß explizit ein Konstruktor der Basisklasse aufgerufen werden.

Das liegt daran, daß eine Klasse mehrere Konstruktoren besitzen kann. Wegen der größeren Flexibilität wird die Wahl des zu benutzenden Basisklassen-Konstruktors dem Programmierer überlassen. Denn sollte die abgeleitete Klasse ebenfalls mehrere Konstruktoren besitzen, dann ist die Wahrscheinlichkeit groß, daß diese Konstruktoren unterschiedliche Basisklassen-Konstruktoren benutzen.

17.4 Geschützte Elemente

Eigentlich sollte jetzt alles stimmen. Aber noch haben wir uns zu früh gefreut. Versuchen Sie bitte, die Klassen mitsamt ihren Konstruktoren zu kompilieren. Es wird ein Fehler auftreten. Eigentlich hätten wir diesen Fehler voraussehen können. Wir haben schließlich sowohl die Attribute als auch den Konstruktor von *ListenElement* als *private* deklariert. Und wenn man auf private Elemente einer Klasse einfach dadurch zugreifen könnte, daß man eine andere Klasse von ihr ableitet, dann wäre das Prinzip der Datenkapselung nicht viel wert.

Im Augenblick kennen wir zwei Möglichkeiten, dieses Problem zu beheben. Die erste Möglichkeit wäre, alle Elemente von *ListenElement* als öffentlich zu deklarieren. Dies wäre allerdings eine ziemlich unsinnige Lösung, weil dadurch die Datenkapselung komplett verloren ginge. Die zweite Möglichkeit könnte eine *friend*-Deklaration sein.

3 Als Basisklasse bezeichnet man eine Klasse, von der geerbt wird.

Dies hat aber den Nachteil, daß bei der Entwicklung von *ListenElement* alle von ihr abgeleiteten Klassen bekannt sein müssen[4].

protected

Es muß mal wieder eine neue Lösung her. Unser eigentliches Problem läßt sich folgendermaßen eingrenzen: Private Klassenelemente sind zu stark gekapselt, und öffentliche Elemente sind überhaupt nicht gekapselt. Wir benötigen also einen Mittelweg. Dieser Kompromiß zwischen *private* und *public* heißt *protected*, was im Deutschen soviel wie „geschützt" bedeutet. Auf geschützte Elemente kann von abgeleiteten Klassen aus zugegriffen werden, jedoch nicht von außenstehen Klassen oder Funktionen. Eine komplette Übersicht über private, geschützte und öffentliche Elemente und von wo aus auf sie zugegriffen werden kann gibt Tabelle 17.1.

Zugriffstyp	eigene Klasse[a]	abgeleitete Klasse	fremde Klasse[b]
private	ja	nein	nein
protected	ja	ja	nein
public	ja	ja	ja

a. Hierzu zählen auch Freunde der Klasse
b. Hierzu zählen auch nicht zu Klassen gehörende Funktionen

Tabelle 17.1: Zugriffserlaubnis der verschieden gekapselten Klassenelemente

Nun wollen wir unser neu erworbenes Wissen auch sofort auf die Klasse *ListenElement* anwenden:

```
class ListenElement
{
protected:
    ListenElement *previous;
    ListenElement *next;
    ListenElement(ListenElement *p=0, ListenElement *n=0):
                  previous(p),next(n){}
};
```

Wir müssen uns darüber im klaren sein, daß auch durch die Verwendung von *protected* die Kapselung der Daten aufgeweicht wird. Sie ist zwar bei weitem nicht so stark reduziert wie bei *public*, aber eine Reduktion ist vorhanden. Jeder ist nun in der Lage, durch Ableiten an die *protected*-Elemente heranzukommen. Um die Datenkapselung trotzdem aufrecht zu erhalten müßte korrekterweise die Klasse so entworfen werden:

4 Denn für jede abgeleitete Klasse müßte eine *friend*-Deklaration in *ListenElement* existieren.

```
class ListenElement
{
  private:
    ListenElement *previous;
    ListenElement *next;
  protected:
    ListenElement(ListenElement *p=0, ListenElement *n=0):
                  previous(p),next(n){}
    void Previous(ListenElement *p) {previous=p;}
    ListenElement *Previous(void) {return(previous);}
    void Next(ListenElement *n) {next=n;}
    ListenElement *Next(void) {return(next);}
};
```

Die Zeiger *previous* und *next* selbst sind als *private* deklariert und damit komplett gekapselt. Damit eine abgeleitete Klasse trotzdem an *previous* und *next* herankommt, wurden jeweils zwei Varianten der Methoden *Previous* und *Next* als geschützt entworfen, um weiterhin die Zeiger manipulieren zu können. Nun sieht dies auf den ersten Blick nur nach einer Verlagerung des Problems aus, denn jetzt kann wieder jeder durch Ableiten über *Previous* und *Next* die Zeiger *previous* und *next* verändern.

Wir hatten darüber schon in einem früheren Kapitel gesprochen. Es ist klar, daß sich jedermann durch Ableiten von *ListenElement* Zugriff auf die Methoden *Previous* und *Next* verschaffen kann. Der springende Punkt ist jedoch, daß er keinen Zugriff auf die Zeiger selbst hat, sondern jegliche Veränderung über die Methoden herbeiführen muß. Wir haben damit die Möglichkeit, innerhalb der Methoden die Zugriffe einzuschränken. Um das Beispiel einfach zu halten, besitzt die augenblickliche Implementation der Methoden *Previous* und *Next* überhaupt keine Einschränkungen. Wichtig für die Datenkapselung ist jedoch, daß wir Einschränkungen vornehmen könnten, wenn wir es denn wollten.

Der Einfachheit unseres Beispiels halber und mit dem Wissen, daß der Zugriff über Methoden auch eine Art Datenkapselung ist, werden wir wieder zu dem Entwurf zurückkehren, bei dem alle Elemente als geschützt deklariert wurden.

17.5 Verschiedene Vererbungstypen

Durch die Vererbung, wie wir sie bisher betrieben haben, werden alle Elemente der Basisklasse zu privaten Elementen der abgeleiteten Klasse. Dies bedeutet, daß ein weiteres Ableiten von *IntElement* neue Probleme mit sich bringen würde, weil wir wieder nicht auf die Zeiger *previous* und *next* zugreifen könnten[5]. Das liegt daran, daß die Basisklasse implizit als privat deklariert wurde, was dann oben geschilderte Konsequenzen hat. Wir können dieses Problem umgehen, indem wir die Basisklasse explizit als öffentlich deklarieren. Und das geht so:

Syntax

```
class IntElement : public ListenElement
{
  private:
    int data;
  public:
    IntElement(int, ListenElement*, ListenElement*);
};
```

Vor dem Namen der Basisklasse steht nun das Schlüsselwort *public*. Stünde dort *private*, wäre dies die gleiche Situation wie vorher, weil die Basisklasse implizit immer als privat deklariert wird.

Durch die Deklaration der Basisklasse als öffentlich werden geschützte Elemente der Basisklasse zu geschützten Elementen der abgeleiteten Klasse. Öffentliche Elemente der Basisklasse werden zu öffentlichen Elementen der abgeleiteten Klasse. Bei einer Deklaration der Basisklasse als geschützt, werden die öffentlichen Elemente der Basisklasse zu geschützten Elementen der abgeleiteten Klasse. Die geschützten Elemente der Basisklasse bleiben weiterhin geschützt. Wegen der Datenkapselung bleiben bei allen Vererbungstypen die privaten Elemente der Basisklasse weiterhin privat, selbst für die abgeleitete Klasse, weil dies sonst bedeuten würde, daß die abgeleitete Klasse direkt auf sie zugreifen könnte. Schauen wir uns dies einmal in Tabelle 17.2 an.

Basisklasse	public-Element wird	protected-Element wird	private-Element bleibt
public	public	protected	private
protected	protected	protected	private
private	private	private	private

Tabelle 17.2: Auswirkungen öffentlicher, geschützter und privater Basisklassen

Die Entscheidung, ob die Basisklasse als öffentlich, geschützt oder als privat deklariert wird, hängt von der Aufgabe der abgeleiteten Klasse ab. Ist die abgeleitete Klasse schon so spezialisiert, daß ein weiteres Ableiten unsinnig wäre, dann können Sie durch eine *privat*-Deklaration der Basisklasse einen Zugriff durch Ableiten verhindern. Ist es jedoch wahrscheinlich, daß die abgeleitete Klasse weiter abgeleitet

5 Beachten Sie, daß wir jetzt wieder den vereinfachten Entwurf, bei dem Attribute und Konstruktor als geschützt deklariert sind, verwenden.

wird, dann sollten Sie die Basisklasse als öffentlich deklarieren, damit der nächsten abgeleiteten Klasse der Zugriff nicht unnötig erschwert wird. Wollen Sie aber die Basisklasse in der abgeleiteten Klasse so kapseln, daß nur noch weitere Ableitungen, nicht jedoch außenstehende Klassen oder Funktionen Zugriff auf ihre Elemente haben, so deklarieren Sie die Basisklasse als geschützt. Achten Sie jedoch immer darauf, daß durch Ihre Deklarationen das Prinzip der Datenkapselung nicht unterwandert wird.

17.6 Polymorphismus

Wir werden uns jetzt einem Aspekt der OOP zuwenden, der das Prinzip der Vererbung noch leistungsfähiger macht. Kompilieren Sie das folgende Fragment einmal in einer *main*-Funktion zusammen mit den Klassen *ListenElement* und *IntElement*.

```
ListenElement *le1=0, *le2=0;
IntElement *ie=0;

le1=ie;
ie=le2;
```

Den Quellcode dieses Beispiels finden Sie auf der Diskette unter \KAP17\BSP01.CPP.

Wie nicht anders zu erwarten war, tritt ein Fehler auf. Das Erstaunliche ist jedoch, daß der Fehler erst bei der zweiten Zuweisung (ie=le2) auftritt. Wegen der strengen Typüberprüfung von C++ hätte der Compiler schon bei der ersten Zuweisung einen Fehler melden müssen, weil dort ein Zeiger auf ein *IntElement* einem Zeiger auf ein *ListenElement* zugewiesen wird. Der Fehler wäre auch aufgetreten, wenn die beiden Klassen nicht durch Vererbung in Beziehung zueinander stehen würden.

Wir hatten als typisches Merkmal von Vererbung ja die Beziehung „X ist ein(e) Y" festgestellt. Und daran hält sich auch der Compiler. Weil *IntElement* ein *ListenElement* ist, darf einem Zeiger vom Typ *ListenElement* auch ein *IntElement* zugewiesen werden.

> Zeiger auf einen Klassentyp dürfen auch auf Klassen zeigen, die von diesem Klassentyp abgeleitet sind.

Zeiger auf einen Klassentyp dürfen auch auf Klassen zeigen, die von diesem Klassentyp abgeleitet sind.

Andererseits ist ein *ListenElement* aber kein *IntElement*, weil das *IntElement* um neue Eigenschaften erweitert wurde. Deswegen erzeugt im vorherigen Beispiel die zweite Zuweisung einen Fehler.

Der Vorteil des Polymorphismus liegt auf der Hand. Da die Basisklasse in gewisser Weise eine Obermenge der abgeleiteten Klassen bildet, sind alle abgeleiteten Klassen – abgesehen von ihren Erweiterungen – in der Basisklasse enthalten. Betrachten wir noch einmal unsere Klasse *Säugetier.* Alle von ihr abgeleiteten Klassen, das waren in unserem Beispiel *Hund* und *Mensch* sowie die weiteren Ableitungen (*Dakkel*) sind weiterhin Säugetiere, auch wenn sie zusätzliche Eigenschaften besitzen.

Wollten wir nun alle Säugetiere in einer Liste unterbringen, dann bräuchten wir nur eine Liste zu implementieren, die Säugetiere verwaltet. Diese Liste würde dann wegen der Vererbung automatisch auch Menschen, Hunde und Dackel verwalten können.

17.7 Virtuelle Funktionen

Bleiben wir noch ein wenig bei unseren Listenelementen. Wir wollen *Listenelement* und *IntElement* nun dahingehend erweitern, daß jede Klasse eine Methode namens *Print* bekommt, die die typischen Daten der Klasse ausgibt. Zunächst schauen wir uns die Klasse *ListenElement* an:

```
class ListenElement
{
  friend class Liste;

  protected:
    ListenElement *previous;
    ListenElement *next;
    ListenElement(ListenElement *p, ListenElement *n) :
      previous(p),next(n){}

  public:
    void Print(void) {cout << this << endl;}
    ListenElement(void) : previous(0),next(0){}
};
```

Da *ListenElement* keine direkten Nutzdaten enthält, wird nur die Adresse ausgegeben[6], an der die Instanz im Speicher liegt. Für dieses Beispiel wurde *ListenElement* noch um einen öffentlichen Konstruk-

6 Wir erinnern uns: Der Zeiger *this* zeigt immer auf die eigene Klasse.

tor erweitert, um eine Instanz der Klasse erzeugen zu können[7]. Benutzen wir diese neue Methode nun in einem Beispiel:

```
ListenElement le;
IntElement ie(20,0,0);

le.Print();
ie.Print();
```

Den Quellcode dieses Beispiels finden Sie auf der Diskette unter \KAP17\BSP02.CPP.

Durch die Vererbung wird auch die *Print*-Methode von *ListenElement* an *IntElement* weitergegeben. Daher wird bei beiden *Print*-Aufrufen jeweils die Position im Speicher ausgegeben. Da *IntElement* aber um Nutzdaten erweitert wurde, wäre es nett, wenn eine Instanz von *IntElement* anstelle der Position im Speicher die Nutzdaten ausgeben würde. Aus diesem Grunde erweitern wir nun *IntElement* um eine eigene *Print*-Methode:

```
class IntElement : public ListenElement
{
  private:
    int data;
  public:
    IntElement(int, ListenElement*, ListenElement*);
    void Print(void) {cout << data << endl;}
};
```

Die Definition des Konstruktors wird hier nicht aufgeführt, weil sich dieser nicht geändert hat.

Normalerweise wäre diese Form des Überladens einer Funktion nicht erlaubt[8]. Da trotz der Vererbung die Zugehörigkeiten der *Print*-Methoden zu ihren Klassen erhalten bleibt, ist dies kein Problem, denn die eine *Print*-Methode heißt vollständig ausgeschrieben ja *ListenElement::Print* und die andere *IntElement::Print*. Deswegen liegt überhaupt kein Überladen vor, denn die Funktionen haben unterschiedliche Namen[9].

7 Der als *protected* deklarierte Konstruktor kann nur von einer abgeleiteten Klasse verwendet werden.

8 Sie erinnern sich: Zwei gleichnamige Funktionen müssen sich in ihrer Parameterliste unterscheiden.

9 Es ist tatsächlich so, daß zu dem Namen einer Methode auch der Klassenname gehört. Dieser muß aber nur in seltenen Fällen angegeben werden, weil durch den Aufruf selbst schon implizit die Klasse angegeben wird. Rufen Sie zum Beispiel *a.Print()* auf und ist *a* vom Typ *IntElement*, dann ist es ganz klar, daß die Funktion *IntElement::Print()* gemeint ist.

Nun noch einmal das Testfragment:

```
ListenElement le;
IntElement ie(20,0,0);

le.Print();
ie.Print();
```

Den Quellcode dieses Beispiels finden Sie auf der Diskette unter \KAP17\BSP03.CPP.

Die Instanz von *ListenElement* gibt weiterhin ihre Speicheradresse aus, aber die Instanz von *IntElement* gibt die Nutzdaten aus, in diesem konkreten Fall den Wert 20.

Machen wir nun in einem kleinen Beispiel vom Polymorphismus Gebrauch. Bitte kompilieren Sie das folgende Beispiel mitsamt der aktuellen Klassendefinition und betrachten Sie das Ergebnis:

```
ListenElement *Liste[2];

Liste[0]=new ListenElement;
Liste[1]=new IntElement(50,0,0);

Liste[0]->Print();
Liste[1]->Print();

delete(Liste[0]); delete(Liste[1]);
```

Den Quellcode dieses Beispiels finden Sie auf der Diskette unter \KAP17\BSP04.CPP.

Wir erzeugen hier ein kleines statisches Array mit zwei Elementen vom Typ „Zeiger auf ListenElement". Dem ersten Zeiger wird ein *ListenElement* zugewiesen. Dem zweiten Element weisen wir ein *IntElement* zu (Polymorphismus). Danach wird von beiden Instanzen die *Print*-Methode aufgerufen. Und genau dort ist die Überraschung groß.

Bei beiden Instanzen wird die Speicheradresse ausgegeben. Auch bei *IntElement*, obwohl dort eine eigene *Print*-Methode zur Verfügung steht. Dafür gibt es eine ganz einfache Erklärung, die wir eigentlich schon kennen. Die *Print*-Methode enthält in ihrem Namen ja auch den Namen der Klasse, zu der sie gehört. Wir können ihn jedoch weglassen, weil durch den Typ der Instanz oder des Zeigers die Klasse bekannt ist. Nun haben wir *Liste* aber als Array mit Zeigern auf *ListenElement* deklariert. Nun stößt der Compiler auf die folgende Anweisung:

```
Liste[1]->Print();
```

Er weiß, daß *Liste* Zeiger auf Listenelemente enthält, also muß auch *Liste[1]* auf ein Listenelement zeigen. Wenn aber die Klasse, auf die *Liste[1]* referenziert, vom Typ *ListenElement* ist, dann kann die aufzurufende *Print*-Methode nur die Methode *ListenElement::Print()* sein.

Deswegen wird die Speicheradresse ausgegeben und nicht der *int*-Wert. Eine ziemlich rabiate Lösung dieses Problems wäre es, dem Compiler durch explizite Typumwandlung zu sagen, daß es sich hier um einen Zeiger auf ein *IntElement* handelt:

```
((IntElement*)(Liste[1]))->Print();
```

Die komplette Klammerung der Typumwandlung ist notwendig, weil sich andernfalls die Typumwandlung auf den Rückgabewert der *Print*-Methode beziehen würde. Leider funktioniert dieser Trick nur, weil wir ganz genau wissen, daß *Liste[1]* auf ein *IntElement* zeigt. In einer dynamischen Liste haben wir diese Information nicht. Wir müßten dann jeder Instanz eine Identifikationsnummer mitgeben, anhand derer wir erkennen könnten, von welchem Typ die Klasse tatsächlich ist. Das würde aber bedeuten, daß wir für jede Klasse, die von *ListenElement* abgeleitet wird, eine explizite Typumwandlung implementieren müßten. Dies wäre bestenfalls unelegant. Durch diesen „Trick" wird die OOP förmlich mit Füßen getreten. Es muß mal wieder irgendwie anderes gehen.

Dynamische Typüberprüfung

Eigentlich tritt das Problem nur deswegen auf, weil der Compiler uns „glaubt". Wir haben das Array als Zeigersammlung auf Listenelemente deklariert, weswegen der Compiler dort nie und nimmer ein *IntElement* vermutet. Würde der Compiler aber während der Laufzeit prüfen, um welchen Klassentyp es sich wirklich handelt, dann wäre unser Problem gelöst.

Dynamische Typüberprüfung

Diese Prüfung zur Laufzeit nennt man dynamische Typüberprüfung. C++ ist in der Lage, eine solche dynamische Typüberprüfung vorzunehmen. Allerdings müssen wir dem Compiler mitteilen, bei welchen Funktionen er das Ergebnis dieser Überprüfung berücksichtigen soll.

Virtuelle Funktionen

Funktionen, bei denen der Compiler während der Laufzeit prüft, zu welchem Klassentyp sie gehören, nennt man virtuelle Funktionen. Das C++-Schlüsselwort, um eine Funktion als virtuell zu deklarieren, heißt *virtual*. Das Schlüsselwort muß bei den Methoden der Basisklasse benutzt werden. Wir definieren die *Print*-Methode von *ListenElement* also wie folgt:

```
virtual void Print(void) {cout << this << endl;}
```

Syntax

Einfach ausgedrückt bedeutet das Schlüsselwort *virtual* für den Compiler, daß zum Zeitpunkt des Aufrufs einer virtuellen Funktion dieselbe daraufhin überprüft werden soll, ob es sich wirklich um den angegebenen Klassentyp oder um einen von ihm abgeleiteten Typen handelt.

Rein-virtuelle Funktionen

Durch die virtuellen Funktionen haben wir die Möglichkeit, in einer Basisklasse eine Methode vorzugeben, die bei Bedarf dann in einer abgeleiteten Klasse durch eine spezialisiertere Methode ersetzt werden kann. Dabei achtet der Compiler mittels dynamischer Typüberprüfung darauf, daß auch immer die Methode aufgerufen wird, die zum tatsächlichen Klassentyp gehört.

Wir könnten jetzt hingehen und eine Liste implementieren, die Elemente vom Typ *ListenElement* verwaltet. Durch den Polymorphismus kann die Liste auch alle Klassen verwalten, die von *ListenElement* abgeleitet sind.

Weil nun die Liste die *Print*-Methode verwendet, muß sichergestellt sein, daß immer eine ausführbare *Print*-Methode vorhanden ist. In unserem Beispiel wurde dies dadurch erreicht, daß schon die Basisklasse *ListenElement* eine *Print*-Methode besitzt. Sollten abgeleitete Klassen keine eigene *Print*-Methode mitbringen, dann wird auf die *ListenElement::Print*-Methode zurückgegriffen.

Aber seien wir einmal ehrlich. Eigentlich ist doch die Ausgabe der Speicheradresse für eine *Print*-Methode ziemlich unsinnig. Was soll der Benutzer mit dieser Information anfangen? Daraus schließen wir, daß für die Klasse *ListenElement* eine Implementation von *Print* unnötig ist. Andererseits muß gewährleistet sein, daß immer eine *Print*-Methode zur Verfügung steht.

Rein-virtuelle Funktionen

Wir müssen also dafür sorgen, daß eine von *Listenelement* abgeleitete Klasse auf jeden Fall eine *Print*-Methode haben muß, ohne aber in *ListenElement* selbst eine *Print*-Methode zu implementieren. Und dafür gibt es die rein-virtuellen Funktionen. Schauen Sie sich folgende Deklaration von *Print* für *ListenElement* an:

Syntax

```
virtual void Print(void)=0;
```

abstrakte Klasse

Durch das „=0" wird die virtuelle Methode *Print* zu einer rein-virtuellen Methode. Versuchen Sie nun einmal, von *ListenElement* eine Instanz zu erzeugen. Es wird Ihnen nicht gelingen. Sobald eine Klasse eine rein virtuelle Methode besitzt, wird sie zu einer **abstrakten Klasse**.

Klassen mit rein-virtuellen Funktionen nennt man abstrakte Klassen. Sie können nicht instanziiert werden.

Von abstrakten Klassen kann keine Instanz erzeugt werden. Sie können erst dann eine Instanz erzeugen, wenn die Klasse keine rein-virtuelle Methode mehr besitzt. Da wir *IntElement* von *Listenelement* abgeleitet haben, wurde auch die rein-virtuelle Methode *Print* vererbt. Das bedeutet, daß *IntElement* eine *Print*-Funktion besitzen muß, um instanziiert zu werden. Da wir *IntElement* mit einer *Print*-Methode ausgestattet haben, ist *IntElement* ohne rein-virtuelle Methode und damit auch keine abstrakte Klasse mehr.

17.8 Zugriffs-Deklarationen

Im Verlaufe dieses Kapitels haben wir die verschiedenen Vererbungstypen kennengelernt (sie sind in Tabelle 17.2 zusammengefaßt). Manchmal wäre es jedoch wünschenswert, einige Elementen der Klasse vom benutzten Vererbungstyp abweichen zu lassen. Dieses Bedürfnis stellt sich meist dann ein, wenn man eine bereits implementierte Klasse ableitet und deswegen keinen Einfluß auf die Bezugsrahmen der Basisklassenelemente mehr hat. Dazu am besten ein Beispiel. Gehen wir einmal davon aus, daß folgende Klasse bereits implementiert ist:

```
class Kunde
{
  public:
    char vorname[80];
    char nachname[80];
    unsigned long geheimzahl;
};
```

Dies ist eine stark vereinfachte Klasse, die allgemein einen Kunden mit Geheimzahl repräsentieren soll[10]. Angenommen, Sie wollten von dieser Klasse ableiten. Allerdings möchten Sie so ableiten, daß die Elemente der Basisklasse nur noch für die abgeleitete Klasse und ihre Erben und nicht mehr für die Öffentlichkeit zugänglich ist. Welchen Vererbungstyp nehmen wir da? Die *protected*-Vererbung:

```
class BankKunde : protected Kunde
  {
    public:
      void init(void)
        {geheimzahl=0;}
  };
```

Die abgeleitete Klasse *BankKunde* ist in der Lage, auf die Elemente von *Kunde* zuzugreifen. Durch die Definition der Basisklasse als *protected* werden die öffentlichen Elemente der Basisklasse jedoch zu geschützten Elementen der abgeleiteten Klasse. Das bedeutet, daß von außen über *BankKunde* nicht mehr auf die Elemente von *Kunde* zugegriffen werden kann. Sie können dies einmal ausprobieren.

Das ist für den Anfang schon ganz gut. Leider ist die Datenkapselung noch nicht perfekt genug, denn wenn man will, kann man immer noch auf die Geheimzahl zugreifen.

Entwickeln Sie ein Programmfragment, mit welchem man über *BankKunde* auf die Geheimzahl zugreifen kann. Dies natürlich ohne die Klassen *Kunde* und *BankKunde* zu verändern.

Lösung

```
class Spion : public BankKunde
  {
    public:
      void getpwd(void)
        {cout << geheimzahl;}
  };
```

Durch ein öffentliches Ableiten von *BankKunde* werden die Elemente in der abgeleiteten Klasse ebenfalls *protected*, weswegen die abgeleitete Klasse auf sie zugreifen kann.

Hätten wir *BankKunde* mit *Kunde* als private Basisklasse abgeleitet, dann wären die Elemente von *Kunde* in *BankKunde* zwar privat, aber dadurch wäre einer Klasse, die von *BankKunde* erbt, ebenfalls der Zugang zum Vor- und Nachnamen versperrt.

10 Bei einer so einfachen Klasse wie dieser programmiert man sie eher selbst, als daß man sich auf Kompromisse einläßt. Meist sind die Basisklassen aber so komplex, daß eine Neuimplementation nicht in Frage kommt.

Zugriffs-Deklarationen

Wir brauchen also eine Methode, mit der wir gezielt vom gewählten Vererbungstyp abweichen können. Und dieses Abweichen erreicht man durch die Einrichtung von Zugriffs-Deklarationen.

Zugriffs-Deklarationen werden formuliert, indem man den kompletten Namen des Elements (also inklusive Klassennamen) unter dem gewünschten Bezugsrahmen aufführt. In unserem Beispiel wäre dies die Geheimzahl. Wir haben *Kunde* als geschützte Basisklasse deklariert, weswegen alle öffnetlichen Elemente von *Kunde* zu geschützten Elementen von *BankKunde* werden. Um nun die Geheimzahl als privates Element von *BankKunde* zu deklarieren, benutzen wir die folgende Zugriffs-Deklaration:

Syntax

```
class BankKunde : protected Kunde
  {
    private:
      Kunde::geheimzahl;
    public:
      void init(void)
        {geheimzahl=0;}
  };
```

Dadurch, daß *Kunde::geheimzahl* bei *BankKunde* unter *private* aufgeführt wird, ändert sich der Status von *geheimzahl* – er wird privat. Die Elemente Vor- und Nachname bleiben weiterhin geschützt, so wie es von der Vererbung vorgeschrieben wurde.

Man muß bei den Zugriffsdeklarationen bedenken, daß man den ursprünglichen Bezugsrahmen nur beibehalten oder verschärfen kann. Es ist zum Beispiel nicht möglich, ein privates Element der Basisklasse in der abgeleiteten Klasse als geschützt oder öffentlich zu deklarieren.

Der Bezugsrahmen kann bezogen auf die Basisklasse nur beibehalten oder eingeengt, nicht jedoch erweitert werden.

Wie schon erwähnt, benötigt man die Zugriffs-Deklarationen in den meisten Fällen dann, wenn Basisklassen benutzt werden, die nicht selbst entworfen und implementiert wurden.

17.9 Kontrollfragen

1. Erläutern Sie die Beziehungen zwischen Basisklasse und abgeleiteter Klasse.
2. Worin liegt der Unterschied zwischen virtuellen und rein-virtuellen Funktionen?
3. Was muß man beim Ableiten einer abstrakten Klasse beachten?
4. Erläutern Sie die Zugriffsrechte *private, protected* und *public.*
5. Erläutern Sie die Vererbungstypen *private, protected* und *public.*
6. Wie könnte man eine Basisklasse als *protected* ableiten, ohne dies hinter dem Namen der abgeleiteten Klasse anzugeben?
7. Welchen Vorteil hat Polymorphismus?

18 Strings 2

Nachdem wir nun mit dem Klassenkonzept vertraut sind, werden wir eine weitere Art kennenlernen, Strings in C++ zu verwalten. Dabei geht es im Wesentlichen um folgende Punkte:

- Wie behandelt man Strings als Objekte?
- Welche Möglichkeiten zur Manipulation von *string*-Objekten gibt es?

18.1 Einführende Gedanken

Sie erinnern sich: Wir haben in Kapitel 11 Strings kennengelernt und festgestellt, daß es sich bei ihnen um eine Sonderform des *char*-Feldes handelt. Nach dieser Definition ist ein String eine Zeichenkette, die mit einer Endekennung versehen ist. Weil diese Darstellungsart von C übernommen wurde, wird diese Darstellung auch „C-String" genannt.

Ein C-String ist jedoch sehr prozeßorientiert, weil er als Argument an Funktionen übergeben wird, die ihn dann verarbeiten bzw. manipulieren können. Man kann ihn in keinster Weise als Objekt im Sinne der OOP bezeichnen.

String als Objekt

Man hat sich daher überlegt, eine Darstellungsform für Strings einzuführen, die dem objektorientierten Ansatz gerecht wird. Es bietet sich daher an, einen String als Objekt zu betrachten und als Klasse zu implementieren. Diese Klasse heißt **string** und ist in der Headerdatei *string*[1] deklariert. Schauen wir uns dazu einmal ein kleines Beispiel an:

---

1 Nicht zu verwechseln mit der Header-Datei *cstring*.

```
#include <iostream>
#include <string>

using namespace std;

int main()
{

  string str("Frank");

  cout << str << endl;
}
```

Den Quellcode dieses Beispiels finden Sie auf der Diskette unter \KAP18\BSP01.CPP.

Das Beispielprogramm erzeugt ein *string*-Objekt mit dem Inhalt „Frank" und gibt es aus.

18.2 Erzeugen von Strings

Wir werden uns nun mit den Möglichkeiten vertraut machen, die C++ zum Erzeugen von *string*-Objekten bietet. Bitte beachten Sie, daß alle Indizes oder Größenangaben vom Typ *size_type* sind.

Als erstes gibt es die Möglichkeit, ein *string*-Objekt aus einem C-String zu erzeugen:

string aus C-String

```
string str1("Frank");
```

Des weiteren ist es möglich, ein *string*-Objekt aus einem bereits bestehenden *string*-Objekt zu erzeugen:

string aus string

```
string str2(str1);
```

Bedenken Sie, daß beide Konstruktoren eine Kopie der übergebenen Daten erzeugen. Sie können daher Veränderungen an *str2* vornehmen, ohne das dabei *str1* betroffen ist.

Die beiden oben vorgestellten Konstruktoren gibt es auch zur Erzeugung eines Teilstrings:

string aus Teilstring

```
string str3("Thomas",2,3);
string str4(str1,2,3);
```

Die beiden vohergehenden Beispiele erzeugen zwei *string*-Objekte: *str3* mit Inhalt „oma" und *str4* mit Inhalt „ank".

Zudem kann man einen String durch Aneinanderreihung eines Zeichens erzeugen:

```
string str5(10,'0');
```

str5 enthält nun den String „0000000000".

String aus Zeichen

18.3 Zuweisen und Verknüpfen von Strings

Mit dem Zuweisungsoperator = kann man Strings auf konventionelle Art zuweisen[2]:

Strings zuweisen

```
string str5=str1;
```

Es gibt allerdings noch eine zweite Zuweisungsvariante, mit der es ebenfalls möglich ist, Teilstrings zuzuweisen:

assign

```
str6.assign(str1);
str6.assign(str1,1,2);
str6.assign("Tina");
str6.assign("Tina",1,3);
str6.assign(10,'0');
```

Die Parameter sind dabei gleichbedeutend wie bei den Konstruktor-Erklärungen im vorherigen Kapitel.

Strings anhängen

Die intuitive Variante des Anhängens ist der Operator +=.

+=

```
str1+=str3;
```

Durch diese Anweisung wird eine Kopie des Strings *str3* an den String *str1* angehängt. *str3* selbst bleibt unverändert.

Genau wie bei den Konstruktoren und den Zuweisungen gibt es für das Anhängen ebenfalls eine spezielle Methode, mit der unter anderem auch Teilstrings angehängt werden können:

append

```
str6.append(str1);
str6.append(str1,1,2);
str6.append("Tina");
str6.append("Tina",1,3);
str6.append(10,'0');
```

Genau wie der +=-Operator hängt *append* nur eine Kopie des Strings bzw. Teilstrings an den entsprechenden String an.

2 Bei einer solchen Zuweisung muß darauf geachtet werden, daß der String, dem etwas zugewiesen wird, bereits existiert. Das ist der Unterschied zum Erzeugen.

Strings addieren

Um zwei oder mehrere Strings aneinanderzureihen, steht auch der +-Operator zur Verfügung:

+
```
str1=str2+"Aa"+str3;
```

Strings einfügen

Um Strings in einen anderen String einzufügen, benutzt man die *insert*-Methode:

insert
```
str6.insert(3,str3);
str6.insert(1,str1,2,3);
str6.insert(3,"Jan");
str6.insert(3,"Katrin",1,2);
```

Die erste Anweisung fügt den String *str3* hinter das dritte Zeichen von *str6* ein. Die zweite Anweisung fügt den Teilstring von *str1*, der ab Index 2 beginnt und 3 Zeichen lang ist, hinter das erste Zeichen von *str6* ein.

Die letzen beiden Anweisungen verhalten sich analog zu den ersten beiden, mit dem Unterschied, daß es sich bei den einzufügenden Strings um C-Strings und nicht um *string*-Objekte handelt.

Lesen und Schreiben einzelner Zeichen

Auf die einzelnen Zeichen eines *string*-Objekts greifen Sie wie bei C-Strings gewohnt über den []-Operator zu:

[]
```
str2[2]=str1[4];
```

Bei diesem Beispiel wird das *dritte* Zeichen von *str2* mit dem fünften Zeichen von *str1* überschrieben.

18.4 String-Informationen

Sie können mit Hilfe der **length**-Methode feststellen, aus wievielen Zeichen der String besteht:

length
```
cout << str1.length() << endl;
```

Zusätzlich dur *length*-Methode gibt es noch die Methode *empty*, die einen booleschen Wert zurückliefert. Dieser Wert ist genau dann wahr, wenn der String keine Zeichen enthält.

empty
```
cout << str1.empty() << endl;
```

Vergleiche

Um zwei Strings miteinander zu vergleichen, stehen Ihnen die üblichen Vergleichsoperatoren zur Verfügung. Ein Beispiel:

```
if(str1<str2)
```

str1 ist genau dann kleiner als *str2*, wenn das erste unterschiedliche Zeichen bei *str1* kleiner als bei *str2* ist.

Zusätzlich zu den bekannten Vergleichsoperatoren existiert eine weitere Methode:

```
str1.compare(str2);
```

compare

Das Ergebnis von *compare* sieht folgendermaßen aus:

- negativ, wenn *str1<str2* gilt.
- 0, wenn *str1==str2* gilt.
- positiv, wenn *str1>str2* gilt.

Suchen

Eine weitere Methode, etwas über den Inhalt eines Strings zu erfahren, ist *find*:

```
string::size_type pos=str1.find(str2);
  if(pos!=string::npos)
    cout << "String enthalten ab Position: " << pos << endl;
  else
    cout << "String nicht enthalten" << endl;
```

find

find gibt die Position zurück, an der *str2* in *str1* steht. Sollte *str2* nicht in *str1* enthalten sein, dann gibt *find* den Wert *string::npos*[3] zurück.

Die *find*-Methode ist noch mit anderen Varianten überladen:

```
str1.find(str2,4);
```

Diese Variante prüft *str1* ab Index 4 daraufhin, ob *str2* in ihm enthalten ist.

```
str1.find('A');
str1.find('A',4);
```

Die beiden vorigen Methoden suchen in *str1* nach der Existenz des Zeichens 'A'. Die zweite Methode gibt zusätzlich noch den Index an, ab dem *str1* durchsucht werden soll.

3 Eine innerhalb der Klasse *string* definierte Konstante.

19 File-Handling

Als letzten Punkt wollen wir die Möglichkeit besprechen, Daten unseres Programms zu speichern oder zu laden. Im Wesentlichen geht es dabei um die folgenden Themen:

- Was sind Textdateien?
- Wie werden Dateien geöffnet und geschlossen?
- Wie behandelt man Dateien als Eingabe- bzw. Ausgabe-Streams?
- Was sind Binärdateien?

19.1 Textdateien

Die einfachste Methode, Daten zu sichern und zu laden, ist die, Textdateien zu verwenden. Dabei gehen wir analog zur Ein- und Ausgabe auf dem Bildschirm vor. Genau wie *cin* und *cout* nichts anderes sind als Instanzen bestimmter Klassen (*istream* und *ostream*), kann das Speichern und Laden als Stream zu und von einer Datei betrachtet werden.

Daten speichern

ofstream

Das Datenspeichern ist eine Ausgabe und wird daher mit Hilfe eines Ausgabestreams bewerkstelligt. Die Klasse, die Ausgabestreams zu Dateien ermöglicht, heißt *ofstream*. *ofstream* stellt einen Konstruktor zur Verfügung, dem man den Namen der Datei, in die geschrieben werden soll, übergibt:

Syntax

```
ofstream datei("dateiname.abc");
```

Schauen wir uns dazu einmal ein Beispiel an:

```
void writedat(char *name)
{
ofstream outdat(name);
char inp[160];

  if(outdat)
    {
      cout << „:";
      cin.getline(inp,160);
      while(strcmp(inp,"-x"))
        {
          outdat << inp << endl;
          cout << „:";
          cin.getline(inp,160);
        }
    }
}
```

Zuerst wird eine Instanz von *ofstream*, nämlich *outdat*, erzeugt. Der Ausgabe-Stream wird mit der Datei verknüpft, deren Name der Funktion übergeben wurde.

getline

Anschließend wird daraufhin geprüft, ob die entsprechende Datei überhaupt geöffnet werden konnte. Sollte die Datei erfolgreich geöffnet worden sein, wird mittels *getline* eine Zeile von der Tastatur eingelesen. *getline* ist nahezu identisch mit der Funktion *get*[1], nur daß *getline* zusätzlich noch das Trennzeichen ('\n') aus dem Eingabestream entfernt.

Die *while*-Schleife prüft, ob „-x" eingegeben wurde. Wenn nicht, dann wird die eingegebene Zeile in die Datei geschrieben und eine neue Zeile von der Tastatur eingelesen.

Da *outdat* als lokale Variable der Funktion definiert ist, wird die Datei beim Verlassen von *writedat* automatisch geschlossen.

Daten laden

ifstream

Schauen wir uns nun die Funktion an, die den abgespeicherten Text wieder einliest. Dazu wird eine Instanz von *ifstream* erzeugt:

```
void readdat(char *name)
{
ifstream indat(name);
char inp[160];
```

1 *get* wurde in Kapitel 11 vorgestellt.

```
  if(indat)
    {
      indat.getline(inp,160);
      while(!indat.eof())
        {
          cout << inp << endl;
          indat.getline(inp,160);
        }
    }
}
```

readdat funktioniert analog zu *writedat*, nur daß anstelle der Tastatur als Eingabemedium und einer Datei als Ausgabemedium nun eine Datei als Eingabemedium und der Bildschirm als Ausgabemedium fungiert.

Zum Schluß noch eine *main*-Funktion, mit der Sie die beiden Funktionen austesten können:

```
int main()
{
  cout << „Eingabe:\n---------" << endl;
  writedat("temp.txt");
  cout << „\n\nAusgabe:\n---------" << endl;
  readdat("temp.txt");
}
```

Den Quellcode dieses Beispiels finden Sie auf der Diskette unter \KAP19\BSP01.CPP.

19.2 Binärdateien

Dieses Kapitel beschäftigt sich mit den sogenannten Binärdateien. Im Gegensatz zu den Textdateien, bei denen jedes abgespeicherte Zeichen als Bestandteil eines Textes oder Strings interpretiert wird, betrachtet man bei Binärdateien jedes einzelne Zeichen als unabhängig und damit als eines ohne spezielle Bedeutung.

Ein Zeichen mit Wert 13 wird bei Binärdateien einfach als Zeichen mit Wert 13 betrachtet und nicht als newline ('\n') interpretiert. Deswegen werden Binärdateien dann eingesetzt, wenn wir Daten speichern wollen, die nicht im Textformat vorliegen.

Schauen wir uns folgende Klasse an:

```
class Person
{
  private:
    char Name[160];
```

```
    int Alter;
    int Groesse;

  public:
    Person(char*, int, int);
    Person(char*);

    void Print(void);
    bool Save(char*);
};
```

Die Klasse *Person* besitzt die Attribute *Name*, *Alter* und *Groesse*. Als Konstruktoren stehen uns zwei Varianten zur Verfügung. Der erste Konstruktor erzeugt eine Instanz aufgrund der Daten, die ihm übergeben werden.

Der zweite erzeugt die Instanz aufgrund der Daten, die unter der Datei, deren Name übergeben wurde, gespeichert sind.

Dann haben wir noch eine Methode *Print*, die die Daten der Instanz ausgibt und *Save*, die die Daten der Instanz in der Datei abspeichert, deren Namen übergeben wird.

Schauen wir uns zunächst den ersten Konstruktor an:

```
Person::Person(char *n, int a, int g)
{
  strcpy(Name,n);
  Alter=a;
  Groesse=g;
}
```

Dieser Konstruktor ist ziemlich einfach. Genauso verhält es sich mit der *Print*-Methode:

```
void Person::Print(void)
{
  cout << „Name    :" << Name << endl;
  cout << „Alter   :" << Alter << endl;
  cout << „Groesse :" << Groesse << endl;
}
```

Interessant wird es bei der Methode *Save*, die die Daten der Instanz abspeichert:

```
bool Person::Save(char *n)
{
ofstream outdat(n,ios::out|ios::binary);

  if(!outdat)
    return(false);
```

```
  outdat.write(Name, 160);
  outdat.write((const char*)(&Alter), sizeof(Alter));
  outdat.write((const char*)(&Groesse), sizeof(Groesse));

  return(true);
}
```

Genau wie bei den Textdateien wird eine Instanz von *ofstream* erzeugt. Doch besitzt der Konstruktor nun einen weiteren Parameter. Dieser Parameter definiert den Dateimodi. Die Dateimodi sind in der Klasse *ios* definiert.

out, binary

Die Datei wird mit den Attributen *out* für Ausgabestrom und *binary* für das Öffnen als Binärdatei geöffnet.

write

Zum Abspeichern der Daten wird die Methode *write* verwendet. *write* wird folgendermaßen aufgerufen:

Syntax

```
write(const char *zeichenadresse, streamsize zeichenanzahl);
```

Die erste *write*-Anweisung speichert damit alle für den Namen reservierten Zeichen ab, egal, ob der Name wirklich so lang ist oder nicht. Das hat den Vorteil, daß jede abgespeicherte Instanz von *Person* gleich lang ist.

sizeof

Danach wird das Alter abgespeichert. Dazu wird *write* die Adresse der Variablen *Alter* übergeben. Die Adresse muß in *const char** umgewandelt werden, weil dieser Typ von *write* verlangt wird. Als Anzahl der abzuspeichernden Zeichen ermitteltn wir mit **sizeof** die Größe der Variablen *Alter*. Analog dazu wird anschließend mit der Variablen *Groesse* verfahren.

Kommen wir nun zum Konstruktor, der die Daten einliest:

```
Person::Person(char *n)
{
ifstream indat(n,ios::in|ios::binary);

  if(indat)
    {
      indat.read(Name, 160);
      indat.read((char*)(&Alter), sizeof(Alter));
      indat.read((char*)(&Groesse), sizeof(Groesse));
    }
}
```

read Zum Einlesen wird die Funktion **read** benutzt, deren Parameter ähnlich denen von *write* sind. Allerdings ist die Adresse der Daten nicht mehr als *const* deklariert, weil sie ja verändert werden[2].

Syntax

```
read(char *zeichenadresse, streamsize zeichenanzahl);
```

Eine *main*-Funktion, die von der oben beschriebenen Klasse Gebrauch macht, könnte folgendermaßen aussehen:

```
int main()
{
  Person p1("Frank H.”,20,185);

  p1.Print();
  p1.Save("temp.dat");

  Person p2("temp.dat");
  cout << endl;
  p2.Print();
}
```

Den Quellcode dieses Beispiels finden Sie auf der Diskette unter \KAP19\BSP01.CPP.

2 Sie werden mit den eingelesenen Daten überschrieben.

20 Ein größeres Projekt

Wir werden dieses letzte Kapitel dazu verwenden, das bisher gelernte auf ein größeres Projekt anzuwenden. Dieses größere Projekt wird schrittweise in mehreren Übungen entwickelt und zum Schluß dann zu einem Ganzen zusammengefügt.

Als Aufgabe wollen wir das einfache Kartenspiel Mao-Mao programmieren. Der Benutzer des Spiels soll auch die Möglichkeit haben, gegen den Computer spielen zu können.

Die Grundregeln des Spiels sind folgende:

- Jeder Spieler erhält fünf Karten. Dann wird eine Karte vom Stapel genommen und aufgedeckt.
- Derjenige Spieler, der an der Reihe ist, muß nun eine Karte auf die aufgedeckte Karte legen, die entweder die gleiche Farbe (Karo, Herz, Pik, Kreuz) oder das gleiche Bild (Sieben, Acht, Neun, Zehn, Dame, König, As) wie die aufgedeckte Karte hat. Besitzt der Spieler eine solche Karte nicht, dann muß er eine vom Stapel ziehen.
- Das Spiel geht so lange, bis einer der Spieler keine Karten mehr hat.

Des weiteren gibt es ein paar Karten mit besonderer Bedeutung:

- Legt ein Spieler eine Sieben auf die aufgedeckte Karte, dann muß der nächste Spieler zwei Karten ziehen. Sollte er jedoch auch eine Sieben haben, dann kann er sie auf die bereits vorhandene Sieben legen und braucht keine Karten zu ziehen. Der nächste Spieler muß dann aber vier Karten ziehen usw.
- Legt ein Spieler eine Acht auf die aufgedeckte Karte, dann wird ein Spieler übersprungen. Bei zwei Spielern ist dann derjenige, der die Acht gelegt hat, erneut an der Reihe.

- Ein Bube kann grundsätzlich auf alle Karten gelegt werden. Legt man einen Buben, darf man sich eine Farbe wünschen. Die nächste Karte, die auf den Buben gelegt wird, muß dann diese Farbe haben. Falls die Spieler diese Farbe nicht besitzen, müssen sie eine Karte ziehen.

Die Beziehungen der zu programmierenen Klassen sehen Sie in Abbildung 20.1.

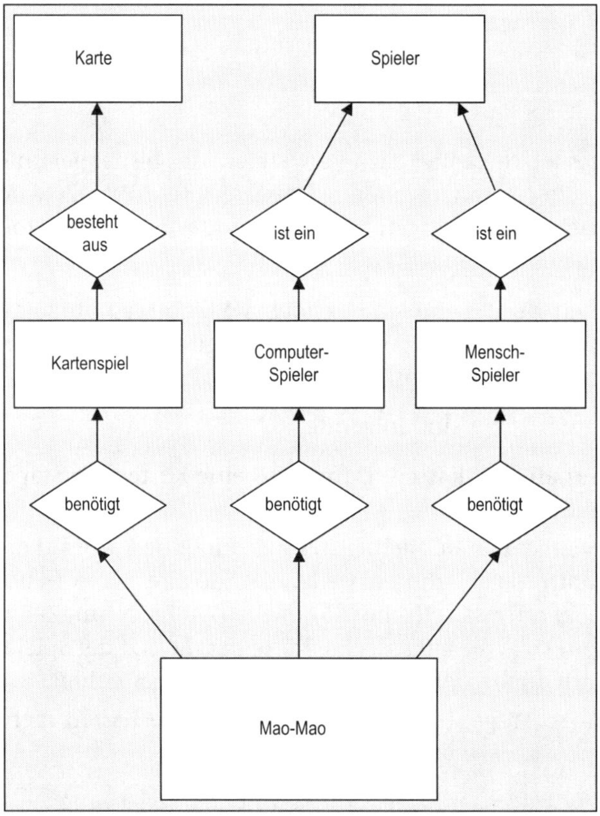

Bild 20.1: Die Klassen von Mao-Mao

1. Schritt

Karte Als erstes wollen wir die Klasse *Karte* entwerfen. Die Klasse soll eine Karte aus einem aus 32 Karten bestehenden Kartenspiel repräsentieren können.

Es sollen Methoden implementiert werden, die Informationen über die Farbe und das Bild der Karte geben. Des weiteren soll die Karte mit einem einzigen Wert eindeutig identifizierbar sein.

Farbe und Bild sollen auch in Textform (z.B. Kreuz-Bube) ausgegeben werden können. Schreiben Sie dazu eine *Print*-Methode.

Implementieren Sie geeignete Konstruktoren.

Lösung

```
class Karte
{
  private:
    static char *FARBE[];
    static char *BILD[];
    int typ;

  public:
    enum KFarbe{Karo=0,Herz,Pik,Kreuz};
    enum KBild{Sieben=0,Acht,Neun,
               Zehn,Bube,Dame,Koenig,As};

    Karte(int);
    Karte(int,int);

    KFarbe Farbe(void){return((KFarbe)(typ/8));}
    KBild Bild(void){return((KBild)(typ%8));}
    static const char *FarbeN(KFarbe f){return(FARBE[f]);}
    static const char *BildN(KBild b){return(BILD[b]);}
    int Typ(void){return(typ);}
    void Print(void);
};
```

Die Klasse enthält zwei statische Felder, über die später der Name der Farbe und des Bildes als String ermittelt werden kann.

Als Attribut ist *typ* vorhanden, der die Karte spezifiziert. Als Grundlage dient ein normales Kartenspiel mit 32 Karten. Es enthält vier verschiedene Farben zu jeweils acht Bildern. Das Attribut *typ* kann einen Wert von 0 bis 31 annehmen, wobei 0-7 die Bilder der Farbe „Karo" sind usw.

Es wurden zwei Konstruktoren entworfen, um einmal das Attribut *typ* direkt zu bestimmen oder *typ* über Farbe und Bild der Karte berechnen zu lassen.

Jeweils für die Farben und die Bilder wurde eine Aufzählung definiert, um Konstanten für die einzelnen Bezeichnungen zu haben.

Die Methoden *Farbe* und *Bild* berechnen jeweils die Farbe und das Bild der Karte.

FarbeN und *BildN* bestimmen die Farbe und das Bild als String. Da die beiden Methoden nicht speziell Farbe und Bild einer konkreten Instanz bestimmen, sondern von einem Parameter abhängig sind, wurden sie als *static* deklariert, um auf sie auch ohne Instanz zugreifen zu können. Folgende Schreibweise wird damit zulässig:

```
cout << Karte::FarbeN(Karte::Kreuz);
```

Statische Mehoden können auch über den Klassennamen angesprochen werden und müssen nicht über eine Instanz aufgerufen werden.

Die Methode *Typ* wurde implementiert, um einen einfachen Zugriff auf *typ* zu besitzen.

Die Initialisierung von statischen Variablen darf nicht in der Klassendeklaration stehen, weswegen wir sie zu den Methodendefinitionen schreiben:

```
char *Karte::FARBE[]={"Karo","Herz","Pik","Kreuz"};
char *Karte::BILD[]={"Sieben","Acht","Neun","Zehn","Bube",
                     "Dame","Koenig","As"};

Karte::Karte(int t) : typ(t) {}
Karte::Karte(int f, int b) : typ(f*8+b) {}
```

Dies sind die beiden schon vorher erwähnten Konstruktoren.

```
void Karte::Print(void)
{
  cout << FARBE[typ/8] << "-" << BILD[typ%8];
}
```

Die *Print*-Methode dient dem textlichen Ausgeben der Karte.

2. Schritt

Kartenspiel

Implementieren Sie die Klasse *Kartenspiel*. Die Klasse muß sowohl die Karten verwalten, die noch zum Kartenstapel gehören, als auch diejenigen, die von den Spielern abgelegt wurden. Wenn die Karten des Stapels verbraucht sind, dann müssen die Karten der Ablage in den Stapel verschoben und neu gemischt werden.

Dem Konstruktor soll übergeben werden, wie intensiv das Mischen durchgeführt wird. Denken Sie sich zum Mischen eine gute Methode aus.

Des weiteren soll die Klasse folgende Methoden besitzen:

- *AblageLeeren()* Die Ablage wird in den Stapel verschoben und gemischt.
- *GibKarte()* Es wird eine Karte vom Stapel genommen und über den Rückgabewert an den Aufrufer übergeben.

- *ZurAblage()* Legt eine gebrauchte Karte auf die Ablage.

Lösung

```
class Kartenspiel
{
  private:
    Karte *stapel[32];
    Karte *ablage[32];
    int stapels;
    int ablages;
    long mischfaktor;

  public:
    Kartenspiel(long);
    ~Kartenspiel();
    void Mischen();
    void AblageLeeren(void);
    Karte *GibKarte(void);
    void ZurAblage(Karte*);
};
```

Es wird jeweils ein Feld für den Stapel und die Ablage angelegt. Da ein Kartenspiel aus 32 Karten besteht, können in keinem Feld mehr als 32 Karten enthalten sein.

ablages und *stapels* geben an, wie viele Karten jeweils im Stapel und in der Ablage sind. Gleichzeitig geben sie die Einfügeposition der nächsten Karte im Feld an.

```
Kartenspiel::Kartenspiel(long m)
{
time_t tim;

  srand(time(&tim));

  for(int x=0; x<32; x++)
    stapel[x]=new Karte(x);

  stapels=32;
  ablages=0;
  mischfaktor=m;
  Mischen();
}
```

Der Konstruktor initialisiert die Zufallsfunktion mit der aktuellen Zeit, damit die Folge der Zufallszahlen nicht immer identisch ist[1]. Dann werden die benötigten 32 Karten erzeugt und gemischt.

```
Kartenspiel::~Kartenspiel()
{
  while(stapels)
    delete(stapel[--stapels]);
  while(ablages)
    delete(ablage[--ablages]);
}
```

Der Destruktor gibt die auf dem Stapel und der Ablage befindlichen Karten frei.

```
void Kartenspiel::Mischen(void)
{
  int x1,x2;
  Karte *temp;
  long m=mischfaktor;

  while(m--)
    {
      x1=rand()%stapels;
      x2=rand()%stapels;

      temp=stapel[x1];
      stapel[x1]=stapel[x2];
      stapel[x2]=temp;
    }
}
```

Die Misch-Funktion basiert auf der Idee, daß man nur oft genug zwei zufällig gewählte Karten des Stapels vertauschen muß, um einen gut gemischten Stapel zu erhalten.

```
void Kartenspiel::AblageLeeren(void)
{
  while(ablages)
    stapel[stapels++]=ablage[--ablages];
  Mischen();
}
```

Die Methode *AblageLeeren* verschiebt alle in der Ablage befindlichen Karten in den Stapel und mischt ihn.

1 Für diese Lösung wurde der Weg mit den C-Zufallsfunktionen gewählt. Dies ist jedoch nicht zwingend notwendig. Für dieses Spiel hätte auch eine einfache Funktion, die die "Zufallswerte" berechnet, ausgereicht.

```
Karte *Kartenspiel::GibKarte(void)
{
  if(!stapels)
    {
      if(!ablages)
        return(0);
      else
        AblageLeeren();
    }
  return(stapel[--stapels]);
}
```

GibKarte holt eine Karte vom Stapel und benutzt sie als Rückgabeparameter. Sollte der Stapel leer sein, wird Nachschub von der Ablage geholt. Wenn auch die Ablage leer ist, kann keine Karte zurückgegeben werden.

```
void Kartenspiel::ZurAblage(Karte *k)
{
  ablage[ablages++]=k;
}
```

ZurAblage kopiert die übergebene Karte auf die Ablage.

3. Schritt

Wir sind nun soweit, daß wir die Klasse *Spieler* entwerfen können, die als Basisklasse für den menschlichen Spieler und den Computer-Spieler dienen wird. *Spieler*

Ein Spieler muß in der Lage sein, entweder zu einer vorgegebenen Karte eine passende Karte zu finden[2] oder aber eine Karte mit einer bestimmten Farbe zu finden[3]. Sie sollten dazu zwei Versionen der Funktion *Bedienen* implementieren.

Des weiteren wird eine Funktion *Sieben* benötigt, die entsprechend auf eine Sieben reagiert[4].

Für den Fall, daß der Spieler einen Buben abgelegt hat, darf er sich eine Farbe wünschen, für die die Methode *WuenschDirWas* implementiert werden soll.

2 Dies wäre die normale Spielsituation.

3 Dies ist notwendig, wenn sich ein anderer Spieler mit einem Buben eine spezielle Farbe gewünscht hat.

4 Entweder mit einer anderen Sieben kontern oder aber die geforderte Anzahl von Karten ziehen.

Weil es häufiger vorkommt, daß ein Spieler Karten ziehen muß[5], brauchen wir noch eine Methode *ZiehKarten*, der die Anzahl der zu ziehenden Karten übergeben wird.

Bei einem Spieler ist es meistens so, daß nicht wie beim Stapel des Kartenspiels die oberste Karte abgelegt wird, sondern eine beliebige. Wir brauchen dazu die Methode *Entferne*, die eine beliebige Karte aus dem Feld entfernt und dann die Konsistenz des Feldes wiederherstellt.

Damit die Spieler Namen erhalten können, soll noch eine Methode *FragNamen* programmiert werden, die den Namen des Spielers ermittelt. Um diesen Namen einfach ausgeben zu können, sollen Sie zusätzlich noch eine *Print*-Funktion schreiben.

Die Klasse *Spieler* soll nicht instanziiert werden können.

Lösung

```
class Spieler
{
private:
    Kartenspiel &spiel;

  protected:
    char name[160];
    Karte *karten[32];
    int kartens;

    Spieler(Kartenspiel&);
    Karte *Entferne(int);

  public:
    ~Spieler();
    virtual void FragNamen(void)=0;
    virtual Karte *Bedienen(Karte*)=0;
    virtual Karte *Bedienen(Karte::KFarbe)=0;
    virtual Karte *Sieben(int);
    virtual Karte::KFarbe WuenschDirWas(void)=0;
    void ZiehKarten(int);
    int Kartenanzahl(void) {return(kartens);}
    void Print(void);
};
```

Damit auch die abgeleiteten Klassen einfach darauf zugreifen können, wurde der Name und das Karten aufnehmende Feld als geschützt deklariert.

---

5 Wegen einer Sieben oder weil er keine passende Karte ablegen kann.

All die Methoden, die sich beim menschlichen Spieler und dem Computer-Spieler unterscheiden, wurden als rein virtuelle Funktionen deklariert. Dadurch wird die Klasse abstrakt und kann deswegen nicht mehr abgeleitet werden. Zusätzlich ist gewährleistet, daß eine von *Spieler* abgeleitete Klasse alle rein virtuellen Funktion überladen muß, um nicht auch eine abstrakte Klasse zu sein.

```
Spieler::Spieler(Kartenspiel &ks) :spiel(ks)
{
  kartens=0;
}
```

Dem Konstruktor wird ein Zeiger auf das Kartenspiel übergeben, weil von ihm Karten zum Ziehen angefordert werden müssen.

```
Spieler::~Spieler()
{
  while(kartens)
    delete(karten[--kartens]);
}
```

Der Destruktor gibt alle noch beim Spieler befindlichen Karten frei. Dieser Fall tritt nur beim Verlierer ein, denn er ist der einzige, der nach Beendigung des Spiels noch Karten besitzt (deswegen hat er ja verloren).

```
void Spieler::ZiehKarten(int k)
{
  for(int x=0;x<k;x++)
    {
      Karte *temp=spiel.GibKarte();
      if(temp)
        karten[kartens++]=temp;
    }
}
```

Die Methode *ZiehKarten* holt die übergebene Anzahl an Karten vom Kartenspiel und speichert sie im Kartenfeld des Spielers.

```
Karte *Spieler::Entferne(int p)
{
  if(p==(kartens-1))
    return(karten[--kartens]);

  Karte *temp=karten[p];
  for(int x=p;x<(kartens-1);x++)
    karten[x]=karten[x+1];
  kartens--;
  return(temp);
}
```

Der Methode *Entferne* wird die Position der zu entfernenden Karte im Feld übergeben. Die entsprechende Karte wird dann entfernt und die entstandene Lücke durch Verschieben des rechten Feldteils geschlossen.

```
Karte *Spieler::Sieben(int a)
{
  for(int x=0;x<kartens;x++)
    if(karten[x]->Bild()==Karte::Sieben)
      break;

  if(x==kartens)
    {
      ZiehKarten(a);
      return(0);
    }

  return(Entferne(x));
}
```

Die Methode *Sieben* automatisiert die Reaktion auf eine Sieben. Besitzt der Spieler noch eine Sieben, dann wird automatisch mit ihr gekontert. Andernfalls wird die geforderte Anzahl an Karten gezogen.

```
void Spieler::Print(void)
{
  cout << name;
}
```

Die *Print*-Methode gibt den Namen des Spielers aus.

4. Schritt

MSpieler Implementieren Sie die Klasse *MSpieler*, die von *Spieler* abgeleitet ist und einen menschlichen Spieler repräsentiert. Überladen Sie alle rein-virtuellen Funktionen.

Lösung

```
class MSpieler : public Spieler
{
public:
    MSpieler(Kartenspiel&);
    virtual void FragNamen(void);
    virtual Karte *Bedienen(Karte*);
    virtual Karte *Bedienen(Karte::KFarbe);
    virtual Karte::KFarbe WuenschDirWas(void);
};
```

Die Klasse *MSpieler* überlädt nur die rein-virtuellen Funktionen von *Spieler* und hat keine zusätzlichen Attribute oder Methoden.

```
MSpieler::MSpieler(Kartenspiel &ks) :Spieler(ks) {}
```

Der Konstruktor übergibt den Zeiger auf *Kartenspiel* an den Konstruktor der Basisklasse *Spieler.*

```
void MSpieler::FragNamen(void)
{
  cout << "Bitte Namen eingeben:";
  cin >> name;
}
```

Die Methode *FragNamen* fragt den Namen über die Tastatur ab. Es wird der >>-Operator als Eingabefunktion verwendet. Achten Sie also darauf, daß Sie nur einen Namen angeben, der nicht durch Leerzeichen getrennt ist.

```
Karte *MSpieler::Bedienen(Karte *k)
{
  int wahl;

  cout << "Sie besitzen folgende Karten:" << endl;
  for(int x=0;x<kartens;x++)
    {
      cout << setw(2) << x+1 << " : ";
      karten[x]->Print();
      cout << endl;
    }
  cout << " 0 : Karte ziehen" << endl;
  do
    {
      cout << "Womit bedienen Sie:";
      cin >> wahl;
    } while((wahl<0)||(wahl>kartens)||((wahl!=0)&&
             (karten[wahl-1]->Farbe()!=k->Farbe())&&
             (karten[wahl-1]->Bild()!=k->Bild())&&
             (karten[wahl-1]->Bild()!=Karte::Bube)));

  if(wahl==0)
    {
      ZiehKarten(1);
      return(0);
    }

  return(Entferne(wahl-1));
}
```

Die Funktion listet alle vorhandenen Karten auf und bittet den Spieler um eine Wahl. Die zu wählende Karte muß entweder die gleiche Farbe oder das gleiche Bild haben. Ein Bube kann auch ausgewählt werden, weil er auf alles gelegt werden kann. Hat man keine passende Karte, muß man „Karte ziehen" wählen. Es wird dann eine Karte vom Stapel geholt, und der nächste Spieler ist an der Reihe.

```
Karte *MSpieler::Bedienen(Karte::KFarbe f)
{
  int wahl;

  cout << "Sie besitzen folgende Karten:" << endl;
  for(int x=0;x<kartens;x++)
    {
      cout << setw(2) << x+1 << " : ";
      karten[x]->Print();
      cout << endl;
    }

  cout << " 0 : Karte ziehen" << endl;
  do
    {
      cout << "Womit bedienen Sie:";
      cin >> wahl;
    } while((wahl<0)||(wahl>kartens)||((wahl!=0)&&
            (karten[wahl-1]->Farbe()!=f)&&
            (karten[wahl-1]->Bild()!=Karte::Bube)));

  if(wahl==0)
    {
      ZiehKarten(1);
      return(0);
    }

  return(Entferne(wahl-1));
}
```

Diese *Bedienen*-Funktion wird aufgerufen, falls man einen Farbwunsch geäußert hat[6]. Auf diesen Wunsch kann man nur mit der passenden Farbe oder einem Buben reagieren. Andernfalls muß man eine Karte ziehen.

6 Wenn man einen Buben ablegt, darf man sich die Farbe wünschen, die als nächstes abgelegt werden muß.

```
Karte::KFarbe MSpieler::WuenschDirWas(void)
{
  int wahl;
  cout << "Wuenschen Sie sich eine Farbe:" << endl;
  for(int x=0;x<4;x++)
    {
     cout << setw(2) << x+1 << " : ";
     cout << Karte::FarbeN((Karte::KFarbe)(x)) << endl;
    }

  do
    {
      cout << "Welche Farbe:";
      cin >> wahl;
    } while((wahl<1)||(wahl>4));
    return((Karte::KFarbe)(wahl-1));
}
```

Die Funktion *WuenschDirWas* läßt den Spieler eine der vier Farben auswählen. Diese Farbe muß dann als nächste abgelegt werden.

5. Schritt

Cpieler

Implementieren Sie die Klasse *CSpieler,* die von *Spieler* abgeleitet ist und einen Computer-Spieler repräsentiert. Überladen Sie alle reinvirtuellen Funktionen.

Implementieren Sie für die Spiellogik des Computers einfache Algorithmen. Wenn alles einwandfrei läuft, können die vom Computer verfolgten Spielstrategien immer noch verfeinert werden.

Lösung

```
class CSpieler : public Spieler
{
  private:
    static int cspielers;
    int cmpnr;

  public:
    CSpieler(Kartenspiel&);
    virtual void FragNamen(void);
    virtual Karte *Bedienen(Karte*);
    virtual Karte *Bedienen(Karte::KFarbe);
    virtual Karte::KFarbe WuenschDirWas(void);
};
```

Weil man den Computer nicht nach einem Namen fragen kann, muß man bei der Computer-Spieler-Klasse einen anderen Weg gehen. Als Lösung wurde ein statisches Attribut eingeführt, welches mitzählt, wieviel Computer-Spieler existieren. Dementsprechend werden die Computer-Spieler dann „Computer-Spieler 1" usw. genannt.

```
int CSpieler::cspielers=0;
```

Dies ist die Initialisierung des statischen Attributs.

```
CSpieler::CSpieler(Kartenspiel &ks) : Spieler(ks)
{
  cspielers++;
  cmpnr=cspielers;
}
```

Der Konstruktor gibt den Zeiger auf das Kartenspiel – genau wie der *MSpieler*-Konstruktor – an die Basisklasse weiter.

Zusätzlich erhöht er aber die Anzahl der vorhandenen Computer-Spieler und weist diesem Spieler konkret eine Nummer zu.

```
void CSpieler::FragNamen(void)
{
  string str("Computer-Spieler ");
  str+=cmpnr;
  strcpy(name,str.c_str());
}
```

Anhand der Nummer des Computer-Spielers wird sein Name generiert. Dazu wird die *string*-Klasse verwendet, welche auf einfache und bequeme Weise die einzelnen Teilstrings miteinander verknüpft.

```
Karte *CSpieler::Bedienen(Karte *k)
{

  for(int x=0;x<kartens;x++)
    if((karten[x]->Farbe()==k->Farbe())||
       (karten[x]->Bild()==k->Bild())||
       (karten[x]->Bild()==Karte::Bube))
      break;

  if(x==kartens)
    {
      ZiehKarten(1);
      return(0);
    }

  return(Entferne(x));
}
```

Die *Bedienen*-Funktion des Computer-Spielers sucht die erste passende Karte und legt sie ab. Gibt es keine passende Karte, dann zieht er eine.

```
Karte *CSpieler::Bedienen(Karte::KFarbe f)
{

  for(int x=0;x<kartens;x++)
    if((karten[x]->Farbe()==f)||
       (karten[x]->Bild()==Karte::Bube))
      break;

  if(x==kartens)
    {
      ZiehKarten(1);
      return(0);
    }

  return(Entferne(x));
}
```

Für diese *Bedienen*-Funktion gilt das gleiche. Nur ist hier das Suchkriterium enger[7].

```
Karte::KFarbe CSpieler::WuenschDirWas(void)
{
  return(karten[0]->Farbe());
}
```

Die Funktion *WuenschDirWas* wünscht sich einfach die Farbe der ersten Karte im Kartenfeld des Computer-Spielers.

Die für den Computer-Spieler implementierten Methoden sind sehr einfach aufgebaut. Sie versetzen den Computer aber in die Lage, am Mao-Mao-Spiel teilzunehmen.

Es können allerdings seltsame Verhaltensweisen auftreten (z.B. daß er sich eine Farbe wünscht, die vorher schon da war). Sie werden aber auch feststellen, daß der Computer trotz dieser simplen „Algorithmen" nicht gerade selten gewinnt. Dies zeigt, wie sehr Kartenspiele zu den Glücksspielen zählen.

Falls Sie Interesse haben, können Sie eine weitere Klasse von Spieler ableiten, die sich intelligenter am Spiel beteiligt.

---

7 Weil durch einen Buben eine Farbe vorgegeben ist.

6. Schritt

MaoMao

Entwerfen Sie nun die Klasse *MaoMao*, die nach der Anzahl der Computer-Spieler fragt, dafür sorgt, daß jeder Spieler einen Namen erhält, und den kompletten Spielablauf verwaltet.

Lösung

```
class MaoMao
{
  private:
    Kartenspiel *kspiel;
    Karte *oberste;
    Spieler *spieler[6];
    int spielers;
    void Entferne(int);

  public:
    MaoMao(void);
    ~MaoMao();
    void Spielen(void);

};


MaoMao::MaoMao(void)
{
  kspiel=new Kartenspiel(1000);
  cout << "Wieviele Computer-Spieler:";
  cin >> spielers;
  spielers++;

  spieler[0]=new MSpieler(*kspiel);
  for(int x=1;x<spielers;x++)
    spieler[x]=new CSpieler(*kspiel);

  oberste=kspiel->GibKarte();
  for(x=0;x<spielers;x++)
    {
      spieler[x]->FragNamen();
      spieler[x]->ZiehKarten(5);
    }
}
```

Der Konstruktor legt ein Kartenspiel an und fragt nach der Anzahl der Computer-Spieler. Nachdem alle Spieler erzeugt wurden, wird jeder nach seinem Namen gefragt und aufgefordert, fünf Karten zu ziehen[8].

8 Am Anfang des Spiels startet jeder Spieler mit fünf Karten.

```
MaoMao::~MaoMao(void)
{
  delete(kspiel);
  for(int x=0;x<spielers;x++)
    delete(spieler[x]);
}
```

Der Destruktor löscht das Kartenspiel und alle noch vorhandenen Spieler.

```
void MaoMao::Entferne(int p)
{
  if(p==(spielers-1))
    {
      delete(spieler[--spielers]);
      return;
    }

  delete(spieler[p]);
  for(int x=p;x<(spielers-1);x++)
    spieler[x]=spieler[x+1];
  spielers--;
}
```

Die Methode *Entferne* entfernt einen beliebigen Spieler aus der Liste. Diese Methode wird benötigt, wenn mehr als zwei Spieler spielen und einer der Spieler gewonnen hat. Der Sieger wird dann aus dem Spiel entfernt, und die restlichen Spieler spielen um den zweiten Platz.

Die nun folgende Methode verwaltet den kompletten Spielablauf:

```
void MaoMao::Spielen(void)
{
  int aktspieler=0;
  int ziehkarten=0;
  Karte::KFarbe wunschfarbe=oberste->Farbe();
  Karte *neue=oberste;

  if(oberste->Bild()==Karte::Sieben)
    ziehkarten=2;
  if(oberste->Bild()==Karte::Bube)
    wunschfarbe=spieler[aktspieler]->WuenschDirWas();
  if(oberste->Bild()==Karte::Acht)
    aktspieler++;
```

Noch bevor ein Spieler eine Karte abgelegt hat, wird die Karte, die zu Anfang aufgedeckt wird, ausgewertet.

Für den Fall, daß es eine Sieben ist, wird der erste Spieler direkt mit ihr konfrontiert. Ist es eine Acht, dann wird der erste Spieler übersprungen. Ist es ein Bube, dann darf sich der erste Spieler eine Farbe wünschen.

Die folgende Schleife läuft so lange, solange noch mehr als ein Spieler am Spiel teilnimmt:

```
while(spielers>1)
  {
    cout << endl << "Oberste Karte : ";
    oberste->Print();
    cout << ".";

    if(oberste->Bild()==Karte::Bube)
      {
        cout << "  Gewuenschte Farbe : ";
        cout << Karte::FarbeN(wunschfarbe) <<
          ".";
      }
    cout << endl;

    cout << "An der Reihe ist Spieler ";
    spieler[aktspieler]->Print();
    cout << " (" << spieler[aktspieler]->Kartenanzahl();
    cout << " Karten)" << endl;
```

Es wird ausgegeben, welche Karte aufgedeckt ist und welcher Spieler an der Reihe ist. Zusätzlich wird noch angegeben, wieviel Karten der Spieler noch „auf der Hand" hat, denn diese Information hat man in einem realen Spiel für gewöhnlich auch.

Sollte noch ein mit Hilfe eines Buben geäußerter Farbwunsch aktiv sein, so wird dieser auch mit ausgegeben.

```
    if((neue)&&(neue->Bild()==Karte::Sieben))
      {
        neue=spieler[aktspieler]->Sieben(ziehkarten);
        if(!neue)
          {
            cout << "Spieler ";
            spieler[aktspieler]->Print();
            cout << " musste " << ziehkarten;
            cout << " Karten ziehen." << endl;
            ziehkarten=0;
          }
      }
```

War die zuletzt neu aufgedeckte Karte eine Sieben, dann wird der aktuelle Spieler damit konfrontiert. Entweder er kontert, oder er zieht Karten.

```
else
  {
    switch(oberste->Bild())
      {
        case Karte::Bube:
         neue=spieler[aktspieler]->Bedienen(wunschfarbe);
          break;

        default:
          neue=spieler[aktspieler]->Bedienen(oberste);
          break;
      }
  }
```

Die *switch*-Anweisung unterscheidet, ob es sich bei der zu bedienenden Karte um eine normale oder um einen Buben handelt. Entsprechend wird die richtige *Bedienen*-Methode aufgerufen.

```
if(spieler[aktspieler]->Kartenanzahl()==0)
  {
    cout << "Spieler ";
    spieler[aktspieler]->Print();
    cout << " hat das Spiel beendet!!" << endl;
    Entferne(aktspieler);
    aktspieler%=spielers;
  }
```

Wenn der aktuelle Spieler keine Karten mehr besitzt, also gerade seine letzte Karte abgelegt hat, dann hat er gewonnen und wird aus dem Spiel entfernt. Befinden sich noch mehr als zwei Spieler im Spiel, dann wird das Spiel fortgesetzt.

```
if(neue)
  {
    if(neue->Bild()==Karte::Bube)
      {
        wunschfarbe=spieler[aktspieler]->WuenschDirWas();
        cout << "Spieler ";
        spieler[aktspieler]->Print();
        cout << " hat sich " << Karte::FarbeN(wunschfarbe);
        cout << " gewuenscht." << endl;              }
```

Hat der Spieler einen Buben aufgedeckt, so wird er dazu aufgefordert, einen Farbwunsch zu äußern.

```
          if(neue->Bild()==Karte::Acht)
            aktspieler++;
```

Ist es eine Acht gewesen, so wird der nächste Spieler übersprungen.

```
          if(neue->Bild()==Karte::Sieben)
            ziehkarten+=2;
```

Wenn es eine Sieben war, dann erhöht sich für den nächsten Spieler die Zahl der zu ziehenden Karten um zwei, wenn er nicht kontern kann.

```
          kspiel->ZurAblage(oberste);
          oberste=neue;
        }
```

Zum Schluß wird die vom Spieler abgelegte Karte die oberste Karte. Diese muß dann wiederum der nächste Spieler bedienen.

```
      else
        {
          cout << "Spieler ";
          spieler[aktspieler]->Print();
          cout << " konnte nicht bedienen." << endl;
        }
      aktspieler=(aktspieler+1)%spielers;
    }
}
```

Den Quellcode des kompletten Mao-Mao-Spiels finden Sie auf der Diskette im Verzeichnis MAOMAO.

21 Schlußbemerkung

Wir haben nun das Ende des Buches erreicht. Mit dem bis hierhin erworbenen Wissen sind sie in der Lage, viele Dinge zu programmieren.

Aber Sie sollten sich darüber im Klaren sein, daß C++ noch viel mehr zu bieten hat. Weil dies ein Buch für Einsteiger ist, sind folgende Punkte offen geblieben:

Mehrfachvererbung:.
In C++ kann eine Klasse von mehreren Klassen zugleich erben. Das hat zur Folge, daß in bestimmten Situationen sogenannte virtuelle Basisklassen benötigt werden.

Überladen von Operatoren:
Sie können in C++ für jede beliebige Klasse die elementaren Operatoren wie <<, >>, +, –, etc. überladen, sodaß diese Operatoren auch auf eigene Klassen anwendbar sind. Sie brauchen dann beispielsweise für die Ausgabe keine besonderen Methoden mehr wie *Print* im letzten Kapitel, sondern können eine Instanz Ihrer eigenen Klasse mit << ausgeben.

Ausnahme-Behandlung:
Wie sollte Ihr Programm eigentlich reagieren, wenn ein Fehler auftritt (Speicher konnte nicht angefordert werden, eine Datei konnte nicht geöffnet werden, etc.)? Für solche Fälle gibt es die sogenannte „Ausnahme-Behandlung", die es erlaubt, beim Auftreten von Fehlern eine sogenannte Ausnahme zu erzeugen, die dann an bestimmten Stellen im Programm abgefangen wird.

Templates:
Wenn Sie beispielsweise nicht für jeden Datentyp eine eigene *max*-Funktion schreiben wollen oder eine Klasse entwerfen wollen, die nicht nur einen, sondern viele Datentypen verwaltet, dann verwenden Sie Templates, auch Schablonen genannt.

Wenn Sie an diesen Themen interessiert sind und des weiteren auch noch wissen möchten, wie man möglichst effizient Daten im Programm verwaltet, und wie man diese sortieren und nach bestimmten Kriterien durchsuchen kann, dann ist das Buch „C++-Programmierung"[1] vom selben Autor zu empfehlen, in dem neben diesen Themen noch andere behandelt werden.

1 Genauere Informationen finden Sie im Anhang im Literaturverzeichnis.

A Anhang

A.1 Antworten zu den Kontrollfragen

A.1.1 Antworten zu Kapitel 1

1. Ein Algorithmus ist eine Menge von Regeln, durch deren Befolgung in festgelegter Reihenfolge ein bestimmtes Problem gelöst wird.
2. Ein Programm ist ein Algorithmus, der so formuliert wurde, daß er für einen Computer verständlich ist.
3. Durch Entscheidungen, Wiederholungen und variable Größen. Bei einer Entscheidung kann der Ablauf des Algorithmus von einer Bedinung abhängig gemacht werden. Wiederholungen führen bestimmte Teile des Algorithmus mehrmals aus. Und die variablen Größen sorgen für eine gewisse Flexibilität des Algorithmus.
4. Die Funktion *main* ist diejenige Funktion, die beim Start des Programms automatisch als erste Funktion aufgerufen wird. Mit ihr beginnt und endet das Programm. Eine genormte Definition von *main* ist *int main()*.
5. Einen Präprozessorbefehl erkennt man daran, daß er in der ersten Spalte mit einem # beginnt.
6. Das Semikolon wird in C zum Abschließen von Anweisungen ohne Anweisungsblock verwendet.
7. Stringkonstanten erkennt man an den doppelten Anführungszeichen.

A.1.2 Antworten zu Kapitel 2

1. Eine Variable ist ein vom Programm verwalteter Speicherbereich, der einen dem Variablentyp entsprechenden Inhalt besitzt, und vom Programmierer über einen Namen angesprochen werden kann.
2. Positive und negative Ganzzahlen.
3. *unsigned* bedeutet, daß der Variablentyp vorzeichenlos ist, also nur positive Zahlen aufnehmen kann.
4. Die Initialisierung ist die erstmalige Wertzuweisung an eine Variable. Die Initialisierung ist damit ein Sonderfall der Zuweisung.
5. Der Standard-Eingabestrom heißt *cout*, und als Operator wird << verwendet.
6. Der Wert einer nicht initialisierten Variablen ist zufällig und damit nicht vorhersagbar.
7. Eine ungültige Eingabe macht sich im allgemeinen nicht durch einen Programmabruch oder eine entsprechende Meldung bemerkbar. Vielmehr arbeitet das Programm mit einem zufälligen Wert weiter.
8. Der Variablentyp *bool* ist ein Sonderfall von *int*, als daß er nur die Werte true und false annehmen kann.

A.1.3 Antworten zu Kapitel 3

1. 17/3 ergibt 5, weil es sich um eine Division von Ganzzahlen handelt. Normalerweise ergibt diese Division 5,6667. Die Nachkommastellen fallen bei Ganzzahlen jedoch unter den Tisch.
2. 17%3 ergibt den Rest der Division 17/3, also 2.
3. Es gibt keinen Unterschied. Beide Ausdrücke ergeben 17, da der Multiplikationsoperator stärker bindet als der Additionsoperator, also wird er in beiden Fällen zuerst ausgeführt.
4. Der erste Ausdruck ergibt 17 und der zweite ergibt 27, weil die Klammern stärker binden als die Rechenoperatoren. Deswegen wird der Ausdruck innerhalb der Klammern auf jeden Fall zuerst berechnet.
5. Sollte der Ausdruck keine Zuweisung sein, kann das Ergebnis der Berechnung nicht weiterverwendet werden.
6. Es ist nicht das gleiche, weil es die Anweisung *x++2* nicht gibt.
7. Der ++ Operator kann sowohl als Prä- als auch Postoperator benutzt werden, wohingegen sich der += Operator immer wie ein Präoperator verhält.

A.1.4 Antworten zu Kapitel 4

1. Prototypen sind dann notwendig, wenn eine Funktion vor ihrer Definition aufgerufen wird. Mit dem Prototyp wird die Funktion vor ihrer Definition deklariert, damit sie vor ihrer Definition aufgerufen werden kann.
2. Eine Funktion wird mit ihrem Namen, gefolgt von einem Paar runder Klammern[1], das mit einem Semikolon abgeschlossen wird, aufgerufen.
3. Es gelten die allgemeinen Regeln für die Namensvergabe. Des weiteren darf eine Funktion kein C++-Schlüsselwort als Namen haben.
4. Ein Funktionsname kann so lang sein, wie er will. Nach der ANSI-Norm werden jedoch nur die ersten 31 Zeichen zur Namensunterscheidung herangezogen.
5. Der Prototyp endet mit einem Semikolon. Des weiteren kann bei einem Prototyp auf die Variablennamen bei der Parameterdeklaration verzichtet werden. Im Funktionskopf sind sie dagegen zwingend notwendig.
6. Nein.
7. Der Wert einer Variablen kann im allgemeinen verändert werden, wohingegen die Funktion aufgrund ihrer Parameter einen Wert liefert. Der Funktion kann daher kein Wert zugewiesen werden[2].
8. Der einzige Unterschied besteht darin, daß ein Funktionsparameter mit dem Wert initialisiert wird, der der Funktion bei ihrem Aufruf übergeben wird. Ein Funktionsparameter hat den gleichen Gültigkeitsbereich oder „Scope" wie eine lokale Variable der Funktion, die im Anweisungsblock definiert wurde.
9. Nein. Für die Funktion wird eine Kopie der Variablen im Funktionsaufruf angefertigt. Deswegen verhalten sich Funktionsparameter auch wie lokale Variablen der Funktion. Änderungen dieser Variablen haben keine Auswirkungen außerhalb der Funktion.
10. Es ist nicht möglich von einer Funktion an die lokalen Variablen einer anderen Funktion heranzukommen, weil lokale Variablen bei Beendigung der Funktion gelöscht werden. Eine Funktion kann lediglich durch Aufruf einer anderen Funktion dieser eine Referenz auf eine lokale Variable als Funktionsparameter übergeben.

---

1 Innerhalb dieser runden Klammern stehen gegebenenfalls die an die Funktion zu übergebenden Parameter.

2 Bedenken Sie, daß die Begriffe „Wert zuweisen" und „Wert übergeben" nicht identisch sind.

11. Ja, auf die globale Variable kann dann mit Hilfe des Scope-Operators (::) zugegriffen werden.
12. Es ist möglich, wenn eine der Variablen lokaler ist als die andere. Zum Beispiel können Sie innerhalb einer Funktion eine lokale Variable definieren. Innerhalb z.B. einer *if*-Anweisung, die sich ebenfalls innerhalb der Funktion befindet, können Sie wiederum eine lokale Variable definieren. Diese ist dann lokaler als die vorher definierte. Daher können beide Variable den gleichen Namen haben. Aber auch hier können sie während der Lebenszeit der lokaleren Variablen nicht auf die weniger lokale Variable zugreifen.
13. Globale Variablen können nur dann gleiche Namen haben, wenn ihr Gültigkeitsbereich sich nicht überlappt. Dazu muß der Gültigkeitsbereich der gleichnamigen globalen Variablen mit *static* auf ein Modul begrenzt werden. Allerdings sollte man solche Situationen vermeiden. Wenn wirklich globale Variablen nötig sein sollten, sollten sie verschiedene Namen haben.
14. Da eine statische Variable, die innerhalb einer Funktion definiert wurde, den gleichen Charakter wie eine lokale Variable hat, gelten für sie auch die gleichen Regeln, also trifft hier auch die Antwort bei 12. zu.
15. Zwei Funktionen mit gleichem Bezugsrahmen dürfen nur dann den gleichen Namen haben, wenn sie sich in ihrer Parameterliste unterscheiden. Typ-Unterschiede im Rückgabewert reichen für ein Überladen nicht aus.
16. Es dürfen nur die letzten Parameter der Parameterliste mit default-Werten versehen werden.

A.1.5 Antworten zu Kapitel 5

1. Die Aussage ist wahr.
2. Die Aussage ist auch wahr. Soll ein *if*-Anweisungsblock ausgeführt werden, obwohl die Bedingung falsch ist, muß die Bedingung vorher mit dem Negationsoperator ! negiert werden, damit sie wahr wird.
3. Der =-Operator wird für Zuweisungen verwendet und der ==-Operator für das Prüfen auf Gleichheit.
4. Es ist mit sehr viel Aufwand möglich. Allerding reichen dafür verschachtelte *if*-Anweisungen nicht aus. Es bedarf einer Anweisung, die wir erst später kennenlernen werden. Jedoch wurde die *if-else*-Anweisung gerade deswegen eingeführt, weil sie erhebliche Erleichterungen mit sich bringt.

5. Wenn etwas gleich ist, dann ist es nicht ungleich. Daher kann die Bedingung *x==y* als *!(x!=y)* geschrieben werden. Und dafür wird kein ==-Operator benötigt.
6. Es gibt keinen Unterschied. Denn wenn etwas größer ist, dann ist es nicht kleiner oder gleich.
7. Die Vorteile des ?:-Operators liegen darin, daß er in einem berechenbaren Audruck stehen kann. Der große Nachteil ist die Unübersichtlichkeit, die mit ihm einhergeht.
8. Während Sie bei der *if*-Anweisung einfach *if(x)* für die Überprüfung auf ungleich null hin verwenden können, müssen Sie bei der Zuweisung der Bedingung an eine Variable die ausführliche Schreibweise *a=(x!=0)* verwenden. Denn die abgekürzte Schreibweise *a=(x)* ist äquivalent zu *a=x* .

A.1.6 Antworten zu Kapitel 6

1. Die Schleife zählt von 1 bis 100. Da die Schleife mit einem Semikolon endet, hat sie keine Anweisung, die abgearbeitet wird. Die Schleife würde also in dieser Form nur als Verzögerungselement dienen, da sie durch ihre Abarbeitung das Programm verlangsamt.
2. Die Schleife beginnt bei zwei und zählt so lange aufwärts, bis der Bereich der Variablen überschritten wird, denn dadurch wird die Zahl entweder negativ (bei vorzeichenbehafteten Variablen) oder 0 (bei vorzeichenlosen Variablen).
3. Die Schleife beginnt bei eins und wird ewig bei eins bleiben, da der Wert des Zählers nicht verändert wird. Daher ist die Laufbedingung der Schleife immer wahr. Es handelt sich hierbei um eine Endlosschleife.
4. Diese Schleife initialisiert weder eine Variable noch wird in irgendeiner Form ein Zähler verändert. Lediglich die Bedingung ist mit 1 angegeben. Da 1 immer wahr ist, handelt es sich auch hier um eine Endlosschleife.
5. Da die Bedingung 1 immer wahr ist, wird die *while*-Schleife nie verlassen. Es liegt eine Endlosschleife vor.
6. Ja, es ist möglich. Jedoch sollte man dies nur zu Übungszwecken tun und in der Praxis darauf verzichten.
7. Nein. In Verbindung mit verschachtelten *if*-Konstrukten können Situationen auftreten, die nur mit *continue* bewältigt werden können.

A.1.7 Antworten zu Kapitel 7

1. Innerhalb eines *switch*-Anweisungsblockes darf keine *continue*-Anweisung stehen. Es sei denn, innerhalb des *switch*-Anweisungsblockes wäre ein *for*-, *do*- oder *while*-Anweisungsblock enthalten, in dem dann natürlich trotzdem eine *continue*-Anweisung stehen dürfte.
2. Die *break*-Anweisung würde die *while*-Schleife abbrechen. Das Programm würde hinter dem *while*-Anweisungsblock fortfahren.
3. Es ist möglich, aber sinnlos. Denn es macht keinen Unterschied, ob eine *case*-Anweisung das gleiche Sprungziel hat wie eine *default*-Anweisung oder ob das *case* weggelassen und dann sowieso das *default* angesprungen wird.

A.1.8 Antworten zu Kapitel 8

1. Nein. Fließkommavariablen sind in C++ grundsätzlich vorzeichenbehaftet.
2. Eine explizite Typumwandlung ist dann nötig, wenn der Compiler eine notwendige Typumwandlung nicht erkennen kann und daher keine implizite Typumwandlung vornimmt. Dieses Phänomen wird uns noch bei den Klassen, sowie später bei der dynamischen Speicherverwaltung begegnen.
3. Grundsätzlich hängt die Wahl davon ab, ob bei bestimmten Prozessen oder Berechnungen Nachkommastellen relevant sind oder nicht. Es gibt jedoch bestimmte Bereiche, für die die einzelnen Variablentypen prädestiniert sind. Zum Beispiel werden für Schleifen und Zähler grundsätzlich ganzzahlige Variablen benutzt.
4. Da sich die drei Variablentypen nur in der Genauigkeit unterscheiden, ist dies auch das einzige Kriterium. Früher mußte noch zwischen Genauigkeit oder geringem Speicherverbrauch[3] unterschieden werden. Heutzutage ist dies allerdings nur noch in den seltensten Fällen zu berücksichtigen, da Speicher eine kostengünstige Ressource geworden ist.

---

3 Für eine genauere Darstellung wird natürlich auch mehr Speicherplatz benötigt.

A.1.9 Antworten zu Kapitel 9

1. Nein, denn Zeichen innerhalb von doppelten Anführungsstrichen sind Stringkonstanten, die aus mehreren Zeichen bestehen.
2. Anhand des Verhaltens bei der Bereichsüberschreitung bei *cin* kann man herausfinden, daß -1 hexadezimal 0xFFFF oder binär 11111111 ist[4].
3. Unter der Voraussetzung, daß ein ganzzahliger Variablentyp vorzeichenbehaftet ist, ist bei negativen Zahlen immer das höchstwertige Bit gesetzt. Bei positiven Zahlen ist es daher gelöscht. Fälschlicherweise wird dieses Bit oft als Vozeichenbit bezeichnet. Dies stimmt aber nicht, denn es reicht nicht aus, bei einer negativen Zahl das höchstwertige Bit zu löschen um den entsprechenden positiven Wert zu bekommen (wie man leicht selbst überprüfen kann).
4. Indem man sie als *signed* definiert.

A.1.10 Antworten zu Kapitel 10

1. Die in den Zeigern enthaltenen Adressen können geändert werden, wohingegen die durch einen Vektor repräsentierte Adresse konstant ist und nicht verändert werden kann.
2. Bei der Definition bedeutet der Dereferenzierungsoperator lediglich, daß ein Zeiger auf eine Variable definiert wird. Bei der Zuweisung findet eine tatsächliche Dereferenzierung statt.
3. Die Übergabe von Adressen bedeutet einen tiefen Einschnitt in das Konzept der Datenkapselung. In dem Moment, wo eine Funktion die Adresse einer Variablen einer anderen Funktion besitzt, kann die fremde Funktion Änderungen an der Variablen vornehmen, über die die Muitterfunktion keine Kontrolle mehr hat. Auf der anderen Seite bietet die Übergabe von Adressen eine sinnvolle Alternative zur Benutzung von globalen Variablen.
4. **a* ist ein Zeiger auf eine Variable und *a[]* ein Zeiger auf ein Variablenfeld. Und die sind – wie wir wissen – identisch.
5. Das n-te Element eines Feldes hat den Index *n-1*.
6. Der Feldname ohne Index wird dann benutzt, wenn die Adresse des Feldes benötigt wird, denn der Feldname ohne Index steht für die Startadresse des Feldes.

---

4 Dies gilt nur für den Fall, daß die Variablengröße mit der angegebenen übereinstimmt.

7. Sie müssen innerhalb der Funktion explizit ein lokales Feld gleicher Größe und gleichen Typs des übergebenen Feldes definieren und dann eigenhändig das übergebene Feld in das lokale Feld kopieren. Später lernen wir, Felder in einer Struktur zu kapseln, von der C++ dann automatisch eine lokale Kopie anfertigt.
8. Semantisch sind beide Varianten gleich. Jedoch können Sie den Unterschied durch eine unterschiedliche Schreibweise in der Definition (siehe Frage 2) zum Ausdruck bringen.
9. Er sieht genauso aus wie ein Zeiger auf eine einzelne Variable: *typ *name*.
10. Es muß darauf geachtet werden, das die In-/Dekrementoperatoren Zeiger gesondert behandeln. Zeiger werden immer um die Größe des Variablentyps, auf den sie zeigen, inkrementiert bzw. dekrementiert.
11. Der gewünschte Wert wird mit *name[(x*ysize*zsize)+(y*zsize)+z]* angesprochen. Die runden Klammern können wegen der stärkeren Bindung des Multiplikationsoperators weggelassen werden, erhöhen jedoch die Lesbarkeit wesentlich.

A.1.11 Antworten zu Kapitel 11

1. Zum einen kann man einen String als *char*-Feld (wie in C üblich) oder man kann ihn als Objekt (wie von C++ eingeführt) betrachten.
2. Zum einen werden die Strings von den Ein-/Ausgabefunktionen speziell unterstützt und zum anderen ist das letzte Feldelement eines korrekten Strings immer 0 (Endekennung).
3. *cin* wertet Leerzeichen als Trennzeichen von mehreren Eingaben. Will man daher einen String mit Leerzeichen einlesen, muß man auf *getline* zurückgreifen.
4. Der Leerzeichen enthaltende Parameter muß in doppelte Anführungszeichen gesetzt werden.

A.1.12 Antworten zu Kapitel 12

1. *struct StructName {} varname;* Hier wird eine Struktur namens *StructName* deklariert und gleichzeitig eine Variable namens *varname* vom Typ *StructName* definiert. Natürlich müssen innerhalb der geschweiften Klammern, die den Strukturblock begrenzen, noch Elemente definiert werden. Dies ist aber für das Beispiel irrelevant.

2. Bei Strukturen bekommt jedes Element seinen eigenen Speicherplatz. Es wird also nie von anderen Elementen der Struktur überschrieben. Bei der *union* hingegen benutzen alle Elemente denselben Speicherplatz, dessen Größe sich nach dem größten Element der *union* richtet. Es ist daher zwangsläufig der Fall, daß die Elemente sich gegenseitig überschreiben.
3. Tatsächlich kann dieselbe Struktur auf verschiedenen Rechnersystemen unterschiedlich lang sein, obwohl sich die Größe ihrer Elemente nicht verändert hat. Dies liegt am sogenannten „Alignment", welches auf einigen Rechnern praktiziert wird und als Resultat Füllbytes zwischen die einzelnen Elemente der Struktur einfügt.
4. Nein, denn eine *union* besteht nur aus einem Speicherblock, weil sich alle Elemente den Speicher teilen.
5. Sie können mit *typedef* neue Variablentypen schaffen. Nehmen wir zum Beispiel eine Variable, die eine Postleitzahl speichern soll. Anstelle ständig einen String zu benutzen, deklarieren Sie einen neuen Typen namens *Tplz*, mit dem sie dann Variablen definieren. Dadurch brauchen sie bei einer Änderung (wie damals die neuen 5-stelligen Postleitzahlen) nur die Typendeklaration zu ändern und nicht jede Variablendefinition.
6. Man sollte Strukturen möglichst oft benutzen, allerdings sollte man nie Daten, die keinen Bezug zueinander haben (z.B. Gewicht und Kundennummer der Videothek) zusammen in eine Struktur zwängen, weil dies in keinster Weise dem dahinterliegenden Gedanken der Kapselung zusammengehöriger Daten entspricht.
7. Man muß alle Elemente der Struktur einzeln abspeichern und einladen.

A.1.13 Antworten zu Kapitel 13

1. Die logischen Verknüpfungen verknüpfen die Aussagen zweier Bedingungen zu einer neuen. Zum Beispiel ergibt (wahr UND falsch) falsch. Die bitweisen Operatoren verknüpfen jeweils die entsprechenden Bits zweier Zahlen miteinander. Zum Beispiel ergibt (3 INKLUSIV-ODER 6) 7.
2. Die bitweisen Operatoren kommen hauptsächlich bei sehr hardwarenahen Programmen zum Einsatz. Deswegen wird man sie im allgemeinen kaum benötigen.
3. Die inklusive ODER-Verknüpfung ist ein „das eine oder das andere oder beides", wohingegen die exklusive ODER-Verknüpfung nur ein „entweder das oder das andere" ist.

4. Wenn man den Rechtsverschiebe-Operator auf negative Zahlen anwendet, dann ist das Ergebnis nicht von vorneherein vorhersagbar, weil der Wert der Bits, die zum Füllen der freiwerdenen Stellen verwendet werden, von Compiler zu Compiler variieren.

A.1.14 Antworten zu Kapitel 14

1. Ein Objekt ist eine konkrete Entität einer Art, welches individuelle Qualitäten in den von der Art vorgegebenen Merkmalen besitzt. Die Art versteht sich damit als Oberbegriff, der Gemeinsamkeiten seiner Objekte zusammenfaßt. In der OOP entspricht die Klasse der Art und die Instanz dem Objekt.
2. Attribute sind in der OOP die Merkmale der Klasse, die bei jeder Instanz unterschiedliche Qualitäten (Werte) besitzen können. Die Methoden entsprechen in der realen Welt den Prozessen, die auf den Instanzen operieren.
3. Abstraktion ist dann sinnvoll, wenn Klassen entweder in der Beziehung „X ist Teilmenge von Y" oder „X is Obermenge von Y" stehen.

A.1.15 Antworten zu Kapitel 15

1. Der einzige Unterschied zwischen *struct* und *class* besteht darin, daß ohne explizite Angabe des Zugriffsrechtes bei *class* alle Attribute und Methoden privat, bei *struct* hingegen öffentlich sind.
2. Private Attribute können nur über vom Entwickler implementierte Methoden manipuliert werden. Der Entwickler der Klasse hat somit die komplette Kontrolle über die Möglichkeiten dieser Manipulationen. Des weiteren sind manchmal Attribute zur Verwaltung der Instanzen oder zur Implementation von Methoden notwendig, die für den Benutzer bestenfalls uninteressant sind. Um Sie vor jeglicher Manipulation und Einsicht zu schützen, deklariert man sie als privat.
3. Die Initialisierung muß dort stehen, wo sie nur einmal abgearbeitet wird. Dies ist im allgemeinen in der Datei gegeben, in der die Definitionen der Methoden stehen.
4. Zwei Funktionen mit gleichem Bezugsrahmen dürfen nur dann den gleichen Namen haben, wenn sie sich in ihrer Parameterliste unterscheiden. Typ-Unterschiede im Rückgabewert reichen für ein Überladen nicht aus.

5. Da Konstruktoren eine Parameterliste besitzen, dürfen sie auch überladen werden, wenn sie sich in ihr unterscheiden. Destruktoren jedoch besitzen keine Parameterliste und können daher auch nicht überladen werden.
6. Es ist häufig sinnvoll, technische Methoden zu implementieren, die unterstützende Aufgaben für andere Methoden übernehmen. Der Aufruf solch technischer Methoden macht dann auch nur von einer anderen Methode der Klasse aus Sinn, und ein Zugriff von Seiten des Benutzers ist nicht wünschenswert. Deswegen würde eine solche Mehtode als privat deklariert.
7. Wenn Sie sich zum Beispiel einen Konstuktor der Klasse X vorstellen, der als Argument einen *int*-Wert besitzt, dann kann man diesen Konstruktor als eine Typumwandlung von *int* nach *class X* betrachten. Solche Typumwandlungen mit Konstruktoren können sehr hilfreich sein und werden später auch noch ausführlicher behandelt. Es kommt aber vor, daß eine bestimmte Typumwandlung in ihrer Benutzung sehr heikel und nur für manche Methoden nützlich ist. In diesem Fall wird der Konstruktor als privat deklariert, um den Benutzer vor versehentlichem Mißbrauch zu schützen.
8. Da der einzige Unterschied zwischen Strukturen und Klassen das voreingestellte Zugriffsrecht ihrer Elemente ist, besitzen auch Strukturen den Zeiger *this* und können sogar Methoden, Konstruktoren und Destruktoren besitzen.

A.1.16 Antworten zu Kapitel 16

1. *new* ruft den durch die Parameterliste spezifizierten Konstruktor des Datentyps und *delete* den Destruktor auf.
2. Will man, daß von allen Elementen des Feldes der Destruktor aufgerufen wird, dann müssen hinter *delete* die eckigen Klammern ([ ]) eingefügt werden.
3. Explizite Konstruktoren werden vom Compiler nicht zur impliziten Typumwandlung verwendet.
4. Da viele C++-Compiler „alte" C-Präprozessoren verwenden, ist es möglich, daß die einzeiligen C++-Kommentare (//) nicht erkannt werden. Es sollten daher die C-Kommentare (/* */) verwendet werden.

A.1.17 Antworten zu Kapitel 17

1. Die Klasse von der geerbt wurde, wird als Basisklasse der Klasse bezeichnet, die von ihr geerbt hat. Eine Klasse, die von einer anderen Klasse geerbt hat, ist eine von der vererbenden Klasse abgeleitete Klasse.
2. Eine virtuelle Funktion ist eine existierende Funktion einer Klasse, die im Bedarfsfall in einer abgeleiteten Klasse durch eine neue Funktion gleichen Namens und mit gleichen Parametern ersetzt werden kann. Eine rein-virtuelle Funktion, ist eine Funktion, die zur Instanziierung der Klasse erforderlich, jedoch noch nicht vorhanden ist. Durch die Eigenschaft der rein-virtuellen Funktion „erforderlich, aber nicht vorhanden" wird eine Klasse mit einer oder mehreren rein-virtuellen Funktionen zur abstrakten Klasse. Eine abstrakte Klasse kann nicht instanziiert werden, das heißt, daß keine Objekte vom Typ dieser Klasse erzeugt werden können.
3. Leitet man eine abstrakte Klasse ab, dann ist die abgeleitete Klasse ebenfalls eine abstrakte Klasse. In der abgeleiteten Klasse können aber die rein-virtuellen Funktion durch tatsächliche Funktionen ersetzt werden. Sollten in einer abgeleiteten Klasse alle rein-virtuellen Funktion durch ablauffähige Funktionen ersetzt worden sein, dann ist diese Klasse nicht länger abstrakt und kann instanziiert werden. Sind noch rein-virtuelle Funktionen vorhanden, dann bleibt die abgeleitete Klasse weiterhin abstrakt. Von ihr kann aber wieder abgeleitet und dort können die restlichen rein-virtuellen Funktionen ersetzt werden.
4. *public*-Elemente sind für jederman zugänglich. Auf *protected*-Elemente können nur die Klasse selbst, von ihr abgeleitete Klassen und Freunde zugreifen. Auf *private*-Elemente können nur die Klasse selbst und Freunde zugreifen.
5. In allen Fällen bleiben die *private*-Elemente der Basisklasse unzugänglich für die abgeleitete Klasse (es sei denn, die abgeleitete Klasse ist ein Freund der Basisklasse). Des weiteren bleiben bei der *public*-Vererbung die Zugriffsrechte der Basisklasse für die abgeleitete Klasse erhalten (*protected*- und *public*-Elemente der Basisklasse werden zu *protected*- und *public*-Elementen der abgeleiteten Klasse). Bei der *protected*-Vererbung werden *protected*- und *public*-Elemente der Basisklasse zu *protected*-Elementen der abgeleiteten Klasse. Und bei der *private*-Vererbung werden *protected*- und *public*-Elemente der Basisklasse zu *private*-Elementen der abgeleiteten Klasse.

6. Man leitet die Klasse als *public* ab und weist den Elementen per Zugriffsdeklaration ein *protected*-Zugriffsrecht zu. Dies ist natürlich in der Praxis absolut unüblich und dient hier nur als Verständnishilfe.
7. Polymorphismus erlaubt es, daß ein Zeiger auf eine Basisklasse auch auf Objekte vom Typ einer von der Basisklasse abgeleiteten Klasse zeigen kann.

A.2 Lösungen zu den Übungen

A.2.1 Lösungen zu Kapitel 3

Übung 1

```
#include <iostream>

using namespace std;

int main()
{
int zahl1, zahl2, zahl3, summe, produkt;

  cout << "Bitte Zahl1 eingeben :";
  cin >> zahl1;
  cout << "\nBitte Zahl2 eingeben :";
  cin >> zahl2;

  summe=zahl1+zahl2;
  cout << "\nDie Summe lautet " << summe << endl;
  cout << "\nBitte Zahl3 eingeben :";
  cin >> zahl3;

  produkt=summe*zahl3;
  cout << "\nDas Produkt lautet " << produkt << endl;
}
```

Den Quellcode dieser Lösung finden Sie auf der Diskette unter \KAP03\LOESUNG\PRG01.CPP.

Für den Fall, daß das Produkt nicht weiterverwendet werden muß, läßt sich das Programm noch vereinfachen. Dadurch werden drei Variablen eingespart:

```
#include <iostream>

using namespace std;

int main()
{
int zahl, summe;

  cout << "Bitte Zahl1 eingeben :";
  cin >> summe;
  cout << "\nBitte Zahl2 eingeben :";
  cin >> zahl;

  summe+=zahl;
  cout << "\nDie Summe lautet " << summe << endl;
  cout << "\nBitte Zahl3 eingeben :";
  cin >> zahl;

  cout << "\nDas Produkt lautet " << summe*zahl << endl;
}
```

Den Quellcode dieser Lösung finden Sie auf der Diskette unter \KAP03\LOESUNG\PRG02.CPP.

Übung 2

```
#include <iostream>

using namespace std;

int main()
{
int zahl, produkt;

  cout << "\nBitte Zahl1 eingeben :";
  cin >> produkt;
  cout << "\nBitte Zahl2 eingeben :";
  cin >> zahl;

  produkt*=zahl;

  cout << "\nBitte Zahl3 eingeben :";
  cin >> zahl;

  produkt*=zahl;

  cout << "\nDas Produkt lautet " << produkt << endl;
}
```

Den Quellcode dieser Lösung finden Sie auf der Diskette unter \KAP03\LOESUNG\PRG03.CPP.

Übung 3

Es wird die Zahl 80 ausgegeben.

Zuerst hat *a* durch die Zuweisung den Wert 12. Schauen wir uns die „interessante" Zeile des Programms einmal gemeinsam an:

```
a+= ++a + a++;
```

Zuerst muß der Ausdruck auf der rechten Seite berechnet werden. Als erstes steht da *++a*, es handelt sich um Präinkrement, daher zuerst inkrementieren: *a* ist 13. Rechts von der Addition steht a++, das ist postinkrement. Daher wird der Ausdruck zuerst benutzt, *13+13* ist 26, und dann inkrementiert, *a* ist dann 14.

Der Ausdruck auf der rechten Seite ist nun berechnet und ergibt 26. Er wird entsprechend dem Zuweisungsoperator verknüpft, nämlich zur linken Seite hinzuaddiert. *a* ist 14, dieser Wert plus 26 ergibt 40, also ist a=40.

Die nächste Zeile ist wieder einfach: *a=a+a*, danach ist a=80.

A.2.2 Lösungen zu Kapitel 4

Übung 1

Die Lösung dieser Aufgabe ist fast identisch mit der als Beispiel vorgestellten *summe*-Funktion:

```
#include <iostream>

using namespace std;

int produkt (int a, int b)
{
  return(a*b);
}

int main()
{
int zahl1,zahl2;

  cout << "Bitte Zahl 1 eingeben:";
  cin >> zahl1;
  cout << "Bitte Zahl 2 eingeben:";
```

```
  cin >> zahl2;
  cout << "Das Produkt der Zahlen betraegt ";
  cout << produkt(zahl1,zahl2) << endl;
}
```

Den Quellcode dieser Lösung finden Sie auf der Diskette unter \KAP04\LOESUNG\PRG01.CPP.

Übung 2

Die aus Übung 1 verwendete *produkt*-Funktion wird hier nicht mit aufgeführt:

```
#include <iostream>

using namespace std;

int produkt (int a, int b, int c)
{
  int ergebnis;

  ergebnis=produkt(a,b);
  ergebnis=produkt(ergebnis,c);
  return(ergebnis);
}
```

Schauen wir uns die Lösung einmal genauer an. Wir müssen das Produkt *a*b*c* bilden, die uns zur Verfügung stehende *produkt*-Funktion kann aber nur das Produkt von zwei Zahlen berechnen.

Daher bilden wir zuerst das Produkt von *a* und *b* und weisen es der Hilfsvariablen *ergebnis* zu.

Jetzt müssen wir nur noch das Produkt von *ergebnis* und *c* bilden, weil *ergebnis* ja bereits das Produkt von *a* und *b* enthält. Deswegen wird die *produkt*-Funktion mit *ergebnis* und *c* als Parameter aufgerufen.

Danach enthält *ergebnis* das Produkt von *a*, *b* und *c*.

Die entsprechende *main*-Funktion sieht wie folgt aus:

```
int main()
{
int zahl1,zahl2,zahl3;

  cout << "Bitte Zahl 1 eingeben:";
  cin >> zahl1;
  cout << "Bitte Zahl 2 eingeben:";
  cin >> zahl2;
  cout << "Bitte Zahl 3 eingeben:";
```

```
  cin >> zahl3;
  cout << "Das Produkt der Zahlen betraegt ";
  cout << produkt(zahl1,zahl2,zahl3) << endl;
}
```

Den Quellcode dieser Lösung finden Sie auf der Diskette unter \KAP04\LOESUNG\PRG02.CPP.

Es gibt jedoch noch eine Möglichkeit, die *produkt*-Funktion zu vereinfachen. Denn indem man den ersten Aufruf von *produkt* in den zweiten Aufruf einsetzt und diesen direkt in die *return*-Anweisung integriert, kann man die Hilfsvariable *ergebnis* einsparen:

```
int produkt (int a, int b, int c)
{
  return(produkt(produkt(a,b),c));
}
```

Den Quellcode dieser Lösung finden Sie auf der Diskette unter \KAP04\LOESUNG\PRG03.CPP.

Übung 3

```
#include <iostream>

using namespace std;

int wieoft(void)
{
  static int wo=1;
  return(wo++);
}

int main()
{
  cout << "1. Aufruf von wieoft :" << wieoft() << endl;
  cout << "2. Aufruf von wieoft :" << wieoft() << endl;
  cout << "3. Aufruf von wieoft :" << wieoft() << endl;
  return(0);
}
```

Den Quellcode dieser Lösung finden Sie auf der Diskette unter \KAP04\LOESUNG\PRG04.CPP.

Da eine statische Variable – obwohl sie lokal ist – ihren Wert nach dem Verlassen der Funktion behält, bietet sie sich für unser Vorhaben geradezu an.

Wichtig ist es, daß eine statische Variable bei ihrer Definition initialisiert werden muß. Die folgende Funktion gibt zum Beispiel bei jedem Aufruf den Wert 1 aus:

Falsch!

```
int wieoft(void)
{
  static int wo;
  wo=1;

  return(wo++);
}
```

A.2.3 Lösungen zu Kapitel 5

Übung 1

Da in der Aufgabe gefordert war, die *if*-Anweisung zu verwenden, muß die Funktion zwangsläufig so aufwendig programmiert werden, wie die folgende Lösung:

```
#include <iostream>

using namespace std;

bool isGroesser(int x, int y)
{
  if(x>y)
    return(1);
  else
    return(0);
}

int main()
{
  int a,b;
  cout << "1. Wert :";
  cin >> a;
  cout << "2. Wert :";
  cin >> b;

  if(isGroesser(a,b))
    cout << "Der 1. Wert ist groesser als der 2. Wert." <<
endl;
  else
    {
      cout << "Der 1. Wert ist nicht groesser als ";
      cout << "der 2. Wert." << endl;
```

```
    }
}
```

Den Quellcode dieser Lösung finden Sie auf der Diskette unter \KAP05\LOESUNG\PRG01.CPP.

Übung 2

```
bool isGroesser(int x, int y)
{
  return((x>y)?1:0);
}
```

Den Quellcode dieses Beispiels finden Sie auf der Diskette unter \KAP05\LOESUNG\PRG02.CPP.

Die *if*-Anweisung wurde durch den ?:-Operator ersetzt. Anstatt das Ergebnis des ?:-Operators einer Variablen zuzuweisen und diese dann als Rückgabeparameter zu verwenden, wurde der ?:-Operator direkt in die *return*-Anweisung eingebettet.

Übung 3

```
#include <iostream>

using namespace std;

bool isSchaltjahr(int x)
{
  if(x%4) return(0);
  if(x%100) return(1);
  if(x%400) return(0);
  return(1);
}

int main()
{
  int x;
  cout << "Jahr:";
  cin >> x;

  if(isSchaltjahr(x))
    cout << "\n" << x << " ist ein Schaltjahr." << endl;
  else
    cout << "\n" << x << " ist kein Schaltjahr." << endl;
}
```

Den Quellcode dieser Lösung finden Sie auf der Diskette unter \KAP05\LOESUNG\PRG03.CPP.

Sie erinnern sich vielleicht noch an das Kapitel über die Rechenoperatoren. Dort sagten wir, daß eine Zahl x dann durch eine Zahl y teilbar ist, wenn die Division keinen Rest ergibt. Das bedeutet, wenn x%y gleich 0 ist, dann ist x durch y teilbar.

Übung 4

```
#include <iostream>

using namespace std;

int sign(int a)
{
  if(a<0)
    return(-1);
  if(a>0)
    return(1);
  return(0);
}

int main()
{
  int a,erg;
  cout << "Wert :";
  cin >> a;

  erg=sign(a);
  if(erg==1)
    cout << "Der Wert ist positiv." << endl;
  if(erg==0)
    cout << "Der Wert ist Null." << endl;
  if(erg==-1)
    cout << "Der Wert ist negativ." << endl;
}
```

Den Quellcode dieser Lösung finden Sie auf der Diskette unter \KAP05\LOESUNG\PRG04.CPP.

Das letzte *return* in *sign* benötigt keine Abfrage mit *if*, denn wenn die Zahl weder positiv noch negativ ist, kann sie nur noch null sein.

In der *main*-Funktion wurde eine zusätzliche Variable verwendet, die das Ergebnis von *sign* aufnimmt. Obwohl auf diese Variable durchaus verzichtet werden könnte, indem *sign* in jeder *if*-Anweisung aufgerufen würde, zeichnet sich diese Variante durch ein besseres Laufzeitverhalten aus, denn die Funktion *sign* muß nur einmal und nicht dreimal aufgerufen werden.

Wenn Sie später Funktionen schreiben, die komplexer und damit auch zeitintensiver sind als *sign*, dann wird Ihnen diese Ersparnis von zwei Funktionsaufrufen sehr zugutekommen.

Übung 5

Fangen wir zunächst mit einer leichter verständlichen, aber dafür aufwendigeren Lösung an:

```
int sign(int x)
{
int a;

  a=2*(x>0);
  a-=1;
  a*=!(x==0);
  return(a);
}
```

Den Quellcode dieser Lösung finden Sie auf der Diskette unter \KAP05\LOESUNG\PRG05.CPP.

Gehen wir die Funktion einfach einmal für die drei möglichen Fälle durch, genau wie sie auch in Abbildung A.1 dargestellt sind:

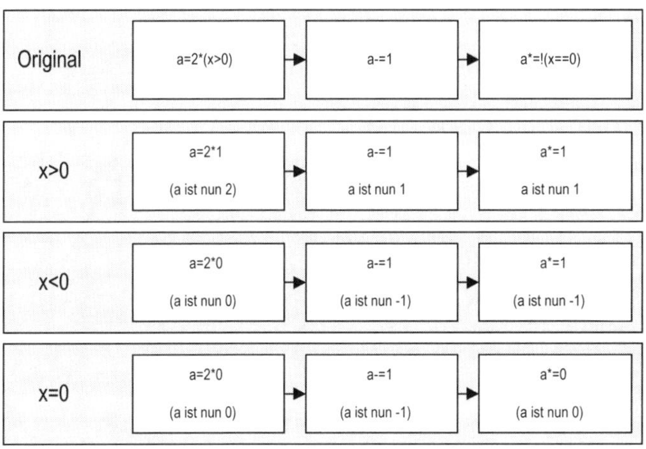

Bild A.1: Die drei Fälle bei sign

1. Wert > 0:Schauen wir uns den ersten Ausdruck an. Die Bedingung (x>0) ist wahr und ergibt 1. 2 mal 1 ist 2, also ist a=2. In der zweiten Zeile wird a um 1 vermindert, also ist a=1. In der dritten Zeile ist die Bedingung (x==0) falsch, damit ist die Negation wahr und hat den Wert 1. 1*1 ist 1, damit hat a den Wert 1, der dann auch zurückgeliefert wird.
2. Wert < 0:Die Bedingung im ersten Ausdruck ist falsch und nimmt den Wert 0 an. Null minus 1 ist -1. a ist damit -1. Die Bedingung in der dritten Zeile ist falsch und wird durch die Negation wahr. -1 mal 1 ist -1. Daher wird der Wert -1 zurückgegeben.
3. Wert = 0:Die Bedingung in der dritten Zeile ist nun wahr und wird durch die Negation falsch. Deswegen wird a mit 0 multipliziert. Da null mal irgend etwas immer null ergibt, brauchen wir uns die ersten beiden Zeilen nicht mehr anzuschauen. Es wird 0 zurückgegeben.

Natürlich würden wir nicht in C++ programmieren, wenn das obige Programm nicht noch kürzer zu schreiben wäre:

```
int sign(int x)
{
  return((-1+2*(x>0))*(x!=0));
}
```

Den Quellcode dieser Lösung finden Sie auf der Diskette unter \KAP05\LOESUNG\PRG05.CPP.

So können wir auch noch die lokale Variable sparen. Sie können ja einmal selbst versuchen, die längere Version in die kürzere umzuwandeln.

A.2.4 Lösungen zu Kapitel 6

Übung 1

Ein erster Ansatz kann so aussehen:

```
#include <iostream>

using namespace std;

int main()
{
  int x;
  for(x=1;x<=100; x++)
    {
      cout << x;
```

```
      if(x!=100) cout << ", ";
    }
  cout << endl;
}
```

Den Quellcode dieser Lösung finden Sie auf der Diskette unter \KAP06\LOESUNG\PRG01.CPP.

Diese Lösung hat aber zwei entscheidende Nachteile:

- Angenommen, die Schleife sollte nicht mehr von 1 bis 100, sondern von 3 bis 130 zählen. Sie müßten die neuen Grenzen dann nicht nur im Schleifenkopf, sondern auch noch in der *if*-Anweisung berücksichtigen. Das mag hier noch kein Problem sein. Aber bei einem etwas komplexeren Programm, welches Sie nach einem halben Jahr nochmal umändern wollen, kann schon einmal etwas übersehen werden. Man könnte dem zwar mit *#define*-Direktiven Abhilfe schaffen, doch der zweite Nachteil bleibt dennoch bestehen.
- Der Anweisungsblock der Schleife wird 100mal durchlaufen, das heißt, die Bedingung von *if* muß 100 mal geprüft werden. Bei einer Schleife, die 1 Million mal abgearbeitet wird, kann sich eine solche Lösung extrem negativ auf die Laufzeit auswirken.

Wir brauchen daher eine bessere Lösung:

```
#include <iostream>

using namespace std;

int main()
{
  int x;
  for(x=1, cout << x , x++ ;x<=100; x++)
    cout << ", " << x;

  cout << endl;
}
```

Den Quellcode dieser Lösung finden Sie auf der Diskette unter \KAP06\LOESUNG\PRG02.CPP.

Durch das Einlagern des Sonderfalls in den Initialisierungsteil der Schleife bleibt uns die *if*-Anweisung im Anweisungsblock erspart. Des weiteren braucht bei einer Änderung der Grenzen nur der Initialisierungswert und der Grenzwert in der Bedingung verändert zu werden, genau wie bei einer normalen Schleife auch.

Übung 2

```
#include <iostream>

using namespace std;

int main()
{
  int x,d,start,stop;

  cout << "Startwert:";
  cin >> start;
  cout << "Stopwert :";
  cin >> stop;

  if(start<=stop)
    d=1;
  else
    d=-1;

  for(x=start ;x!=stop; x+=d)
    cout << x << ", ";

  cout << x << endl;
}
```

Den Quellcode dieser Lösung finden Sie auf der Diskette unter \KAP06\LOESUNG\PRG03.CPP.

Da die Zählrichtung der Schleife abhängig von der Wahl des Start- und Stopwertes ist, muß eine Variable eingesetzt werden, die den Wert 1 für Hochzählen oder den Wert -1 für Runterzählen bekommt. Welcher Wert letztlich genommen wird, läßt sich durch Vergleich des Startwertes mit dem Stopwert ermitteln.

Da wir im Vorhinein nicht wissen, ob die Schleife hoch- oder runterzählen wird, können wir auch nicht vorhersehen, ob der Endwert von links oder von rechts auf dem Zahlenstrahl erreicht wird. Deswegen benutzen wir als Abbruchkriterium den Fall, daß der aktuelle Wert gleich dem Endwert ist, denn dies muß früher oder später auf jeden Fall eintreten.

Um den Endwert dann trotzdem noch bei der Ausgabe zu berücksichtigen, wird er in einer separaten Anweisung hinter der Schleife ausgegeben.

Allerdings läßt sich die Entscheidung der Zählrichtung mit einer *if*-Anweisung noch hinsichtlich der Programmlänge verbessern:

```
d=(start<=stop)?1:-1;
```

Den Quellcode dieser Lösung finden Sie auf der Diskette unter \KAP06\LOESUNG\PRG04.CPP.

Übung 3

```
#include <iostream>

using namespace std;
int main()
{
  int x,d,start,stop;

  cout << "Startwert:";
  cin >> start;
  cout << "Stopwert :";
  cin >> stop;

  d=(start<=stop)?1:-1;

  x=start;

  if(x!=stop)
    do
      {
        cout << x << ", ";
        x+=d;
      } while(x!=stop);

  cout << x << endl;
}
```

Den Quellcode dieser Lösung finden Sie auf der Diskette unter \KAP06\LOESUNG\PRG05.CPP.

Bei *do* muß berücksichtigt werden, daß der Anweisungsblock grundsätzlich einmal ausgeführt wird. Da aber für den Fall, daß Start- und Stopwert den gleichen Wert besitzen, der Anweisungsblock nicht ausgeführt werden darf, muß die *do*-Schleife zusätzlich in einen *if*-Anweisungsblock gesteckt werden, der eben jenes nicht erwünschte Abarbeiten des *do*-Anweisungsblockes ausschließt.

Übung 4

```
#include <iostream>

using namespace std;

int main()
{
  int x,d=-1,s=1;

  for(x=1;x>0; x+=d)
    {
      cout << x << "  ";
      if((s<=4)&&((x==1)||(x==10)))
        {
          d=-d;
          s++;
        }
    }
  cout << endl;
}
```

Den Quellcode dieser Lösung finden Sie auf der Diskette unter \KAP06\LOESUNG\PRG06.CPP.

Die Lösung besteht darin, die Zählrichtung (*d*) jeweils dann zu ändern, wenn der Wert 1 oder 10 erreicht wurde. Dies wird so oft gemacht, bis zweimal hoch und runter gezählt wurde. Die Anzahl der Zählrichtungswechsel wird in *s* vermerkt.

Nach dem letzten Zählrichtungswechsel (der bei 10 stattfindet) zählt er runter. Da aber bei 1 die Zählrichtung nicht mehr gewechselt wird, kommt der Wert schließlich bei 0 an und die Schleife terminiert.

Weil die Schleife bei 1 beginnen muß, 1 aber auch eine Position ist, an der die Zählrichtung geändert werden soll, müssen wir die Zählrichtung zu Anfang umkehren, damit sie direkt beim ersten Schleifendurchlauf in die richtige Richtung wechselt. Diese zusätzliche, programmtechnisch notwendige Änderung der Zählrichtung müssen wir beim Mitzählen natürlich berücksichtigen. Deswegen wird das Wechseln der Zählrichtung erst nach dem vierten Mal beendet.

A.2.5 Lösungen zu Kapitel 7

Übung 1

Grundsätzlich gibt es nur sieben zu überprüfende Möglichkeiten, nämlich die, daß der 1.1 auf einen Montag, Dienstag, Mittwoch, Donnerstag, Freitag, Samstag oder Sonntag fällt.

Der Funktion *freitag13* wird übergeben, mit welchem Wochentag das Jahr beginnt (Montag=0, ..., Sonntag=6) und ob es sich um ein Schaltjahr handelt. Vom 1.1 ist der 13.1 zwölf Tage entfernt, so daß ((start+12)%7) den Wochentag am 13.1 ergibt. Wenn es ein Freitag ist (Freitag=4), dann wird die Anzahl um 1 erhöht. Danach wird entsprechend dem Monat die Anzahl der Tage addiert, damit wir den 1. des nächsten Monats erreichen, usw.

```
#include <iostream>
using namespace std;
int freitag13(int start,int sjahr)
{
  int anzahl=0;
  for (int x=0;x<12;x++)
    {
      if(((start+12)%7)==4)
        anzahl++;

      switch(x)
        {
          case 0: case 2: case 4: case 6:
          case 7: case 9: case 11:
            start+=31;
            break;
          case 3: case 5: case 8: case 10:
            start+=30;
            break;
          case 1:
            start+=28+sjahr;
        }
      start%=7;
    }
  return(anzahl);
}
```

Die *main*-Funktion macht nun nichts anderes als die Funktion *freitag13* für alle Wochentage aufzurufen und hält fest, welches die geringste und die größte Anzahl an Freitagen, die auf den 13. fallen, ist.

```
int main()
{
  int min=12,max=0,akt,sjahr;

  cout << "Schaltjahr? (0=nein, 1=ja):";
  cin >> sjahr;

  for(int x=0;x<7;x++)
    {
      akt=freitag13(x,sjahr);
      if(akt>max)
        max=akt;
      if(akt<min)
        min=akt;
    }
  cout << "Minimal " << min << ", ";
  cout << "maximal " << max << endl;
}
```

Den Quellcode dieser Lösung finden Sie auf der Diskette unter \KAP07\LOESUNG\PRG01.CPP.

Als Ergebnis kommt heraus, daß es mindestens 1, maximal aber 3 Freitage im Jahr geben kann, die auf einen 13. fallen. Dies gilt sowohl für normale Jahre als auch für Schaltjahre.

A.2.6 Lösungen zu Kapitel 8

Übung 1

```
#include <iostream>

using namespace std;

long ggt(long x, long y)
{
long a;
  a=(x<y)?x:y;
  while((x%a)||(y%a))
    a--;
  return(a);
}
int main()
{
  long x,y,erg;
  cout << "1. Wert:";
  cin >> x;
```

```
  cout << "2. Wert:";
  cin >> y;

  erg=ggt(x,y);

  if(erg!=1)
    {
      cout << "Der ggT von " << x << " und ";
      cout << y << " ist " << erg << endl;
    }
  else
    {
      cout << "Es gibt keinen ggT fuer " << x;
      cout << " und " << y << endl;
    }
}
```

Den Quellcode dieser Lösung finden Sie auf der Diskette unter \KAP08\LOESUNG\PRG01.CPP.

Die Anweisung, in der der ?:-Operator benutzt wurde, dient dazu, festzustellen, welche der beiden Zahlen die kleinere ist. Diese wird nun daraufhin überprüft, ob sie die Voraussetzung des ggT erfüllt, wenn nicht, wird sie um 1 vermindert. Spätestens bei der 1 wird die Routine einen ggT finden, weil alle Zahlen ohne Rest durch 1 teilbar sind. Sollte die Funktion 1 zurückliefern, wissen wir auch, daß es keinen zum Kürzen geeigneten ggT gibt.

Übung 2

```
int kgv(int x, int y)
{
int a;
  a=(x>y)?x:y;
  while((a%x)||(a%y))
    a++;
  return(a);
}
```

Den Quellcode dieser Lösung finden Sie auf der Diskette unter \KAP08\LOESUNG\PRG02.CPP.

Die Anweisung, in der der ?:-Operator benutzt wurde, dient zur Ermittlung der größeren der beiden Zahlen. Dann wird daraufhin überprüft, ob diese Zahl schon das kgV ist, wenn nicht, wird sie um 1 erhöht. Spätestens wenn sie den Wert *x*y* erreicht hat, ist ein gemeinsames Vielfaches gefunden, weil *x*y* sowohl durch *x* (Ergebnis: *y*) als auch durch *y* (Ergebnis: *x*) ohne Rest teilbar ist.

Übung 3

```
#include <iostream>
#include <iomanip>

using namespace std;

int main()
{
long double zaehler=2,nenner=1,pi=1;
long count=1,max=10;

  cout << "Wieviele Produkte :";
  cin >> max;

  while(count<max)
    {
      pi*=(zaehler/nenner);
      if((count%2)==0)
        zaehler+=2.0;
      if((count%2)!=0)
        nenner+=2.0;

      count++;
    }
  cout << "Schritt " << count << " : ";
  cout << setprecision(10) << pi*2 << endl;

  return(0);
}
```

Den Quellcode dieser Lösung finden Sie auf der Diskette unter \KAP08\LOESUNG\PRG03.CPP.

zaehler und *nenner* werden entsprechend dem ersten Faktor der Reihe mit 2 und 1 initialisiert. *pi* bekommt den Wert 1, weil 1 das neutrale Element der Multiplikation ist. Da der erste Teil leicht nachvollziehbar sein müßte, schauen wir uns nun den Kern des Programms, die *while*-Schleife, an.

pi wird zuerst mit (2/1) multipliziert (siehe Initialisierung von *zaehler* und *nenner*), was unserem ersten Faktor der Folge entspricht. Wie Ihnen vielleicht aufgefallen ist, werden in der Reihe Zähler und Nenner abwechselnd um 2 erhöht. Dies wird mit den beiden *if*-Anweisungen erledigt. Die abwechselnde Erhöhung erreicht man dadurch, daß *zaehler* immer plus zwei genommen wird, wenn *count* gerade ist, und *nenner* wird um zwei erhöht, wenn *count* ungerade ist. Danach wird *count* um 1 erhöht. In diesem Fall hätte die zweite *if*-Anweisung eingespart und durch ein *else* in der ersten *if*-Anweisung ersetzt werden können, da die beiden *if*-Anweisungen sich gegenseitig ausschließen und nur zwei Fälle möglich sind (gerade oder ungerade).

Vor der Ausgabe von *pi* wird noch mit 2 multipliziert, weil die Reihe ja nur *(pi/2)* berechnet.

A.2.7 Lösungen zu Kapitel 9

Übung 1

```
#include <iostream>

using namespace std;

int main()
{
char x,y,z;
int erg;
  do {
    cout << "Bitte linke Zahl eingeben   :";
    cin >> x;
  } while(!isdigit(x));

  do {
    cout << "Bitte mittlere Zahl eingeben:";
    cin >> y;
  } while(!isdigit(y));

  do {
    cout << "Bitte rechte Zahl eingeben  :";
    cin >> z;
  } while(!isdigit(z));

  x-='0';
  y-='0';
  z-='0';

  erg=x*100+y*10+z;

  cout << "Das Ergebnis lautet:" << erg << endl;
}
```

Den Quellcode dieser Lösung finden Sie auf der Diskette unter \KAP09\LOESUNG\PRG01.CPP.

Vielleicht schauen wir uns zunächst noch einmal ein paar Grundlagen an. Wie Sie sich sicher erinnern, können Sie mit Zeichenkonstanten, also Zeichen innerhalb einfacher Anführungsstriche, rechnen. Was für eine Zahl glauben Sie kommt bei der folgenden Berechnung heraus[5]?

```
'1'-'0'
```

Wir brauchen garnicht genau zu wissen, welchen Wert die *'1'* und welchen die *'0'* hat. Tatsache ist, daß die *'1'* hinter der *'0'* kommt, also vom Wert her um eins größer sein muß. Wenn nun von einem Wert ('1') ein Wert abgezogen wird, der um eins kleiner ist ('0'), dann ist das Ergebnis immer 1. Schauen Sie sich folgendes an:

```
'4'-'0'
```

Es kommt der Wert 4 heraus. Wir haben damit den Zeichencode einer Zahl auf den Wert reduziert, den die Zahl repräsentiert. Deswegen beinhaltet beispielsweise *x* nach der Anweisung *x-='0'* den Wert, den die vorher in *x* gespeicherte Ziffer repräsentiert.

Nachdem so die drei Ziffern auf ihre Werte reduziert wurden, können wir sie mit Hilfe der bei den Zahlensystemen vorgestellten Rechnung in eine Ganzzahl umrechnen.

A.2.8 Lösungen zu Kapitel 10

Übung 1

```
long double summe(long double *f, int n)
{
long double x=0.0;
  for(n-=1;n>=0;n--)
    x+=f[n];
  return(x);
}
```

Den Quellcode dieser Lösung finden Sie auf der Diskette unter \KAP10\LOESUNG\PRG01.CPP.

Dadurch, daß *n* als Zähler benutzt wird, wurde eine zusätzliche Zählvariable gespart. *n* wird im Initialisierungsteil der *for*-Schleife um eins vermindert, weil das x-te Element eines Feldes den Index x-1 hat.

---

5 Diese Berechnungen gelten nur für Zeichendarstellungen, bei denen die Zahlen 0-9 von ihrer Ordnung her direkt hintereinander liegen. Dies ist beim ASCII-Code, der hauptsächlich verwendet wird, gegeben.

Übung 2

```
long double average(long double *f, int n)
{
  return(summe(f,n)/n);
}
```

Den Quellcode dieser Lösung finden Sie auf der Diskette unter \KAP10\LOESUNG\PRG01.CPP.

A.2.9 Lösungen zu Kapitel 11

Übung 1

```
#include <iostream>

using namespace std;

int upstring(char *s)
{
int a=0;

  while(*s)
    {
      if(islower(*s))
        {
          *s=toupper(*s);
          a++;
        }
      s++;
    }
  return(a);
}

int main()
{

char quelle[160];
int umw;

  cout << "Bitte String eingeben:";
  cin.get(quelle,160);
  umw=upstring(quelle);
  cout << "Umgewandelter String :\"“ << quelle << "\".\n";
  cout << "Umwandlungen:" << umw << endl;
}
```

Den Quellcode dieser Lösung finden Sie auf der Diskette unter \KAP11\LOESUNG\PRG01.CPP.

Die Funktion macht Gebrauch vom Dereferenzierungsoperator, um eine Zählvariable zu sparen. Die *while*-Schleife wird solange ausgeführt, bis *s* auf die Endekennung zeigt. Zu Beginn zeigt *s* auf den Anfang des Strings, weshalb **s* das erste Zeichen liefert.

Es wird daraufhin überprüft, ob es ein Kleinbuchstabe ist. Wenn ja, wird es in einen Großbuchstaben umgewandelt und die Zählvariable um eins erhöht. Schließlich wird *s* um eins erhöht, so daß der Zeiger nun auf das nächste Zeichen des Strings zeigt usw.

Übung 2

```
void reversstring(char *s)
{
char k[1000];
int x,y=0;

  strcpy(k,s);
  x=strlen(k)-1;
  while(x>=0)
    s[y++]=k[x--];
}
```

Den Quellcode dieser Lösung finden Sie auf der Diskette unter \KAP11\LOESUNG\PRG02.CPP.

Die *main*-Funktion wird wegen ihrer Einfachheit hier nicht abgedruckt. Sie ist jedoch im Quellcode enthalten.

Diese Lösung ist ziemlich einfach. Zuerst wird eine Kopie des Strings angefertigt. *x* bekommt den Index des letzten Zeichens des Strings *k*, so daß mit *x* der String *k* von hinten nach vorne und mit *y* der String *s* von vorne nach hinten durchlaufen wird. *x* bekommt den um eins verminderten Wert von *strlen* zugewiesen, weil das erste Zeichen des String den Index 0 hat.

Diese Lösung ist ziemlich einfach, hat aber den Nachteil, daß die Strings, die mit der Funktion bearbeitet werden können, begrenzt sind. Sobald in diesem Fall der zu bearbeitende String länger als 1000 Zeichen ist, paßt er nicht mehr in die Kopie. Nun bringt es aber auch nichts, die Kopie z.B. 10000 Zeichen lang zu machen, weil ein String mit 10001 Zeichen wieder nicht hineinpaßt.

Sinnvoller wäre daher eine Lösung, die keine Kopie benötigt:

```
void reversstring(char *s)
{
char *b,z;
  b=s+strlen(s)-1;
  while(b>s)
    {
      z=*b;
      *(b--)=*s;
      *(s++)=z;
    }
}
```

Den Quellcode dieser Lösung finden Sie auf der Diskette unter \KAP11\LOESUNG\PRG03.CPP.

Diese Lösung basiert auf der Idee, daß ein String auch umgedreht wird, wenn das erste Zeichen mit dem letzten vertauscht wird, das zweite Zeichen mit dem vorletzten usw.

s zeigt auf den Anfang des Strings. Zusätzlich wird ein zweiter Zeiger *b* angelegt, dem die von *s* gespeicherte Adresse plus der Länge des Strings minus 1 zugewiesen wird. Damit zeigt *b* nun auf das letzte Zeichen des Strings. Zudem ist eine *char*-Variable erforderlich, die das zu kopierende Zeichen zwischenspeichert.

Die Schleife ist dann zu Ende, wenn die zu erhöhende Adresse größer geworden ist, als die zu vermindernde, denn genau dann wurde die Mitte des Strings passiert. Die Inkrement- und Dekrementoperatoren wurden so in die Anweisungen integriert, daß keine zusätzlichen Anweisungen benötigt werden. Man könnte sie auch der Verständlichkeit wegen als gesonderte Anweisungen schreiben:

```
z=*b;
*(b)=*s;
*(s)=z;
s++;
b++;
```

A.2.10 Lösungen zu Kapitel 13

Übung 1

```
#include <iostream>

using namespace std;
```

```
void deztobin(unsigned long z)
{
unsigned long b=1;

  if(!z)
    {
      cout << "0";
      return;
    }

  while(b<=z)
    b<<=1;

  b>>=1;
  while(b)
    {
      if(z&b)
        cout << "1";
      else
        cout << "0";
      b>>=1;
    }
}

int main()
{

  unsigned long wert;

  cout << "Wert:";
  cin >> wert;

  cout << wert << " entspricht ";
  deztobin(wert);
  cout << endl;
}
```

Den Quellcode dieser Lösung finden Sie auf der Diskette unter \KAP13\LOESUNG\PRG01.CPP.

Die erste *if*-Anweisung in *deztobin* prüft auf den Sonderfall hin, daß der Wert 0 ist.

Die erste *while*-Schleife ermittelt das höchstwertige 1-Bit des Wertes.

Sobald die Wertigkeit eines Bits größer ist als der gesamte Wert, wissen wir, daß alle 1-Bits von *z*, bezogen auf die Position des 1-Bits in *b*, Positionen rechts von *b* haben müssen. Auf dieser Tatsache beruht auch die Abbruchbedingung der Schleife.

Da alle Positionen der 1-Bits rechts von *b* liegen, muß an der Position in *z*, die der Position des 1-Bits in *b* entspricht, ein 0-Bit sein. Deswegen wird *b* vor der eigentlichen Ausgabe einmal nach rechts geschoben.

Die für die Ausgabe zuständige *while*-Schleife prüft die einzelnen Bits von *z* von links nach rechts auf ihre Wertigkeit, und gibt entsprechend das Zeichen '0' oder '1' aus.

Übung 2

```
int groupSize(unsigned long z)
{
  unsigned long b=1;
  int max=0, akt=0;

  while(b<=z)
    {
      if(z&b)
        {
          akt++;
        }
      else
        {
          if(akt>max)
            max=akt;
          akt=0;
        }
      b<<=1;
    }

  if(akt>max)
    max=akt;

  return(max);
}
```

Die äußere *if*-Schleife sorgt bei einem 1-Bit dafür, daß der aktuelle Zähler hochgezählt wird. Bei einem 0-Bit wird geprüft, ob die aktuell ermittelte Gruppe von 1-Bits größer ist als die bisher größte. Sollte dies der Fall sein, dann wird die neu ermittelte Gruppe als bisher größte eingetragen.

Die *if*-Anweisung hinter der *while*-Schleife dient dazu, festzustellen, ob das letzte überprüfte Bit ein 1-Bit war. Für diesen Fall konnte innerhalb der *while*-Schleife nämlich keine Überprüfung daraufhin mehr stattfinden, ob die aktuelle Gruppe die größte ist.

Kommen wir nun noch zur *main*-Funktion. Um das Ergebnis besser überprüfen zu können, macht sie – wie in der Aufgabenstellung gefordert – Gebrauch von der *deztobin*-Funktion:

```
int main()
{
  unsigned long wert;

  cout << "Wert:";
  cin >> wert;

  cout << "Die groesste 1-Bit-Gruppe von " << wert;
  cout << " (Binaer:";
  deztobin(wert);
  cout << ") hat " << groupSize(wert) << " Bit(s)\n" << endl;
}
```

Den Quellcode dieser Lösung finden Sie auf der Diskette unter \KAP13\LOESUNG\PRG02.CPP.

A.2.11 Lösungen zu Kapitel 15

Übung 1

```
#include <iostream.h>

class Bruch
{
  private:
    long zaehler,nenner;

  public:
    Bruch(long z, long n) : zaehler(z),nenner(n) {}
    long Zaehler(void) {return(zaehler);}
    long Nenner(void) {return(nenner);}
    double Wert(void)
      {return((double)(zaehler)/(double)(nenner));}

};

int main()
{
  Bruch b(22,7);

  cout << b.Zaehler() << "  " << b.Nenner() << "  ";
  cout << b.Wert() << endl;
}
```

Den Quellcode dieser Lösung finden Sie auf der Diskette unter \KAP15\LOESUNG\PRG01.CPP.

Übung 2

Der Konstruktor zum Umwandeln eines *long*-Wertes in einen Bruch ist sehr einfach:

```
Bruch(long z) : zaehler(z),nenner(1) {}
```

Jede Ganzzahl *x* ist als Bruch geschrieben x/1.

Bei den *double*-Werten wird es etwas schwieriger. Zunächst gehen wir wie bei den *long*-Werten vor. Zum Beispiel schreiben wir für 0.75 den Bruch 0.75/1. Nun Erweitern wir diesen Bruch so lange mit 10, bis wir im Zähler eine Ganzzahl haben: 7.5/10 ... 75/100. Dann brauchen wir den so erhaltenen Bruch nur noch zu kürzen: 3/4.

Schauen wir uns den entsprechenden Konstruktor an:

```
Bruch::Bruch(double d)
{
  double dummy;
  long p=1;
  while(fabs(modf(d,&dummy))>=0.0000001)
    {
      d*=10;
      p*=10;
    }
  zaehler=(long)(d);
  nenner=p;
  if((p=ggt(zaehler,nenner))>1)
    {
      zaehler/=p;
      nenner/=p;
    }
}
```

Der Bruch wird so lange mit 10 erweitert, bis die Nachkommastellen des Zählers <=0.0000001 sind. Wir können nicht auf 0 prüfen, weil sich immer kleine Rechenfehler einschleichen und der Wert äußerst selten exakt 0 wird.

Die Funktion *x=modf(a,&b)* spaltet die Fließkommazahl *a* in einen ganzzahligen Teil, der in *b* gespeichert wird, und in einen Nachkommateil, der von der Funktion zurückgegeben wird. Mit *a=12.345* ist *x=0.345* und *b=12*.

Danach wird mit Hilfe der Funktion *ggt* der größte gemeinsame Teiler von Zähler und Nenner ermittelt. Durch diesen werden dann Zähler und Nenner geteilt. Dadurch erhalten wir den optimal gekürzten Bruch.

Zur Vollständigkeit hier noch einmal die *ggt*-Funktion, die für die Klasse *Bruch* an *long*-Werte angepaßt wurde:

```
long Bruch::ggt(long x, long y)
{
long a;

  x=abs(x);
  y=abs(y);

  a=(x<y)?x:y;

  while((x%a)||(y%a))
    a--;

  return(a);
}
```

Den Quellcode dieser Lösung finden Sie auf der Diskette unter \KAP15\LOESUNG\PRG02.CPP.

In der Funktion wurden die Absolutwerte der beiden Parameter *x* und *y* bestimmt, weil es auch negative Zähler und Nenner geben kann.

A.2.12 Lösungen zu Kapitel 16

Übung 1

Schauen wir uns als erstes die Deklaration an:

```
class Queue
{
  private:
    int *data;
    unsigned long anz;
    unsigned long maxanz;
    unsigned long inpos, outpos;

  public:
    explicit Queue(unsigned long);
    ~Queue();
```

```
    bool Enqueue(int);
    int Dequeue(void);
    bool isEmpty(void);
};
```

Da das Einfügen und Herausnehmen von Elementen bei der Queue nicht mehr nur an einem Ende der Datenstruktur geschieht, brauchen wir für die Einfüge- und Entnahmeposition zwei getrennte Variablen (*inpos* und *outpos*). Der Rest der Klasse ist von der Deklaration her der Klasse *Stack* sehr ähnlich.

Die Methoden von *Queue* sehen wie folgt aus:

```
Queue::Queue(unsigned long s)
{
  data=new(int[s]);
  if(data)
    {
      anz=inpos=outpos=0;
      maxanz=s;
    }
  else
    {
      anz=maxanz=inpos=outpos=0;
    }
}
```

Der Konstruktor von *Queue* ist bis auf den Unterschied, daß zusätzlich noch die Attibute *inpos* und *outpos* initialisiert werden müssen, mit dem Konstruktor von *Stack* identisch.

```
Queue::~Queue()
{
  if(data) delete[](data);
}
bool Queue::Enqueue(int w)
{
  if(anz<maxanz)
    {
      anz++;
      data[inpos++]=w;
      if(inpos==maxanz) inpos=0;
      return(true);
    }
  else
    {
      return(false);
    }
}
```

```
int Queue::Dequeue(void)
{
  if(anz>0)
    {
      unsigned long aktpos=outpos;
      if((++outpos)==maxanz) outpos=0;
      anz--;
      return(data[aktpos]);
    }
  else
    return(0);
}
```

Die Methoden *Enqueue* und *Dequeue* sollten wir uns etwas genauer ansehen. Angenommen, daß sich die Einfügeposition der Queue am Ende des Speichers und die Entnahmeposition am Anfang des Speichers befände[6].

Solange wir nur einfügen, wächst die Größe der Queue stetig an. Entnehmen wir nun ein Element, dann wird die Queue kleiner und somit Speicher frei. Aufgrund der Organisation der Queue wird der Speicher aber nicht an der Stelle der Einfügeposition frei, sondern genau am anderen Ende der Queue. Damit dieser freigewordene Speicher beim Einfügen verwendet werden kann, müssen alle in der Queue gespeicherten Elemente so verschoben werden, daß an der Entnahmeposition kein freier Platz mehr ist. Je nachdem, wie groß die Queue ist, kostet das Verschieben mehr Rechenzeit als die Verwaltung der Queue selbst.

Wir verwenden daher eine andere Lösung, die in Abbildung A.2 dargestellt ist.

6 Genaugenommen spielt es keine Rolle, ob nun am Ende oder am Anfang eingefügt oder entnommen wird. Die hier zu besprechende Problematik tritt so oder so auf. Bei der einen Variante haben wir das Problem beim Entnehmen, und bei der anderen Variante fände es sich beim Einfügen wieder.

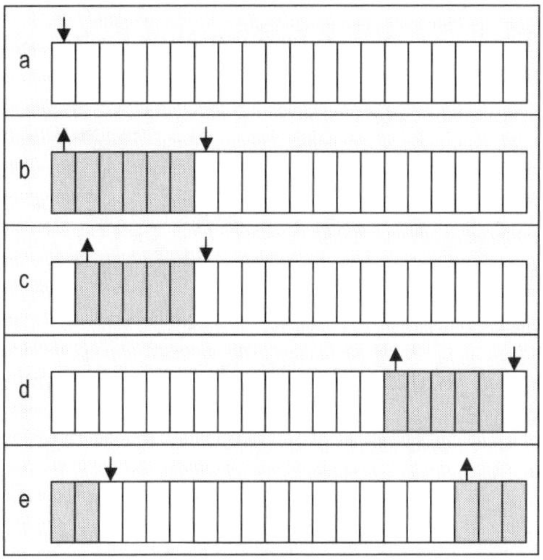

Bild A.2: Das Arbeiten mit der Queue

In A.2 sehen Sie die leere Queue nach ihrer Erzeugung. Es existiert lediglich eine gültige Einfüge-Position, weil aus einer leeren Queue keine Elemente entfernt werden können. Abbildung A.2b zeigt die Queue, nachdem sechs Elemente eingefügt wurden. Die Einfüge-Position steht auf dem nächsten freien Feld, und die Entnahme-Position steht auf dem ersten eingefügten Element. Nachdem ein Element aus der Queue entfernt wurde, sieht die Queue wie in Abbildung A.2c dargestellt aus. Es entsteht am Anfang des Feldes ein freier Platz. Anstatt jedoch die noch in der Queue befindlichen Elemente nach links zu verschieben, läßt man den belegten Teil der Queue durch das Feld wandern.

Abbildung A.2d zeigt die Queue nach weiteren 13 *enqueue*- und 13 *dequeue*-Operationen. Der belegte Bereich der Queue ist fast bis ans Ende des Feldes gewandert. Die Einfüge-Position zeigt auf das letzte freie Element des Feldes. Um aber auch hier ein Verschieben der belegten Felder an den Anfang zu vermeiden, wird das komplette Feld als Ring betrachtet. Die Positionen, die rechts aus dem Feld herausgehen, kommen links wieder herein. Abbildung A.2e zeigt die Queue nach weiteren drei *enqueue*- und *dequeue*-Operationen. Die Einfüge-Position ist bereits über den rechten Rand hinaus links wieder in das Feld hineingekommen.

Durch diese Betrachtung des Feldes als Ring besteht natürlich die Gefahr, daß die Einfüge-Position die Entnahme-Position einholt[7]. Da-

7 Dies geschieht genau dann, wenn die Queue mehr Elemente aufnehmen muß, als das verwendete Feld aufnehmen kann.

durch würden Elemente überschrieben. Um dies zu verhindern, muß darauf geachtet werden, daß die Queue keine Elemente mehr aufnimmt, wenn die Kapazität des Feldes erschöpft ist.

Um die Queue zu vervollständigen, fehlt noch die triviale *isEmpty*-Methode:

```
bool Queue::isEmpty(void)
{
  return(anz==0);
}
```

Den Quellcode dieser Lösung finden Sie auf der Diskette unter \KAP15\LOESUNG\QUEUE\.

G Glossar

Abgeleitete Klasse: Als abgeleitete Klasse bezeichnet man eine Klasse, die von einer anderen Klasse geerbt hat. Die vererbende Klasse ist dann die Basisklasse der erbenden Klasse.

Abstrakte Klasse: Eine Klasse mit einer oder mehreren rein virtuellen Funktionen. Abstrakte Klassen können nicht instanziiert werden. Man kann also keine Instanz von ihr erzeugen. Um die Klasse aber dennoch nutzen zu können, muß sie abgeleitet und die rein virtuellen Funktionen durch normale (virtuelle) Funktionen gleichen Namens mit gleichen Parametern ersetzt werden.

Abstrakter Datentyp: Ein Abstrakter Datentyp besteht aus einer bestimmten Form der Datenorganisation sowie Operationen, die dem Benutzer zwecks Verwaltung der Daten zur Verfügung stehen. Ein Stack mit den Operationen Push und Pop ist zum Beispiel ein ADT. Ein ADT sagt im allgemeinen nichts über die verwendete Datenstruktur aus. Ob ein Stack nun mit Hilfe eines Feldes, einer Liste oder gar eines Baumes realisiert worden ist, ist keine dem ADT Stack inhärente Information.

ADT: Siehe Abstrakter Datentyp.

Anweisungsblock: In C/C++ eine Folge von Anweisungen, die von geschweiften Klammern eingeschlossen sind. Anweisungsblöcke können verschachtelt werden.

Attribut: Bezeichnung für Variablen, die einer Klasse zugehören. Attribute entsprechen den Elementen der Strukturen.

Basisklasse: Die Klasse, die an eine andere Klasse vererbt. Die erbende Klasse ist die von der Basisklasse abgeleitete Klasse.

Bedingung: Als Bedingung bezeichnet man einen Ausdruck, der entweder wahr oder falsch sein kann. Bedingungen werden benötigt, um den Programmablauf zu beeinflussen.

Boolsche Algebra: Nach George Boole benannte Algebra, die auf dem Dualsystem basiert. Sie ist die Grundlage der Computertechnik

call-by-reference: Im Gegensatz zum call-by-value wird hier ein tatsächlicher Verweis auf das Objekt übergeben. Der Zugriff erfolgt in genau der gleichen Schreibweise wie beim Zugriff auf das Originalobjekt. Die Änderungen werden am Originalobjekt vorgenommen. C++ bietet eine Möglichkeit des call-by-reference durch den &-Operator. In C wurde das call-by-reference durch die Übergabe eines Zeigers simuliert, der in der Funktion dann dereferenziert wurde. Allerdings ist dies trotzdem noch ein call-by-value, weil die übergebene Adresse ebenfalls ein Wert ist.

call-by-value: Im Gegensatz zum call-by-reference wird hier eine Kopie des Wertes angefertigt und diese dann übergeben. Alle in der Funktion ausgeführten Änderungen betreffen allein die Kopie und nicht den Originalwert.

Datenkapselung: Ein Konzept, bei dem Daten (Attribute/Methoden) so gekapselt werden, daß nur dazu befugte Funktionen auf sie zugreifen können.

Datenstruktur: Eine Datenstruktur ist eine bestimmte Organisationsform von Daten. Datenstrukturen könnten sein Listen, Felder, Bäume, Heaps etc. Datenstrukturen werden häufig dazu eingesetzt, um abstrakte Datentypen zu implementieren.

Datentyp: Der Datentyp bestimmt den Typ des von einer Konstanten oder Variablen repräsentierten Wertes. Die elementaren Datentypen sind in C++ zum Beispiel Ganzzahlen (int, long), Fließkommazahlen (float, double) Zeichen (char), boolesche Variablen (bool) und Zeiger. Die komplexeren Datentypen fassen mehrere Variablen und Konstanten zusammen, wobei unterschieden wird, ob die zusammengefaßten Objekte vom gleichen Datentyp sein müssen (Felder) oder unterschiedlichen Typs sein können (Strukturen, Klassen, Unions).

Dereferenzierung: Bei Zeigern, die anstelle eines Wertes eine Speicheradresse beinhalten, ermöglicht die Dereferenzierung den Zugriff auf den Wert, der an der vom Zeiger gespeicherten Adresse abgelegt ist. In C/C++ ist der Dereferenzierungsoperator das '*'-Zeichen.

Destruktor: Der Destruktor ist eine besondere Methode der Klasse, die immer dann automatisch aufgerufen wird, wenn eine Instanz gelöscht wird. Er wird meist für die Freigabe von Ressourcen benutzt.

Dynamische Speicherverwaltung: Fordert man während der Laufzeit des Programms Speicher an, ist dies eine dynamische Speicherverwaltung. Man benutzt dynamische Speicherverwaltung dann, wenn die Größe des benötigten Speichers zur Kompilationszeit gar nicht oder nur ungenau bestimmt werden kann.

Dynamische Typüberprüfung: Obwohl ein Zeiger vom Typ der Basisklasse ist, kann mittels der virtuellen Funktionen dafür gesorgt werden, daß für den Fall, daß der Zeiger auf eine abgeleitete Klasse verweist, die Funktion der abgeleiteten Klasse und nicht die der Basisklasse verwendet wird.

Elementfunktion: Eine in C++ übliche Bezeichnung für Methoden.

Elementinitialisierungsliste: Sie wird meist bei Kontruktoren benutzt und dient dort der Inititalisierung einzelner Attribute oder dem expliziten Aufruf eines oder mehrerer Basisklassen-Konstruktoren.

FIFO: „First In First Out". Datenstrukturen, bei denen die Elemente genau in der Reihenfolge aus der Struktur entfernt werden, in der sie in die Struktur geschrieben wurden. Typisches Beispiel für FIFO ist die Queue.

Funktion: In C/C++ sind Funktionen Unterprogramme, denen Parameter übergeben werden können. Funktionen sind in der Lage, einen Parameter zurückzuliefern.

Generalisierung: Das Bilden eines Oberbegriffs für sinngemäß ähnliche Unterbegriffe nennt man Generalisierung. In der OOP entspricht die Generalisierung dem Entwurf einer Basisklasse für verschiedene davon abzuleitende Klassen. Zum Beispiel möchte man die Klassen Katze, Hund, Mensch und Schwein definieren. Eine Generalisierung wäre es, die Gemeinsamkeiten der Klassen zum Beispiel in einer Klasse namens Säugetier zusammenzufassen.

global: Globale Variablen und Konstanten sind von jeder Stelle des Programms her ansprechbar. Globale Variablen werden außerhalb von Funktionen definiert.

Information Hiding: Siehe Datenkapselung.

Instanz: Als Instanz bezeichnet man ein konkretes Objekt einer Klasse. Das Erzeugen einer Instanz von einer Klasse nennt man Instanziieren.

Iteration: Im Gegensatz zur Rekursion werden Wiederholungen von Programmteilen durch Schleifen realisiert.

Kapselung: Siehe Datenkapselung.

Klasse: In der OOP bezeichnet man als Klasse den Grundtypen einer aus verschiedenen Individuen bestehenden Art. Die einzelnen Individuen einer Klasse unterscheiden sich nicht durch ihre Attribute, sondern durch die Werte, welche diese Attribute besitzen.

Konstante: Eine Konstante hat alle Eigenschaften einer Variablen, bis auf die Einschränkungen, die sich aus ihrer Unveränderlichkeit ergeben. Ihr Wert wird einmalig festgelegt und kann dann nur noch gelesen werden.

Konstruktor: Der Konstruktor ist eine besondere Methode, die bei der Erzeugung einer Instanz aufgerufen wird. Im allgemeinen sorgt er für die Initialisierung der Attribute und die Bereitstellung eventuell benötigter Ressourcen.

Last-call-Optimierung: Bei der Last-call-Optimierung ist der Compiler in der Lage, rest-rekursive Funktionen zu erkennen und die daraus resultierenden Vorteile zu nutzen.

lokal: Lokale Variablen oder Konstanten haben nur eine auf ihren Bezugsrahmen begrenzte Lebensdauer. Auf sie kann außerhalb ihres Bezugsrahmens nicht zugegriffen werden.

LIFO: „Last In First Out". Strukturen, bei denen das zuletzt gespeicherte Element das erste ist, welches wieder entfernt wird. Typisches Beispiel: Stack.

Mehrfachvererbung: Besitzt eine abgeleitete Klasse mehrere Basisklassen, so spricht man von Mehrfachvererbung.

Methode: Eine in der OOP der Klasse zugehörige Funktion. Methoden haben durch die Zugehörigkeit zu einer Klasse – bezogen auf diese Klasse – bestimmte Privilegien bezüglich der Zugriffserlaubnis auf Attribute und andere Methoden der Klasse.

Modulo: Die Modulo-Operation steht in C/C++ für die Restbildung bei der Division von Ganzzahlen. Der Modulo-Operator ist das %. Zum Beispiel ergibt *11%6* den Wert 5, weil *11/6* als Ergebnis 1 mit dem Rest 5 ergibt.

Objektorientierte Programmierung: Ein Konzept, welches im Gegensatz zur prozeduralen Programmierung das Objekt in den Mittelpunkt stellt. Das Objekt besitzt Funktionen, die es verändern.

OOP: Abk. für Objektorientierte Programmierung.

Operand: Ein Operand ist ein Objekt (Funktion, Variable, Konstante), auf welches eine spezielle Operation angewandt wird. Die Addition zum Beispiel benötigt zwei Operanden: Operand+Operand.

Operator: Ein Operator ist in C/C++ ein bestimmtes Zeichen, welches für eine auszuführende Operation steht. Zum Beispiel steht der +-Operator für die Addition und der *-Operator für die Dereferenzierung.

PAP: Siehe Programmablaufplan

Polymorphismus: Der Tatsache, daß eine abgeleitete Klasse nichts anderes ist als die um Eigenschaften erweiterte Basisklasse, trägt Polymorphismus in der Weise Rechnung, daß ein Zeiger vom Typ der Basisklasse auch auf eine Instanz der abgeleiteten Klasse zeigen kann, nicht jedoch umgekehrt.

Präprozessor: Der Präprozessor arbeitet textorientiert und wird vor dem Start des eigentlichen Compilers aufgerufen. Er stellt Befehle zum Einbinden von Textdateien, zum bedingten Kompilieren und zum Erstellen von Makros und Konstanten zur Verfügung. Da dies alles auf Textbasis geschieht, sind ihm die C++-Befehle *inline* und *const* überlegen.

Programmablaufplan: Eine Sammlung genormter Symbole, mit deren Hilfe man den Ablauf eines Programms – den Programmfluß – grafisch darstellen kann.

Prozedurale Programmierung: Ein Konzept, welches im Gegensatz zur objektorientierten Programmierung die Funktion/Prozedur in den Mittelpunkt stellt. Man entwickelt Funktionen, denen dann die zu manipulierenden Daten übergeben werden.

Queue: Auf deutsch auch „Schlange" oder „Warteschlange" genannt. Ein ADT mit den Operationen Enqueue und Dequeue. Enqueue hängt ein Element an die Queue an, und Dequeue entfernt ein Element aus der Queue. Queues sind sogenannte FIFO-Strukturen.

Rechenoperator: In C/C++ die Operatoren, die eine bestimmte Rechnung definieren. Dazu zählen zum Beispiel die arithmetischen und bitweisen Operatoren.

Rein virtuelle Funktion: Eine leere Funktion, die in einer abgeleiteten Klasse durch eine neue Funktion ersetzt werden muß. Klassen mit rein-virtuellen Funktion sind abstrakte Klassen.

Ressource: Als Ressource bezeichnet man Kapazitäten des Systems, die man sich zunutze macht. Als da wären Prozessorzeit, Arbeitsspeicher, Dateizugriff etc.

Schlange: Siehe Queue.

Spezialisierung: Wenn ein Oberbegriff durch die Bildung von Unterbegriffen verfeinert wird, dann spricht man von Spezialisierung. Das Ableiten einer Klasse ist ebenfalls eine Spezialisierung.

Stack: Auf deutsch auch „Stapel" genannt. Ein ADT mit den Operationen Push und Pop. Push legt ein Element auf den Stack, Pop holt es wieder von ihm herunter. Stacks sind sogenannte LIFO-Strukturen.

Stapel: Siehe Stack.

String: Ein als String bezeichnet man die programmtechnische Darstellung einer Zeichenfolge. In C++ gibt es die von C übernommene Darstellung als Feld von *char*-Elementen. Zusätzlich gibt noch die Klasse *string*, die es ermöglicht, Strings als Objekte und damit auch als Datentyp zu behandeln.

Statische Variable: Eine lokale Variable einer Funktion, die das Ende der Funktion überlebt und bei erneutem Aufruf der Funktion noch ihren alten Wert besitzt.

Überladen: Als Überladen bezeichnet man das Definieren mehrerer gleichnamiger Funktionen, die sich in ihrer Parameterliste und/oder ihrem Rückgabewert unterscheiden. Um eine Funktion zu überladen, reicht ein Unterschied allein im Rückgabewert nicht aus.

Variable: Eine Variable ist ein Bezeichner, der einen bestimmten Wert repräsentiert. Der Wert, für den die Variable steht, kann während der Laufzeit des Programms verändert werden. Der Typ des repräsentierten Wertes hängt vom benutzten Datentyp ab.

Vererbung: Das Weitergeben der Eigenschaften und der Funktionalität an eine andere Klasse, die diese dann erweitern kann, nennt man Vererbung. Damit eine Klasse erbt, muß sie von der Basisklasse abgeleitet werden.

Vergleichsoperator: In C/C++ die Operatoren, mit denen zwei Werte verglichen werden können. Zum Beispiel ==, != <, > oder >=.

Virtuelle Funktion: Eine Funktion, die bei Bedarf in einer abgeleiteten Klasse durch eine neue Funktion gleichen Namens und mit gleichen Paramtern ersetzt werden kann. Virtuelle Funktionen sind notwendig für die dynamische Typüberprüfung.

Zugriffs-Deklaration: Beim Ableiten die Möglichkeit, den Bezugsrahmen einzelner Attribute oder Methoden einzuengen.

Zuweisungsoperator: In C/C++ Operatoren, mit denen einer Variable ein bestimmter Wert zugewiesen werden kann. Dabei gibt es in C/C++ Zuweisungsoperatoren, denen auch eine Rechenoperation inhärent ist. Zum Beispiel *x+=5*, was ausführlich formuliert *x=x+5* bedeutet.

L Literaturverzeichnis

Josuttis, Nicolai: Die C++-Standardbibliothek, Bonn: Addison-Wesley-Longman, 1996

Lippman, Stanley B.: C++, 2. Auflage, Bonn; München; Reading, Mass.[u.a.]: Addison Wesley, 1995

Plauger, P.J. & Brodie, James: Referenzhandbuch Standard C, Braunschweig: Vieweg, 1990

Stroustrup, Bjarne: Design und Entwicklung von C++, Bonn; Paris; Reading, Mass [u.a.]: Addison-Wesley, 1994

Stroustrup, Bjarne: Die C++-Programmiersprache, 2., überarb. Aufl., Bonn; München; Paris [u.a.]: Addison-Wesley, 1992

Willms, Andre: C++-Programmierung, Bonn; Reading, Mass. [u.a.]: Addison-Wesley-Longman, 1997

Stichwortverzeichnis

V

W

Z

ISBN 3-8273-1275-2